·中英双语版·

中非职业教育合作研究

非洲职业教育研究中心

主编 / 刘育锋　戴裕崴　李　俊
编译 / 王　娟

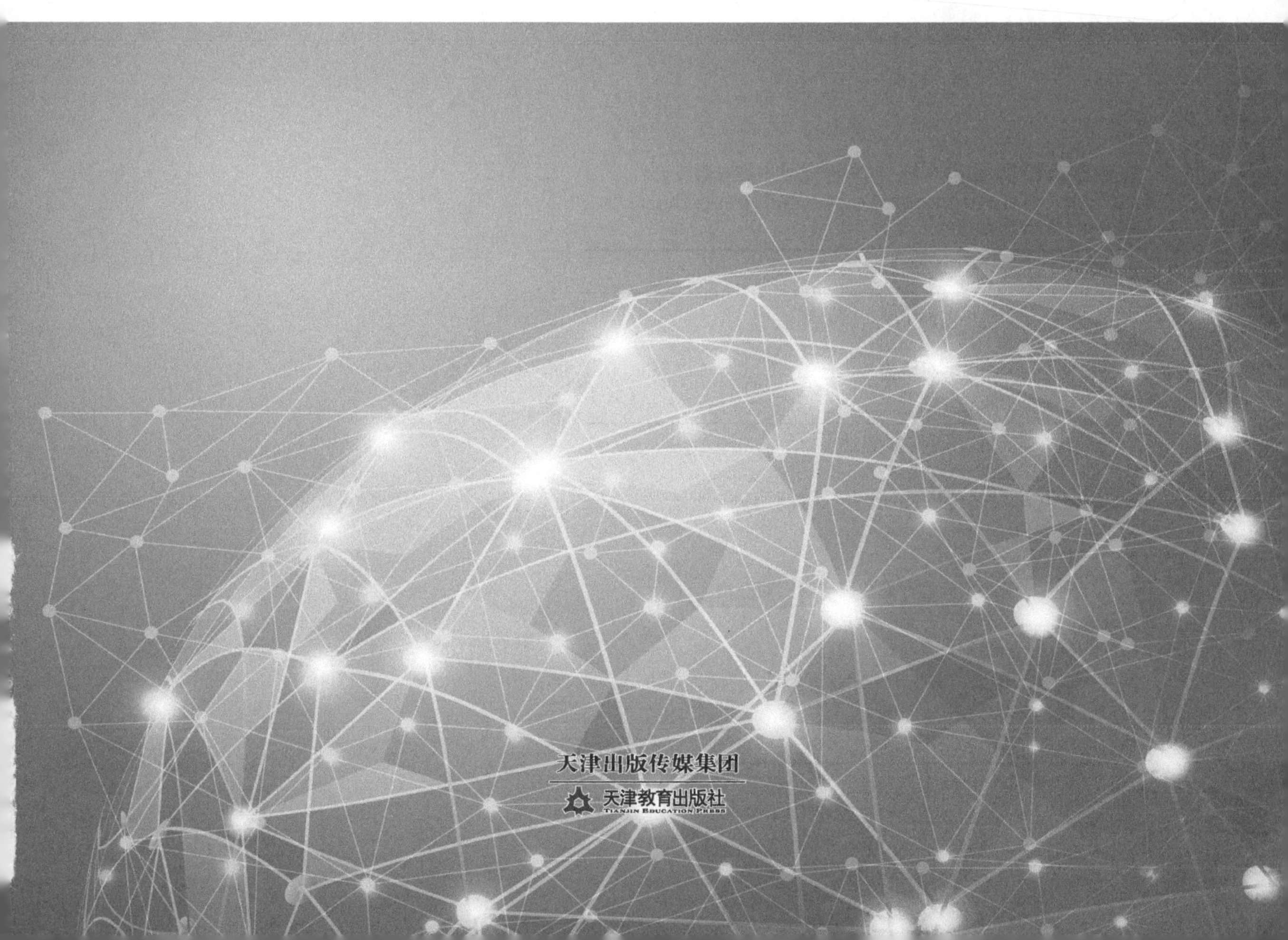

天津出版传媒集团
天津教育出版社
TIANJIN EDUCATION PRESS

图书在版编目（CIP）数据

职业教育服务中非产能合作研究 ：汉文、英文 / 刘育锋，戴裕崴，李俊主编 ；王娟编译. -- 天津 ：天津教育出版社，2023.11
ISBN 978-7-5309-9019-3

Ⅰ. ①职… Ⅱ. ①刘… ②戴… ③李… ④王… Ⅲ. ①职业教育－国际合作－研究－中国、非洲－汉、英 Ⅳ. ①G719.2②G719.4

中国国家版本馆CIP数据核字(2023)第215483号

职业教育服务中非产能合作研究（中英双语版）
ZHIYE JIAOYU FUWU ZHONGFEI CHANNENG HEZUO YANJIU
(ZHONGYING SHUANGYU BAN)

出 版 人	黄　沛
主　　编	刘育锋　戴裕崴　刘　俊
编　　译	王　娟
责任编辑	尹福友　付晓梅
装帧设计	郭亚非
出版发行	天津出版传媒集团 天津教育出版社 天津市和平区西康路35号　邮政编码　300051 http://www.tjeph.com.cn
经　　销	新华书店
印　　刷	天津市天办行通数码印刷有限公司
版　　次	2023年11月第1版
印　　次	2023年11月第1次印刷
开　　本	16开（787毫米×1092毫米）
字　　数	800千字
印　　张	35.5
定　　价	108.00元

非洲职业教育研究中心成果
编　委　会

前言

习近平主席在2018年中非合作论坛北京峰会开幕式上的主旨讲话中指出：我们要抓住中非发展战略对接的机遇，用好共建“一带一路”带来的重大机遇，把“一带一路”建设同落实非洲联盟《2063年议程》、联合国2030年可持续发展议程以及非洲各国发展战略相互对接，开拓新的合作空间，发掘新的合作潜力，在传统优势领域深耕厚植，在新经济领域加快培育亮点。

自2019年非洲职业教育研究中心成立以来，持续开展中非职业教育合作研究，服务中非教育及经济等领域合作。作为非洲职业教育研究中心的第二批研究成果，经中心成员的共同努力，编写了这本《职业教育服务中非产能合作研究》。本书由非洲职业教育研究中心学术委员会主任、教育部职业教育发展中心国际比较研究室主任刘育锋研究员，非洲职业教育研究中心主任、天津轻工职业技术学院党委书记戴裕崴研究员及同济大学职业技术教育学院教育经济与管理研究所所长李俊博士担任主编。

2022年，中非经贸快速发展，据央视《中国企业投资非洲报告（2022）》发布的数据，截至2021年末，中国连续多年成为非洲最大的贸易伙伴，累计有3800多家中国企业在非洲投资。中国企业投资的产业包括：铁路交通、公路交通、桥梁、港口建设、装备制造、钢铁冶金、新能源、食品加工、电子信息、橡胶、建材、楼宇建设等产业领域。据商务部数据，截至2020年底，中国对非直接投资存量超过474亿美元，遍布非洲50多个国家。中国企业响应国家“一带一路”倡议，实施“走出去”战略，极大地推动了非洲国家经济和产业发展。为支持非洲职业教育发展，支持非洲国家提高青年就业水平，中国职业教育伴随企业“走出去”，在服务合作国职业教育发展，服务国际产能合作方面起到了重要作用。目前，中国与非洲多国开展了多种形式的职业教育合作，在非洲已建成16家鲁班工坊，在建设和办学实践中，探索总结出各具特色的建设和运行模式，培养了大量非洲本土化员工。非洲职业教育研究中心在已经取得针对非洲国家职业教育发展的研究成果基础上，本书针对职业教育合作服务国际产能合作做了进一步研究，提取具有示范性和代表性的典型案例，作为中国职业教育在援助非洲国家服务国际产能合作的借鉴。

本书由七所学校合作编著完成。全书分为十二章，第一章至第六章为主体部分，由同济大学职业技术教育学院的李俊博士及团队负责编写，其研究生黄梅雪及德国奥斯纳布吕克大学的在读博士李东书参与多个章节的撰写。主体部分内容包括绪论、背景研究、现状研究及理论研究、职业教育国际化的比较研究、职业教育服务中非产能合作的建议；第七章至第十二章为六个典型国家职业教育合作服务国际产能合作调研报告，分别以埃及、吉布提、加纳、卢旺达、塞内加尔、乌干达为对象国，由天津轻工职业技术学院、天津铁道职业技术学院、天津工业职业学院、四川建筑职业技术学院、潍坊职业学院、金华职业技术学院的研究团队编写。天津职业技术师范大学职业教育学院研究生张妮、谢超爱同学参与了本书的合稿和校对工作。在进行翔实的国别研究基础上，按照问题导向的原则，以调研报告的形式，详细阐述了中国高职院校在六个非洲国家与中国企业携手“走出去”，支持国际产能合作的模式、过程、成效及建议。

本书是继非洲职业教育研究中心2022年出版的研究成果《中非职业教育合作研究（中英双语版）》之后，迄今为止国内第一本针对中非职业教育服务国际产能合作系统化的研究成果。刘育锋研究员对总报告和分报告进行了详尽指导，天津轻工职业技术学院党委书记戴裕崴研究员对专著进行了全面设计及审定。本书在撰写期间得到了教育部职业教育发展中心、天津市教育委员会及非洲职业教育研究中心学术委员会专家的大力支持和指导，对此表示衷心感谢。

职业教育服务中非产能合作研究会
2023年10月

目 录
contents

第一章 绪论

1.1 基本概念界定

"国际产能合作"这一概念，首见于2014年12月14日中国与哈萨克斯坦双方就钢铁、水泥、平板玻璃、装备技术等领域合作达成的重要共识，成为推动国际经济合作及创新对外投资的一种新方式①。

2015年3月，中国政府发布《推动共建丝绸之路经济带和21世纪海上丝绸之路的愿景与行动》，以政策沟通、设施联通、贸易畅通、资金融通、民心相通"五通"部署及共商、共建、共享"三共"原则②，为国际产能合作奠定了强有力的政策基础。同年5月，《关于推进国际产能和装备制造合作的指导意见》则是首次以国务院文件的形式推进国际产能合作，该意见强调将与我国装备和产能契合度高、合作愿望强烈、合作条件和基础好的发展中国家作为重点国别并积极开拓发达国家市场，将钢铁、有色金属、建材、铁路、电力、化工、轻纺、汽车、通信、工程机械、航空航天、船舶和海洋工程共12大产业作为产能合作的重要任务领域③，成为推进国际产能和装备制造合作的重要指导性文件。同年9月，时任国务院总理李克强出席夏季达沃斯论坛开幕式，并就世界经济论坛执行主席施瓦布现场提出的问题进一步阐释了"国际产能合作"这一概念，指出国际产能合作是在绝大多数国家尚处于工业化的初期或中期，且各国家均有自身发展的比较优势，疲态尽显的全球经济亟须扩大总需求，但贸易保护和规则竞争愈发激烈，因此亟须顺应合作共赢理念、推动

① 夏先良.构筑"一带一路"国际产能合作体制机制与政策体系［J］.国际贸易，2015（11）：26-33.DOI：10.14114/j.cnki.itrade.2015.11.005.

② 国务院新闻办公室网站.推动共建丝绸之路经济带和21世纪海上丝绸之路的愿景与行动［EB/OL］.（2015-03-28）［2022-11-12］.http：//www.scio.gov.cn/31773/35507/35519/Document/1535279/1535279.htm.

③ 中国政府网.国务院关于推进国际产能和装备制造合作的指导意见［EB/OL］.（2015-05-13）［2022-11-12］.http：//www.gov.cn/gongbao/content/2015/content_2868464.htm.

全球产业链高中低端深度融合发展①。

综上可见，由中国政府推动的国际产能合作是依托中国产能的比较优势实现从产品输出到资本输出的重大转型，以生产线的整体输出提供一种集投资、建设及运营为一体的新模式，有利于推动中国盘活存量资产、推动产业链向中高端转型，有利于促进发达国家的出口及就业，有利于推进欠发达国家的工业化进程②。

学界将“国际产能合作”定义为两个存在意愿和需要的国家或地区间进行产能供求跨国或跨地区配置的联合行动，并以产品输出或产业转移的方式进行产能位移③；中国一带一路网中的丝路百科模块的定义阐述则体现出“帮助输入国建立更为完整的工业体系及制造能力”④这一丰富的合作成效意涵。因此，本研究在前文研究的基础上，将国际产能合作界定为处于全球价值链不同位置的国家依托自身发展的比较优势，通过多方资金、技术及产业合作，实现各生产要素的跨区域优化配置，以经济结构的转型升级提升各自在全球市场竞争及价值链重构中的层级。

基于此，中非产能合作是指中国与非洲国家基于双方实际产业发展需要，紧抓第五次国际产能转移契机，将中国已经丧失比较优势、尚有比较优势但产能有富余的产业转移至非洲国家，以推动双方产业结构优化调整及推进非洲国家的工业化进程。最大的发展中国家与发展中国家最集中的大陆之间的产能合作，则更符合南南合作的新模式，在发展经验传递及合作理念深化上更具有适应性及平等性。当前中非产能合作主要以中国对非直接投资为基础、以中非贸易为前提、以中国在非经贸合作区为重要载体、以中国在非基础设施互联互通建设为重要路径、以中国对非援助和开发性金融为资金保障⑤，促进非洲国家实现经济多元化与区域经济一体化发展。

因此，职业教育服务中非产能合作则旨在引领性理论指导下，职业教育办学能够根据中非产能合作现实发展需求及当地产业结构需要，统筹整合多方力量，以制度链、知识链及生产链的协同，为在非中资企业及当地合作产业提供掌握职业标准的本土技术技能型人才支撑，并在产业层面推动中国标准与国际标准的接轨、互认及推广。

① 央广网.李克强阐释国际产能合作：强化共赢理念［EB/OL］.（2015-09-10）［2022-11-12］.http：//china.cnr.cn/gdgg/20150910/t20150910_519838146.shtml.

② 中国政府网.国务院常务会议回顾解读（九）国际产能合作：1+1+1>3［EB/OL］.（2015-08-12）［2022-11-12］.http：//www.gov.cn/zhuanti/2015-08/12/content_2911547.htm.

③ 郭朝先，刘芳，皮思明.“一带一路”倡议与中国国际产能合作［J］.国际展望，2016，8（03）：17-36+143.DOI：10.13851/j.cnki.gjzw.201603002.

④ 中国一带一路网.丝路百科：国际产能合作［EB/OL］.（2016-10-25）［2022-11-07］.https：//www.yidaiyilu.gov.cn/zchj/rcjd/2175.htm.

⑤ 中国社会科学网.李荣林：关于中非产能合作的几点看法［EB/OL］.（2020-06-18）［2022-11-12］.http：//www.cssn.cn/jjx_lljjx_1/lljjx_gd/202006/t20200618_5144827.html.

1.2 研究方法

本研究采用实地调查的研究方法，依托中国在埃及、吉布提、加纳、卢旺达、塞内加尔及乌干达等国的职业院校及其合作项目开展实地调查研究。

1.2.1 资料收集方法

1.访谈法

由天津铁道职业技术学院、四川建筑职业技术学院、潍坊职业学院、金华职业技术学院、天津工业职业学院、天津轻工职业技术学院六所院校组织在非力量，以半结构化访谈获取中国与其他国家在埃及、吉布提、加纳、卢旺达、塞内加尔及乌干达等国的职业教育办学形式及成效等信息；通过访谈关键人物掌握中资企业当前的生产模式、用工需求评价及其对职业教育的需求，以充分了解当前中国职业教育对中资企业发展应承担的功能与使命。

2.问卷调查法

由天津铁道职业技术学院、四川建筑职业技术学院、潍坊职业学院、金华职业技术学院、天津工业职业学院、天津轻工职业技术学院六所院校以调研问卷的形式对中国在非工业园区的中资企业的生产方式、员工结构分布、用工需求、当地职工技能评价、职校毕业生工作满意度等内容进行调研。

1.2.2 资料分析方法

1.案例研究法

本研究通过对埃及、吉布提、加纳、卢旺达、塞内加尔及乌干达等国的国别研究，从宏观上分析该国的经济发展现状、产业发展环境、国际经济合作现状、职业教育现状及合作化办学现状、职业教育与产业的匹配现状等；在中观维度阐释中资企业的发展现状及其对职业教育的需求、服务国职业教育对中资企业发展的适应性、中国职业教育及其他国家在服务国的职业教育国际化办学模式与成效；在微观层面上分析合作院校支持服务国产能合作的办学模式、体制机制、办学成效及未来发展方向。从宏观到微观这样纵向一体化的逐级剖析有利于厘清职业教育服务中非产能合作产生实践样态差异的原因及未来改善方向。

2.文献分析法

本研究依据世界贸易组织、世界银行、国家货币基金组织等国际组织提供的数据库了解上述六个国家的宏观经济运行情况及在非洲大陆的发展情况等；通过埃及、吉布提、加纳、卢旺达及乌干达等国的国家统计局、财政部、投资和自由区管理总局等官方部门公开的数据了解合作国的产业发展现状、整体工资水平及在非洲注册的中资企业数量和所涉领域，通过教体部了解高等职业学院在各领域、产业分布情况；通过中国商务部、国家统计局、国家外汇管理局了解中国对非洲直接投资情况、中国向非洲劳务派遣情况等信息。

此外，本研究同样对上述六个国家有关产能合作的政策文本进行分析，如乌干达政府发布的《中华人民共和国国家发展和改革委员会与乌干达共和国财政、计划和经济发展部关于开展产能合作的框架协议》《2040年愿景发展战略》《2021—2025年国家发展规划》《2021/22财年政府重点工作》《新冠肺炎疫情应对规划》和在2020年制定的工业化政策等；本研究同样对这六个国家有关中资企业需求及当地职业院校毕业生质量有关的数据及报告进行分析，如中国吉布提商会会长单位及云南大学海外中资企业调查项目组公布的数据、乌干达高等教育委员会2019年报告等。翔实丰富的文献资料为本研究在已有研究成果的基础上深化研究方向提供了有力的支撑。

3.比较研究法

本研究通过横向比较这六个国家的职业教育办学成效及缘由、职业教育服务中非国际产能合作现状的差异及缘由；通过横向比较中国及其他国家在这六个国家的职教合作办学成效差异及原因，以分析当前中国职业教育国际化及服务产业能力的优势与不足。

1.3 基本思路

本研究以分析中国职业教育服务中非产能合作的使命职责、典型实践样态、现实发展困境、新理论建构、横向比较及发展策略为主体内容架构。通过梳理中非产能合作的历史渊源、政策规划部署、面临形势挑战及新作为和职业教育服务中非产能合作政策要求，厘清当前中非国际产能合作对职业教育协同发展提出的新要求；通过梳理中国职业教育服务这六个国家产能合作的对象、内容、方式、成效及问题，分析中国职业教育服务中非产能合作的实践样态，借具有代表性及示范性的典型案例推动产教非洲同行；在六个实践样态的基础上将职业教育的服务实践加以总结、概括和抽象，上升为理论高度，期求以理论引领职业教育提升产业服务能力的实践发展；通过对职业教育服务产能合作的比较研究，分析职业教育国际化办学及中国职教服务国际产能合作的运作机理；最后基于实践问题和理论依据提出具有针对性的政策、实践及理论等方面的发展建议。

1.4 内容框架

本研究重点阐述中国职业教育服务中非产能合作的使命职责、典型实践样态、现实发展困境、新理论建构、多元横向比较及发展策略。

第一章为绪论，内容主要涉及关于国际产能合作，中非产能合作及职业教育服务中非产能合作等基本概念的界定，本研究采用的资料收集方法及资料分析方法，研究的基本思路等。

第二章为职业教育服务中非产能合作的背景研究，该部分则主要梳理了中非产能合作的历史渊源、历来政策规划部署、所面临的形势挑战及新作为，而后对职业教育服务中非产能合作政策要求的梳理，厘清政策文本对职业教育服务能力及水平的重点要求及发展方向。

第三章为职业教育服务中非产能合作的现状研究，该部分内容主要基于我国职业教育在埃及、吉布提、加纳、卢旺达、塞内加尔及乌干达六国的合作案例，从服务对象、服务内容、服务方式、服务成果及问题和挑战等角度进行现状研究。

第四章为职业教育服务中非产能合作的理论研究，该部分内容在第三章内容的基础上将职业教育的服务实践加以总结、概括和抽象，上升为理论高度，期求以理论引领职教服务中非产能合作的实践发展。

第五章为职业教育国际化的比较研究，该部分内容意在比较分析职业教育国际化办学及中国职教服务国际产能合作的运作机理。

第六章为职业教育服务中非产能合作的建议，该部分内容主要基于实践问题和理论依据，提出具体、有针对性的政策、实践和理论等方面的建议。

第七章至第十二章主要为我国职业教育与埃及、吉布提、加纳、卢旺达、塞内加尔及乌干达六国的合作案例及职业教育合作服务国际产能合作情况。

第二章

职业教育服务中非产能合作的背景研究

根据新结构经济学的观点，非洲国家可以通过进口、租赁、使用许可授权获得成熟技术、进入成熟产业以缩减技术创新及产业升级所致的高投入及高风险，发挥后来者优势①。因此，非洲国家需要通过承接第五次国际产能转移，引入劳动密集型产业，沿着符合其要素禀赋结构及比较优势的最佳产业结构发展②，而后以资本的积累实现比较优势的转变③。在此过程中，需要有为政府承担改善市场环境、统筹完善基础设施及制度环境等责任。而中国经济结构转型也需要面对已变化的要素禀赋结构，运用“增长甄别因势利导”④的方法对于已经丧失比较优势、尚有比较优势但产能有富余的产业采取转移非洲国家，帮助其进行产业升级。

非洲工业化的曲折发展实践可以说明，受西方新自由主义影响以致过早去工业化，使农业剩余劳动力转移至劳动生产率远低于制造业和服务业，使非洲国家错失依托工业化实现经济高速增长的重要窗口期。通过梳理中非产能合作的历史、政策及现状，与南北合作不同，中国作为新南南合作理念及路径的引领者，中非双方在产能合作、技术合作和平行经验交流上更具适应性⑤。中方以基础设施及园区建设的投资、建设及运营为非洲国家工业化提供硬件保障，以自身发展经验为其提供实现经济自主发展的全新选择⑥，以深化产能合作促进非洲实现经济多元化与区域一体化。

---

① 林毅夫，张鹏飞.后发优势、技术引进和落后国家的经济增长[J].经济学（季刊），2005(04)：53–74.

② 林毅夫，付才辉.比较优势与竞争优势：新结构经济学的视角[J].经济研究，2022，57(05)：23–33.

③ 林毅夫，李永军.比较优势、竞争优势与发展中国家的经济发展[J].管理世界，2003(07)：21–28+66–155.

④ 林毅夫，王燕.以比较优势作为南南合作互利共赢的指南[J].区域与全球发展，2018，2(05)：5–23+153.

⑤ 周瑾艳.国际合作体系变迁下的新南南合作：挑战、使命及中国方案[J].区域与全球发展，2018，2(05)：24–36+154.

⑥ 周瑾艳.中国方案与非洲自主工业化的新可能[J].文化纵横，2019(01)：74–81+143.

当前掣肘非洲工业化最重要的因素是人力资本支撑能力较弱，关键突破在于将人口红利有效转化为工业发展的比较优势。中非职业教育合作在中非合作论坛战略框架下有效服务双方产能合作，以非洲国家技术技能人才的培养促进非洲国家提高自主化发展能力。

2.1 中非产能合作历史研究

非洲国家经济结构的对外依赖性较强，出口产品多以初级农产品和能源资源为主且区域同质化较高；同样偏弱且相对单一的工业生产能力、较差的基础设施、较多的贸易壁垒严重阻碍区域生产分工网络形成，区域工业化进程缓慢。工业化作为推动非洲实现自主发展、经济多元化及区域一体化进程的必经途径，中非开展产业对接和产能建设在此过程中承担着必然使命，两者互为机遇，产能合作空间广阔。中非双方已通过基础设施建设、经贸合作区及园区建设、清洁能源合作及中非产业基金等形式取得了显著的初期成果，有效吸引中国及其他各国企业赴非洲进行生产性投资，帮助非洲增加就业机会，促进产业升级转型及人力资源开发，有效推动了非洲工业化进程。

2.1.1 中国在非基础设施建设

非洲国家工业发展配套基础设施的严重滞后，制约了非洲工业发展及区域一体化进程。区域内部及对外贸易的商品运输成本过高，能源供应难以支持工业生产活动，过高的成本阻滞了国际产业向非洲转移的可能及西方国家在非洲基建等公共领域的普遍缺位。而以“资源—贷款—基础设施建设/产能合作”一体化开发方式为主要特征的“安哥拉模式”①的出现带动了中国在非基础设施建设、投资、运营和管理，并日渐成为中非产能合作的重要领域之一。

2012年，在中非合作论坛北京峰会上，双方通过“中非基础设施合作计划”，中方以项目经济社会效益为导向，支持中国企业投建营一体化参与非洲跨国跨地区基础设施建设。自2013年中国正式提出“一带一路”倡议以来，“三网一化”建设（即高速铁路网、高速公路网、区域航空网和工业化）有序开展。2015年，中国与非盟签署关于基础设施建设合作的谅解备忘录，中方承诺将在《非洲2063年愿景》战略框架内加强与非洲国家在交通基础设施及工业化领域的互利合作。2016年至2020年，在非洲开工建设的基础设施项目总额接近2000亿美元，中国企业实施项目比于2020年已达31.4%②。中国鼓励企业采用“建设—经营—转让”、PPP及“建设—拥有—经营”等多种模式扩大投资规模，促进基础设施项目的可持续发展，支持“非洲基础设施发展计划”和“总统优先基础设施倡议”。2022年，面对非洲持续存续的基础设施鸿沟，中国对非合作将更加注重培养非洲内

---

① 高骏.从“安哥拉模式”到非洲工业化：援助模式转型下的中非合作[EB/OL].(2018-9-18)[2022-10-13].https://www.sohu.com/a/254503269_260616.

② 中华人民共和国国务院新闻办公室.《新时代的中非合作》白皮书[EB/OL].(2021-11-26)[2022-10-12].http://www.scio.gov.cn/ztk/dtzt/44689/47462/index.htm.

生发展动能，加强中非基础设施合作同非洲基础设施发展规划Ⅱ期优先行动计划（PIDA—PAPII）等旗舰项目对接。

而今，中国已帮助非洲建成了多条重要铁路，其中涵盖连接肯尼亚港口城市蒙巴萨到首都内罗毕的蒙内铁路、连接埃塞俄比亚首都亚的斯亚贝巴到吉布提的亚吉铁路及在安哥拉和尼日利亚建设的铁路，以基础设施的互联互通为非洲国家培训若干专业技术工人和运营管理人员，创造若干工作岗位，带动交通基础设施沿线的商业业态形成，促进经济一体化进程，为非洲工业化打下坚实的硬件基础。

2.1.2 中国在非经贸合作区及园区建设

作为中非产能合作的"一体两翼"，基础设施建设和园区建设作为互补性较强的规模经济产业相互联动，使得交通基础设施沿线的区域具备建设经贸合作区及工业园区的基础性条件。

中国在非经贸合作区及工业园区依托优越的区位条件及相兼容的转移产业，促进产业发展的重要聚集及多维辐射，日渐成为承载中非产能合作的重要平台。自2006年中非合作论坛北京峰会以来，赞比亚—中国经贸合作区、尼日利亚广东经贸合作区、毛里求斯晋非经贸合作区和埃及苏伊士经贸合作区等中国在非经贸合作区相继创办①。其中，中埃苏伊士经贸合作区由天津泰达承建，以天津开发区建设经验为基础建设高标准现代工业新城区②，积极承接中国产业转移、完善产业链条，有效吸引中国对埃投资，成为在"一带一路"框架下中埃双方提升产业合作层级的重要路径。

截至2020年末，中国在非经贸合作区已有25个在中国商务部备案，已超过580家企业实现入区，累计投资额超过73亿美元③。根据2021年发布的《新时代的中非合作》，中国与15个非洲国家建立产能合作机制，以合作建设园区的形式吸引赴非投资。截至2021年，非洲国家自建或与其他国家共建各类工业园区共计237个，由中国企业参与规划、建设和运营的近60个。如尼日利亚莱基自贸区由中土集团与非洲政府以PPP模式合作运营工业园区的先锋项目。截至2022年8月，园区内共运营企业54家④。未来，中国将继续支持"中非工业化合作计划"，支持中国在非经贸合作区升级为中非产业链供应链合作示范区，并在合作新建或升级工业园区等过程中注重非洲国家能力建设，为其提供持续有效的基础职业技能培训，培育与工业化相适应的职业技能人才。

① 贺文萍．中非合作助推非洲发展进入快车道［EB/OL］．(2018-08-25)［2022-10-13］．http：//www.gov.cn/xinwen/2018-08/25/content_5316468.htm.

② 马霞，宋彩岑．中国埃及苏伊士经贸合作区："一带一路"上的新绿洲［J］．西亚非洲，2016(02)：109-126.

③ 光明网．商务部：中非合作"八大行动"整体落实率已超过85%［EB/OL］．(2021-01-14)［2022-10-13］．https：//m.gmw.cn/baijia/2021-01/14/1302036984.html.

④ 王进杰．中非合作工业园区助力非洲工业化［J］．世界知识，2022(17)：23-26.

2.1.3 中非清洁能源合作

而今，中国已在可再生能源领域掌握主动权，清洁能源投资额连续多年位居全球第一，水电、风电、光伏发电装机容量稳居全球首位[①]，能够有力地利用其在新能源领域的技术及服务加速非洲能源领域的绿色转型。数十家中资企业与非洲企业合作建设光伏电站，累计装机容量超过1.5吉瓦（GW），填补非洲光伏产业链空白[②]，有效缓解当地用电紧缺问题并促进低碳减排。未来，双方将持续推动能源合作向清洁、绿色、低碳转型，提高清洁能源利用比例，积极开发可再生能源，延伸产业链条并扩大产业链上下游配套基础设施的投资建设，将资源优势转化为经济发展的新动力。在此过程中，中非职业教育合作项目，特别是鲁班工坊项目发挥了重要作用，为非洲国家培育了一批新能源等领域的应用技术人才，不断通过培训项目提升非洲能源从业者的技能。

2.1.4 中国对非投融资合作

中国对非投融资合作为中非产能合作提供强劲有利的资金保障，截至2020年底，中国对非投资存量超过434亿美元，涉及50多个非洲国家[③]。中国已经成为非洲第四大投资来源国，民营企业日渐成为对非投资主力，聘用非洲本地员工比例超80%[④]，持续扩大当地就业，并使产业发展真正惠及民生。

中非发展基金作为2006年中非合作论坛北京峰会的重要成果及中国首支对非股权投资基金，在提供投融资支持的同时主动发挥投资经验及人才优势，为非洲工业化发展提供规划、咨询等融智服务，持续为非洲经济发展创造内生动力。中非发展基金于2007年成立，初始规模为50亿美元，在鼓励及支持中国企业对非投资过程中发挥极为重要的作用。中非产能合作基金于2015年约翰内斯堡峰会上专门设立，首批资金规模为100亿美元。2021年，基金发挥开发性金融“策划投、引导投”作用，出资25亿元人民币战略支持中国电信、中国移动“十四五”非洲规划[⑤]，有效推动中非数字经济合作赋能实体经济。截至2021年3月，中非产能合作基金围绕非洲“三网一化”建设累计投资21个项目，以基础设施建设撬动非洲国家产业发展。截至2022年6月末，中非产能合作基金累计投出项目26个，投资金额33亿美元，完成了签约项目28个，签约金额达37亿美元，已出资的项目一

---

① 科讯线缆.清洁能源产业“十三五”中后期将保持中高速增长态势［EB/OL］.（2018-04-08）［2022-10-13］.https：//www.sohu.com/a/227526340_735708.

② 中华人民共和国中央人民政府.新时代的中非合作［EB/OL］.（2021-11-26）［2022-10-13］.http：//www.gov.cn/zhengce/2021-11/26/content_5653540.htm.

③ 央视网.商务部：截至2020年底中国对非投资存量超过434亿美元［EB/OL］.（2021-11-17）［2022-10-13］.http：//news.cctv.com/2021/11/17/ARTIUKpNpuPaxHg7wYaeNISG211117.shtml.

④ 田士达.中非友好合作深入人心［EB/OL］.（2022-07-04）［2022-10-13］.https：//baijiahao.baidu.com/s?id=1737371755629354610&wfr=spider&for=pc.

⑤ 迟建新.中非发展基金助力中非产能合作［J］.西亚非洲，2016（04）：34-48.

共撬动的项目总投资额达到了186亿美元[①]。截至2022年8月末，中非发展基金已对37个非洲国家投资决策超64亿美元，可撬动中国企业对非投融资310亿美元，投资项目涵盖产能合作多领域，有力地为中非产能合作提供资金保障[②]。

2.2 中非产能合作政策研究

中非经贸关系源远流长。中非传统经贸合作是中非产能合作的现实前提，以商品、机器设备及其他生产要素等的国际流动实现两者间的产业转移及产能合作。自中非合作论坛至今，作为最大的发展中国家及发展中国家最集中的大陆，中非产能合作面临着双方战略历史性对接的发展机遇。

中非合作论坛于2000年成立，目前共有55个成员，包括中国、53个与中国建交的非洲国家和非盟委员会。部长级会议每三年轮流在中国及非洲国家举行一届，迄今有3次部长级会议升格为峰会，具体为2006年11月北京峰会、2015年12月约翰内斯堡峰会、2018年9月北京峰会[③]。中非合作论坛为新时期的中非产能合作提供了方向与平台，通过构建跨区域合作机制为非洲发展提供新动力、为南南实质性合作提供新标杆，不断增强非洲国家的国际影响力[④]。中非双方就部长级会议达成的一致共识形成后续的行动计划，以此强化中非双方在产能合作领域的重大部署。

在中非合作论坛框架下，中非产能合作及推进非洲工业化一直被摆在首要和突出地位，并以此为牵引推动其他领域的互利合作。中方持续鼓励及支持中国企业在基础设施、工业制造等传统领域对非投资，并关注数字经济及海洋经济等新领域的发展与合作。相比中华人民共和国成立初期的援建活动，中国在中非合作论坛框架下更为关注项目的可持续性，并使双方产能合作成为对外投资的主要部分及以利润为导向的商业活动。

由表2–1中的中非产能合作内容可知，双方在产能对接及产能合作的广度及深度不断强化，资金支持力度不断扩大，项目合作更加对接双方经济发展需求，政策导向更加强调增强对非洲国家的能力建设，以此提升非洲国家自主发展能力、促进经济多元化及区域一体化。双方在政策指导下日渐形成“企业主体、市场运作、政府引导”的产能合作机制，并着力提升合作项目的集群化、规模化、产业化、本土化水平，有效带动了非洲产业发展，有利地支持了非洲国家更好融入全球及区域产业链。

---

① 中国社会科学网．佟庆：中非产能合作基金 深化投资驱动工程［EB/OL］．(2022–08–09)［2022–10–12］．http：//www.cssn.cn/gjgxx/gj_bwsf/202208/t20220809_5470179.shtml.

② 中国经济网．中非发展基金：携手中国企业推动非洲数字化进程［EB/OL］．(2022–09–14)［2022–10–12］．http：//intl.ce.cn/sjjj/qy/202209/14/t20220914_38103974.shtml.

③ 中非合作论坛．论坛简介［EB/OL］．(2019–08–31)［2022–10–13］．http：//www.focac.org.cn/ltjj/ltjz/.

④ 周玉渊．中非合作论坛15年：成就、挑战与展望［J］．西亚非洲，2016(01)：4–21.

表2-1 基于中非合作论坛的产能合作政策演变历程

中非合作论坛	行动计划	中非关系	中非产能对接及产能合作的重要举措
北京2000年部长级会议（2000年）	中非经济和社会发展合作纲领	长期稳定、平等互利的新型伙伴关系	1. 中国方面承诺在力所能及的范围和南南合作的框架内继续向非洲国家提供无偿援助、优惠贷款、无息贷款。 2. 办好在非洲的“中国投资开发贸易促进中心”，成立“中国—非洲工商联合会”。 3. 中方将提供专项资金，支持和鼓励有实力的中国企业到非洲投资①。
第二届部长级会议（2003年）	亚的斯亚贝巴行动计划（2004—2006年）	长期稳定、平等互利、全面合作的新型伙伴关系	1. 中国政府通过向非洲国家提供贷款或无偿援助的方式重点帮助非洲国家建设道路、桥梁等基础设施项目。 2. 中国将进一步鼓励和支持有实力的各种所有制企业赴非洲投资，包括通过创办旨在鼓励技术转让、创造非洲国家就业机会的中非合资企业。 3. 鼓励非洲各国同中方签署双边“投资保护协定”和“避免双重征税协定”。②
北京峰会暨第三届部长级会议（2006年）	北京行动计划（2007—2009年）	中非新型战略伙伴关系	1. 支持中国有关银行设立中非发展基金，逐步达到总额50亿美元。 2. 鼓励和支持有实力、有信誉的中国企业到非洲投资兴办有利于提高非洲国家技术水平、增加就业和促进当地经济社会可持续发展的项目。 3. 中国愿在今后3年内支持有实力的中国企业在有条件的非洲国家建立3~5个境外经济贸易合作区。③
第四届部长级会议（2009年）	沙姆沙伊赫行动计划（2010—2012年）	中非新型战略伙伴关系	1. 中方决定将中非发展基金规模增加到30亿美元，支持中国企业扩大对非投资。 2. 继续建设好在非洲设立的境外经贸合作区，加大招商引资力度，积极推动更多中国企业入区投资，并为非洲中小企业入区发展提供便利。 3. 中方将通过向非洲国家提供贷款或无偿援助、鼓励中国企业投资等不同方式，加大对非洲基础设施建设的投资与参与力度。今后3年内，中方将向非洲国家提供100亿美元优惠性质贷款，主要用于基础设施项目和社会发展项目。④

① 中央政府门户网站. 中非经济和社会发展合作纲领［EB/OL］.(2006-10-31)［2022-10-10］.http://www.gov.cn/ztzl/zflt/content_428691.htm.

② 中央政府门户网站. 亚的斯亚贝巴行动计划（2004—2006年）［EB/OL］.(2006-10-31)［2022-10-10］.http://www.gov.cn/ztzl/zflt/content_428690.htm.

③ 中非民间商会. 中非合作论坛北京行动计划（2007—2009年）［EB/OL］.(2006-11-15)［2022-10-10］.https://www.cabc.org.cn/detail.php?cid=12&category_id=24&id=197.

④ 中华人民共和国驻埃塞俄比亚联邦民主共和国大使馆. 中非合作论坛—沙姆沙伊赫行动计划（2010至2012年）［EB/OL］.(2009-11-12)［2022-10-10］.http://et.china-embassy.gov.cn/chn/zgxx/policy/200911/t20091112_7213871.htm.

续表

中非合作论坛	行动计划	中非关系	中非产能对接及产能合作的重要举措
第五届部长级会议（2012年）	北京行动计划（2013—2015年）	中非新型战略伙伴关系	1. 中方将积极利用无偿援助、无息贷款和优惠贷款继续扩大对非援助规模，创新援助方式，提高援助效果。 2. 鼓励双方金融机构为中非能源、农业、加工制造、电信及电力、铁路、公路、港口等基础设施合作提供融资支持。 3. 中国将扩大同非洲在投资和融资领域的合作，将向非洲国家提供200亿美元贷款额度，重点支持非洲基础设施建设、农业、制造业和中小企业发展。 4. 中国政府继续鼓励和支持有实力、信誉好的中国企业到非洲投资，继续引导中国企业在非洲建立加工和制造业基地，加大在商贸服务、交通运输及咨询管理等服务行业的投资。 5. 中国将同非盟在“非洲基础设施发展规划”和“总统支持基础设施倡议”的项目设计、考察、融资和管理等方面建立合作伙伴关系。①
约翰内斯堡峰会暨第六届部长级会议（2015年）	约翰内斯堡行动计划（2016—2018年）	中非全面战略合作伙伴关系	1. “十大合作计划”：工业化合作计划、基础设施合作计划、绿色发展合作计划、金融合作计划及贸易和投资便利化合作计划等。 2. 设立首批资金100亿美元的“中非产能合作基金”，中方将逐步为中非发展基金增资50亿美元，使其总规模扩至100亿美元。 3. 中方将向非洲国家派遣政府高级专家顾问，提供工业化规划布局、政策设计、运营管理等方面的咨询和帮助。 4. 共同制定《中非铁路合作行动计划（2016—2020年）》，推进非洲铁路网建设。②
北京峰会暨第七届部长级会议（2018年）	北京行动计划（2019—2021年）	构建更加紧密的中非命运共同体	1. “八大行动”：产业促进行动、设施联通行动、贸易便利行动、能力建设行动等。 2. 鼓励政策性金融机构、开发性金融机构、中非发展基金、中非产能合作基金和非洲中小企业发展专项贷款等加大对中非产能合作的支持力度。 3. 加强对非洲加工制造业、经济特区、产业园区等产业发展的支持力度，支持中国民营企业在非洲建设工业园区、开展技术转让。③

① 中华人民共和国驻卢旺达共和国大使馆. 中非合作论坛第五届部长级会议——北京行动计划（2013—2015年）[EB/OL].(2012-07-24)[2022-10-10].http://rw.china-embassy.gov.cn/zt/zfgx/201207/t20120724_7122303.htm.

② 国务院新闻办公室网站. 中非合作论坛—约翰内斯堡行动计划（2016—2018年）[EB/OL].(2015-12-10)[2022-10-13].http://www.scio.gov.cn/XWfbh/xwbfbh/wqfbh/44687/47454/xgzc47460/Document/1716759/1716759.htm.

③ 中非合作论坛. 中非合作论坛—北京行动计划（2019—2021年）[EB/OL].(2018-09-05)[2022-10-13].http://www.focac.org.cn/zywx/zywj/201809/t20180905_7875851.htm.

续表

中非合作论坛	行动计划	中非关系	中非产能对接及产能合作的重要举措
第八届部长级会议（2021年）	达喀尔行动计划（2022—2024年）	构建新时代中非命运共同体写入《中非合作论坛第八届部长级会议达喀尔宣言》	1. 中非务实合作“九项工程”：贸易促进工程、数字创新工程、能力建设工程、投资驱动工程、绿色发展工程及人文交流工程等。 2. 中方将为非洲援助实施10个工业化和就业促进项目。 3. 中方支持在非经贸合作区升级为中非产业链供应链合作示范区。 4. 中国未来3年将推动企业对非洲投资总额不少于100亿美元，特别在制造业等领域扩大投资。 5. 中方将设立“中非民间投资促进平台”，鼓励中国企业对非投资。①

注：由作者依据历届中非合作论坛行动计划中产能合作相关内容整理而成。

2.3 中非产能合作现状研究

根据商务部发布的2021年中非经贸合作数据统计，中非双边贸易额达2542亿美元，同比增长35%；同样我国对非全行业直接投资额37.4亿美元，同比增长26.1%；我国在非洲承包工程新签合同额779亿美元，同比增长14.7%②。中非产能合作在“一带一路”倡议及共建更加紧密的中非命运共同体下已步入新阶段，中企与非洲国家开展产业链供应链合作，在制造业传统领域及新兴领域合作持续获得突破性的新发展。

中非双方经济结构及资源具有较强的互补性，所处工业化发展阶段互相衔接，发展战略及发展理念相互融通，因此，中非产能合作具有坚实基础及广阔空间。中非人口总量超过世界总人口的1/3，经济总量约占世界总体的21%③，最大的发展中国家与发展中国家最集中的大陆在中非合作论坛会议成果落实框架下战略性对接，高质量共建“一带一路”与非盟《2063年议程》引领下的中非产能合作。中非双方推动《中非合作2035年愿景》、中国2035年远景目标、联合国2030年可持续发展议程和非盟《2063年议程》进行战略性紧密对接，充分发挥产能合作机制作用，强化大项目对中非产能合作的示范效应，充分释放非洲国家发展潜能，加快推动非洲国家经济多元化、一体化与现代化。

2.3.1 当前中非产能合作面临的形势与挑战

当前，全球经济结构性下行压力加大，贸易保护主义、民族主义等逆全球化暗流持续

① 江西省人民政府．中非合作论坛——达喀尔行动计划（2022—2024）[EB/OL].(2021-01-29)[2022-10-13]. http://www.jiangxi.gov.cn/art/2022/1/29/art_5451_3850041.html.

② 中华人民共和国商务部西亚非洲司．2021年中非经贸合作数据统计[EB/OL].（2022-04-28）[2022-10-06]. http: //xyf.mofcom.gov.cn/article/tj/zh/202204/20220403308229.shtml.

③ 凤凰卫视．南非学者：中非虽为远邻但有共通，中国减贫成就为非洲带来启示[EB/OL].（2022-09-27）[2022-10-13]. https: //baijiahao.baidu.com/s?id=1745114770863590316&wfr=spider&for=pc.

涌现，而中国传统的出口国家和地区市场需求疲软且国内市场趋向饱和，部分制造业产能过剩问题日益突出。

当前，中非产能合作尚存在一些诱发性挑战，新冠疫情阻滞了双方的人员培训往来，也使非洲国家的制造业发展面临着停工停产、供应链中断引发中间投入品短缺、需求萎缩带来订单和收入下降、外资流入下滑等困境①。根据商务部国际贸易经济合作研究院2021年开展的问卷调查显示，中国在非企业面临较为突出的问题为非洲本土性社会问题和输入性恐怖威胁交织叠加、地缘政治博弈加剧、非洲国家货币汇率贬值及国际舆论环境质疑及挑战中国投融资模式等②，增加了在非洲投资环境的不确定性。同样国际对非洲合作仍在高位运行且尚处于竞争态势，美国意图通过“价值观认同”将大国竞争引入非洲，欧洲国家加大对非洲投资，新兴大国对非洲合作逆势前行③。

中国在非洲园区作为承载中非产能合作的重要平台同样面临着发展性挑战，一是政权更迭频繁的东道国难以支撑宏观政策的持久稳定，而园区建设作为一个长周期的建设项目需要稳定的国家财政能力、衔接有效的政策组合、强劲有力的政策执行；二是资源禀赋发挥不足，劳动力素质难以有效将人口红利转化为工业化发展的强劲动力，难以完成国际产能的技术承接与转移，园区经济带动就业规模受限；三是非洲国家的区域协同性不足，多数非洲国家均处于工业化起步阶段，缺乏差异化发展思路，因而普遍存在同质竞争引发的招商困难。

当前，中非关系伴随国际体系转型加速推进也将进入新历史阶段，特别是中非产能合作也需要进行相应的战略性调整。在中非关系度过快速发展期后，中非合作仍面临着显著上升的体系性外生压力及可持续发展内生压力④，即如何夯实稳定增长的基础，如何应对利益主导的模式调整压力，如何改善短板领域能力不足的现状等。

2.3.2 中非产能合作新变局下的新作为

世界正处于百年未有之大变局，中非双方的战略合作意愿将推动中非关系进入历史最好时期。持续发展产能合作是当前中非合作的重要支柱，中非双方应直面挑战、积极谋变，依托非洲大陆自贸区整合碎片化市场、增进需求梯度层次多样化，把握中非产能合作新机遇，拓展中非产能合作新空间。

伴随新一轮科技革命的到来及新技术的变革，中非双方将不断扩展数字经济、绿色经济及蓝色经济等产能合作新领域，持续发挥金融服务实体经济的优势作用，推动中非产能

① 中国社会科学院西亚非洲研究所.徐泽来，郝睿：疫情对非洲制造业的影响［EB/OL］.（2021-09-17）［2022-10-1］. http：//iwaas.cssn.cn/kycg/yjbg/202109/t20210917_5361259.shtml.

② 王珩，周星灿，赖长明.中非经贸往来韧性凸显　引领中非合作互利共赢［N］.光明日报，2022-05-19(12)

③ 姚桂梅.新冠肺炎疫情下非洲地区形势特点与中非合作展望［J］.当代世界，2022(05)：55-60.

④ 中国社会科学院西亚非洲研究所.张春，张紫彤：百年变局下中非合作的战略定位再明晰［EB/OL］.（2021-09-17)［2022-10-10］.http：//iwaas.cssn.cn/kycg/yjbg/202109/t20210917_5361263.shtml.

合作高质量发展。

1. 数字经济合作赋能实体经济

在全球数字技术普及产业数字化转型的大背景下，数字经济异军突起并成为撬动经济增长的新标杆及国际经济竞争中各国战略制胜的必争高地。数字技术能够赋能制造业全产业链提升效率、推动转型升级，成为构筑非洲国家参与新一轮全球产业分工及竞争的核心优势。中企对工业互联网、数字经济等行业领域加大对非投资，以信息通信技术的转移有效促进减贫，为非洲国家实现经济多元化发展提供多维路径。

中非双方依据"中非数字创新伙伴计划"，构建中非网络空间命运共同体。双方将持续拓展数字经济合作，一方面通过鼓励支持企业合作参与非洲国家光缆骨干网等通信基础设施建设、运营及服务，另一方面促进双方在人员培训、创新中心建设、新技术应用领域等方面的协作，缩减非洲国家数字鸿沟，支持非洲国家智慧城市建设。依托数字信息平台的建设，将分散、无序的中非产能合作项目联成产业网络，中非企业合作效率将持续提升，并以科技创新及产业变革赋能中非经贸合作。

2. 共同应对气候变化与清洁能源开发

中非双方逐渐把合作焦点放在新能源和绿色低碳领域，共同应用清洁能源、应对全球气候变化及实现可持续发展。根据《中非合作2035年愿景》，中非能源合作将向清洁、低碳、绿色方向转型。中国作为非洲可持续发展的坚定支持者，已在论坛框架内实施上百个清洁能源和绿色发展项目，并承诺不再新建境外煤电项目，扩大在可再生能源、绿色低碳产业等低排放项目的对非投资规模。中非双方将在中国—非盟能源伙伴关系框架下逐步解决非洲国家的能源可及性问题，并提升其电气化水平，探索绿色、可持续的能源合作方式。

中非双方将持续加强能源资源领域的贸易、投资、技术、标准合作，进行能源资源项目的投资、建设及运营，以此完善优化非洲国家的能源资源产业链布局，提升其产品加工能力，破解非洲清洁能源领域的技术瓶颈；同时中国将持续关注非洲国家能源领域的能力建设，派遣技术团队，为非洲国家能源管理及运营人员提供专业培训，以此提高非洲国家建设和管理本国能源体系的能力。

3. 海洋经济开发合作

中非双方在海洋经济领域存在巨大的合作潜力，以推动海洋经济的务实互利合作推动"21世纪海上丝绸之路"建设，为全球海洋治理做出积极贡献。中方将在国际海事组织技术合作框架下为非洲国家提供资金、技术支持及人才培训，特别注重非洲国家在海洋领域的能力建设。中方可在海洋经济特区、港口和临港工业区建设以及海洋产业相关规划分享中国方案，加强在近海水产养殖、海洋运输、海上风电及海洋科研等方面的经验交流，以此推进中非蓝色经济投融资合作，为非洲国家培育新的蓝色经济增长点，推动非洲国家实现可持续发展。

2.4 职业教育服务中非产能合作政策研究

当前，非洲国家承接劳动密集型产业转移仍面临着相对严峻的人力资本储备窘境，丰富且低廉的劳动力资源甚至难以高效支撑工业化生产，职业技能的匮乏使其青壮年劳动力难以满足劳动力就业市场的需求。同时，由于非洲工业基础较为薄弱，其劳动力未建立起适应工业生产的价值观念和规范化的工作行为，导致企业生产效率低下，员工管理难度大，额外增加企业的交易成本。

根据相关调查①，52.2%的中国企业当前面临的最大挑战是员工职业技能欠缺所导致的生产效率低和员工难以管理，在针对当地8 000多名非洲员工的调查中发现接受过“中职/大专职业教育”的只有不到3%，教育体系中对蓝领工人培育不足。同样，根据针对埃及、吉布提、埃塞俄比亚、肯尼亚、坦桑尼亚、尼日利亚和赞比亚非洲七国的15个工业园区的调研，当地工人具有初中及以上学历的人超过80%，但普遍缺乏适应工业化发展的技术和技能。因此，促进非洲劳动力职业技能的提升、发展职业教育与技术培训成为当前破除非洲人口红利释放阻力的关键所在。因此，中非产能合作在伴随资本投资时注重能力建设，将职业教育、技术培训与其工业化发展阶段结合起来，依托人力资本的发展促进非洲的可持续发展。

而非洲的职业教育由于工业发展滞后、经济社会发展水平有限和受世界银行对其教育资助重点转向初等教育及非正规教育，在独立之初的近半个世纪内处于停滞甚至倒退状态，而后才被逐渐重视起来。非盟在《第二个十年教育行动计划（2006—2015）》《非洲职业技术教育和培训振兴战略》强调职业技术教育对个人及国家的重要意义，期求以一体化的政策框架促进各国实施职业教育专项提升活动②。而后通过《投资青年实现人口红利的路线图》以技术和职业教育培训加大对非洲青年的投资，但当前非洲职业教育的发展依然面临着诸多挑战。

20世纪80年代的苏丹恩图曼职业培训中心为中国对非洲援建的首个职业教育机构③，自第二届中非合作论坛之后对非洲进行成系统的职教援建。中国与多数非洲国家的职教合作模式逐渐以市场为导向、以企业主导，这种职教学院与技术培训独立于当地职教学校模式外，但仍存在培训及考试难以标准化、培养人才市场流动性及社会认可度受限，缺乏概

① 袁立，李其谚，王进杰著. 助力非洲工业化：中非合作工业园探索［M］. 北京：中国商务出版社，2020.

② 梁克东. 中非职业教育合作的理念与路径［J］. 职业技术教育，2020，41（06）：69–74.

③ 陈明昆，张晓楠，李俊丽. 中国对非职业教育援助与合作的实践发展及战略意义［J］. 比较教育研究，2016，38（08）：1–6.

念及品牌的塑造[①]，难以使中国职教品牌“走出去”。

由表2-2可知，中方在中非合作论坛框架下注重非洲国家在经济社会发展各领域的能力建设，涉及农业、制造业及能源等劳动力相对密集就业的领域，重点关涉非洲青年特别是妇女的就业能力培养。中方以多种长短期的培训项目、教育基础设施建设、设立专项奖学金、支持优秀青年访华及加大资金投入规模等方式为非洲国家提供大量的教育培训机会，培育技术技能人才以提升非洲国家的自主发展能力。

表2-2　中国对非职教援助赋能产能合作的政策要求

中非合作论坛	行动计划	职教服务产能合作的重要举措
北京2000年部长级会议（2000年）	中非经济和社会发展合作纲领	中国设立了“非洲人力资源开发基金”，专门用于对非人才培训，举办了多种形式的对非人才培训班。 双方同意通过适当途径制订国别培训计划，确定具体合作项目并为之提供便利。
第二届部长级会议（2003年）	亚的斯亚贝巴行动计划（2004—2006年）	1.中国政府将在现有“非洲人力资源开发基金”规模基础上进一步增加资金投入,培养、培训非洲各类人员力争达到一万人。 2.加强双方教育合作双方将互派教师和相互给予新的奖学金名额,建立高等院校与技能和职业教育培训学校间的交流渠道;中国将继续帮助非洲高等院校与技能和职业教育培训学校加强学科和专业的建设。
北京峰会暨第三届部长级会议（2006年）	北京行动计划（2007—2009年）	1.加强与非洲在农业实用技术和农业人力资源开发方面的合作。 2.每年为非洲国家培训一定数量的教育行政官员、大中小学及职业教育学校校长和骨干教师。 3.中方承诺3年内在“非洲人力资源开发基金”基础上加大投入，为非洲国家提供各类培训1.5万人次。
第四届部长级会议（2009年）	沙姆沙伊赫行动计划（2010—2012年）	1.中方提供的奖学金项目和举办的各类研修班、培训班，为非洲人力资源开发做出了积极贡献。 2.中国政府将根据非方需要，继续为非洲培训各类人才，并注重提高培训质量。3年内为非洲国家培训的各类人才总计达到2万名。 3.倡议实施“中非高校20+20合作计划”，选择中方20所大学（或职业教育学院）与非洲国家的20所大学（或职业教育学院）建立“一对一”的校际合作新模式。 4.加大为非洲国家中小学、职业院校培养和培训师资的力度。3年内为非洲国家培训1500名校长和教师。

① 周瑾艳.中、德在埃塞俄比亚职业教育领域开展三方合作的新机遇［J］.德国研究，2018，33（04）：18-34+139-140.

续表

中非合作论坛	行动计划	职教服务产能合作的重要举措
第五届部长级会议（2012年）	北京行动计划（2013—2015年）	1.向非洲国家派遣农业职业教育培训教师组，帮助非洲建立农业职教体系。 2.继续实施“中非高校20+20合作计划”，进一步完善中非高校校际合作机制。 3.中方将继续帮助非洲国家建设教育培训设施，并提供更多短期、中长期培训和奖学金机会，为非洲国家培训职业技术人才，尤其帮助非洲青年和妇女提高就业技能。 4.中国政府将实施“非洲人才计划”，在今后三年为非洲培训各类人才3万名，提供政府奖学金名额1.8万个，并注重优化培训内容、提高培训质量。 5.中国和非洲重申致力于增强非洲国家人力资源能力建设，中方提供的奖学金项目和举办的各类培训研讨项目，涵盖农业、工业、卫生、教育、通信、媒体、科技、防灾减灾、行政管理等多个领域。
约翰内斯堡峰会暨第六届部长级会议（2015年）	约翰内斯堡行动计划（2016—2018年）	中方将支持非洲国家改造现有的或新建更多的职业技术培训设施，在非洲设立一批区域职业教育中心和若干能力建设学院，在非洲当地培养20万名职业和技术人才，提供4万个来华培训名额，帮助青年和妇女提高就业技能，增强非洲自我发展能力。
北京峰会暨第七届部长级会议（2018年）	北京行动计划（2019—2021年）	落实“中非工业化合作计划”，为非洲劳动人口提供有效和可持续的基础职业技能培训；实施头雁计划，为非洲培训1000名精英人才，为非洲提供5万个中国政府奖学金名额，为非洲提供5万个研修培训名额，为非洲培养更多各领域专业人才。
第八届部长级会议（2021年）	达喀尔行动计划（2022—2024年）	1.实施“未来非洲—中非职业教育合作计划”，开展“非洲留学生就业直通车”活动，举办中非教育部长论坛。 2.中方将继续为非洲国家提供短期研修培训名额，继续同非洲国家合作设立“鲁班工坊”，鼓励和支持中资企业在非洲国家开展职业培训，鼓励中国在非企业为当地提供不少于80万个就业岗位。 3. 增加面向包括妇女在内的涉及非洲基础设施互联互通倡议领域的职业培训，包括工程项目开发管理、电站建设运营、高铁网络管理、航运、投资项目和金融管理等。

注：由作者依据历届中非合作论坛行动计划中职教合作相关内容整理而成，文件引用参见表2-1。

中国在中非合作论坛框架下，“鲁班工坊”在对非洲国家进行职业教育的援助过程中发挥了重要的作用，探索了中非职业教育合作的新模式。根据《新时代的中非合作》，自2018年以来，中国在埃及、南非、吉布提、肯尼亚等非洲国家与当地院校共建“鲁班工坊”，中方在整体上分享了中国职教模式，分享了先进教学设备、专业标准、教学资源，并在为合作国家培养师资力量等方面提供持续支持，为非洲国家培育工业化发展所需的技术技能人才，同时服务了中非产能合作。天津作为中国职业教育改革创新示范区，首创鲁班工坊国际品牌合作项目，为非洲青年提供职业技术培训，为中非合作发挥了重要作用。

截至2023年6月，中国已在25个国家建立了27个鲁班工坊，为中非职教高质量合作奠定了坚实的基础。鲁班工坊的建设密切配合中企在非用人需求及中非产能合作建设，逐渐建设起从中职学校到高等院校、从技能培训到学历教育全覆盖的职业教育国际合作体系[①]，但当前仍面临着诸多外部不确定性及内部协调问题，尚需继续跟踪、评估及改善项目实施效果。

---

① 中国社会科学院西亚非洲研究所. 甘振军：中非职业教育合作的新探索：鲁班工坊［EB/OL］.（2021-05-10）［2022-10-10］.http://iwaas.cass.cn/xslt/fzlt/202105/t20210510_5332329.shtml.

第三章

职业教育服务中非产能合作的现状研究

在非中资企业面临着相对严峻的人力资源瓶颈，专业技术人才不足、本土员工综合技能水平低导致的招聘难及企业达产稳产难题。而企业自身提供的员工培训难以应对当今对设施设备、运营维护的精细化操作，当地职业教育体系对中资企业人才发展需求更为不适应。因此，中国职业院校能够对中非产能合作提供必要的人才支撑与技术支持，使在非中资企业通过教育援助提高劳动生产率。本章将围绕职业教育的服务对象、服务实践、服务模式、服务效应及服务困境五部分分析展现职业教育服务中非产能合作的现状。

3.1 服务对象

中非双方因工业化发展阶段相互衔接、发展战略相互契合、生产资源互补性强，其产能合作具有坚实基础及广阔空间。而在非中资企业处于中非产能合作的前线，以自身发展的优势领域为非洲合作对象国创造大量的就业机会，以技能培训及新技术引进等形式促进了技术转移，帮助实现产业转型升级。

在非中资企业承包工程主要分布在交通运输建设、一般建筑、电力工程建设三大业务领域，2020年上述三大行业工程承包完成营业额占比68.7%，新签合同额占比71.9%[①]；水利建设、通讯工程建设、石油化工项目、工业建设、科研和技术服务业也是重要的投资业务领域。如乌干达政府也将农业、石油、能源、交通运输、矿业、制造业等实体经济作为重点发展的产业领域，并通过加强基础设施建设、产业升级和多样化来推进工业化（见图3-1，图3-2）。

① 中国—非洲经贸博览会秘书处. 中国与非洲经贸关系报告2021[R/OL](2021-09-24)[2022-12-23].https://www.investgohn.com/ueditor/jsp/upload/file/20210924/1632478576207046328.pdf

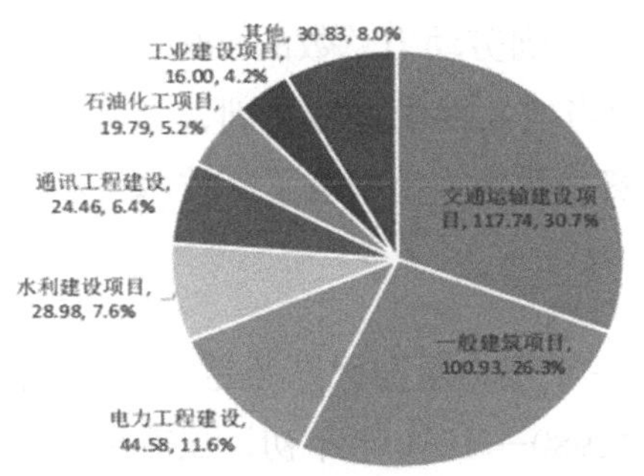

图3-1　2020年中国企业在非洲市场承包工程各行业完成营业额情况（单位：亿美元）

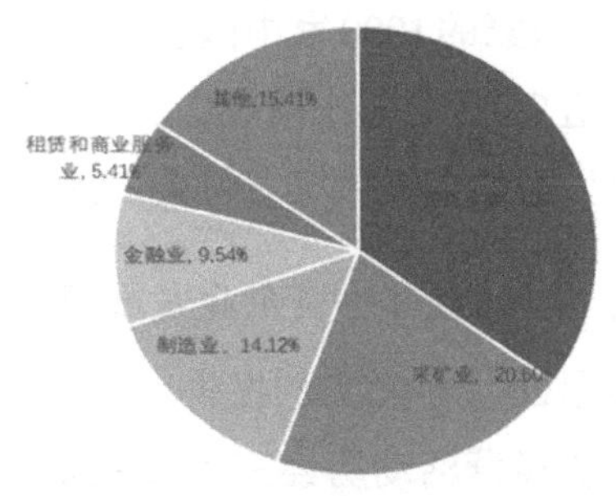

图3-2　截至2020年底中国对非直接投资存量（分行业）

图注：图3-1，图3-2均来自中国—非洲经贸博览会秘书处发布的《中国与非洲经贸关系报告2021》

根据2022年肯尼亚智库“跨地区经济网络”针对25个非洲国家逾1000名政策制定者开展的民意调查，密切关注欧盟与中国在非洲的激烈竞争。报告指出中国在公路、水电站、铁路和桥梁等大型基础设施建设项目的速度和可靠性等方面均超过欧洲国家，而欧洲则在软实力交流、气候变化意识等抽象领域占据优势；超过85%的受访者赞成“中国支持非洲基础设施建设”的说法，而这则是基于中国满足非洲优先发展需求，快速决策并如期按规划完成项目；“比欧洲人促进民主、人权或可持续性的项目更加具体”，弗里德里希·瑙曼基金会东非项目主任斯特凡·舍特如是说①。根据英国《经济学人》周刊网站2022年发表的题为《追龙：中国企业是如何主导非洲基础设施的》文章，中国企业2020年建设了非洲所有基础设施项目的31%（2013年为12%），而西方企业直接负责的份额只有12%左右（2013年为37%）②。根据阿联酋《海湾新闻报》网站2022年发表的文章《中国如何在非洲超越美国》，中国企业为非洲国家更新现代化技术和知识，特别是对于基础设施的投资提高了非洲国家的整体生产能力③。

在非中资企业在非洲主导进行关键基础设施的融资与开发，引发西方世界对中资企业的雇佣模式及程序的审视，许多国外学者基于此进行了针对性的调查，发现参与非洲基础设施工程的中资企业为当地创造了大量的就业机会，雇佣的非洲工人多于中国工人。例如基于2016年至2017年伦敦大学亚非学院研究团队的调查，发现在安哥拉和埃塞俄比亚开展业务的中资企业中本土人占比分别为74%和90%④。同样2017年麦肯锡咨询公司也发现

---

① 环球网.肯尼亚智库报告：在满足非洲优先需求方面，中国明显优于欧盟［EB/OL］.(2022-07-22)［2022-12-23］. https://baijiahao.baidu.com/s?id=1739005834874133682&wfr=spider&for=pc.

② 光明网.英媒分析：中企为何能主导非洲基建［EB/OL］.(2022-02-22)［2022-12-23］. https://baijiahao.baidu.com/s?id=1725459922891535478&wfr=spider&for=pc.

③ 光明网.阿媒文章：中国在非洲影响力正超过美国［EB/OL］.(2022-12-02)［2022-12-23］. https://m.gmw.cn/baijia/2022-12/02/36205337.html.

④ 参考消息网.美媒：中企在非雇工模式无可非议［EB/OL］.(2021-04-07)［2022-12-04］. https://baijiahao.baidu.com/s?id=1696380033016935651&wfr=spider&for=pc.

8个非洲国家的1000家中国公司和工厂中的非洲雇员占到劳动力总数的89%，为非洲工人提供了近30万个工作岗位；三分之二的中资企业为当地人提供技能培训，二分之一的中资企业为当地人提供实习机会，还有三分之一的中资企业为当地引进了新技术①。

3.1.1 在非中资企业发展概况

根据2021年发布的报告《中国企业投资非洲——市场力量与民营角色》，在非中资企业的投资经营活动历经三大发展阶段，第一阶段为1980—1990年年初，仅有少数民营企业主动与非洲开展小规模贸易；第二阶段为20世纪最后十年，越来越多的中资企业进入非洲市场，轻工、食品、化工等领域的商品贸易快速增长；第三阶段为进入21世纪以来，伴随中非合作论坛覆盖更多地区，行业和多元化领域的投资快速增长。中国在非新投资覆盖47个非洲国家，中国民营企业在非洲的投资约占中国对外直接投资的70%；民营企业以其对市场的敏感性有效地识别和管理风险，快速把握市场机遇，控制创新成本，活跃在制造业、服务业、通讯、传媒业等领域。国有企业倾向于承担由中国政府以外国援助或合作与援助形式提供资金担保的项目，其投资运营决定受问责制、经济可行性和盈利能力的制约，也需要承担平衡国家战略目标及企业财务利益的压力，以一种长期运营的方式维系着国际形象。

在非国有企业主要在大型基础设施建设等行业影响较大，而众多民营企业则主要补充在轻工制造业等领域；由于现有政策偏向劳动力市场供给方而非需求方，在非中资企业时常面临缺乏熟练技术工人的难题。如入驻中乌姆巴莱工业园区的中资企业有包括电子电器、冶金、纺织、建筑、化工、包材等领域在内的两千余熟练工人的用人；在卢中资企业的技术工人缺口主要集中于建筑、贸易、通信等领域，具体为施工现场监理、水电安装、设备安装与调试、电视网络安装、运维、广告、物流、仓储类人才、无人机操作员、建筑机械教师、基础编码员等岗位人才需求（见表3-1）。

表3-1 服务对象详情表

服务国	中国职业院校	服务行业	服务对象及其特征
埃及	天津轻工职业技术学院 埃及鲁班工坊	石油装备、纺织业、建材产业、家用电器以及机械制造类产业	中埃·泰达苏伊士经贸合作区入驻企业、中交一公局集团有限公司、汉能移动能源控股集团、山东豪迈机械科技有限公司、天津圣纳科技有限公司、英利集团等。

① 国务院新闻办公室网站．外交部就美媒报道中企在非洲投资创造大量就业机会等答问［EB/OL］．(2018-08-31)［2022-12-23］．http://www.scio.gov.cn/xwfbh/gbwxwfbh/xwfbh/wjb/Document/1636699/1636699.htm.

续表

服务国	中国职业院校	服务行业	服务对象及其特征
吉布提	天津铁道职业技术学院 吉布提鲁班工坊	基础设施建设行业（如铁路、码头建设、跨境供水项目及工业园区建设运营项目）	驻吉中资企业共19家，61%属于工业企业、39%属于服务业企业；28%为大型企业、22%为中型企业、50%为小型企业；39%为国有控股，61%为非国有控股。
加纳	潍坊职业学院	农业、渔业、房地产、建材、家具、食品饮料、陶瓷、钢铁、农药、制鞋、木材加工、纺织服装	中水、葛洲坝、湖南建工、深圳能源、中石化、中铁建工等。
乌干达	天津工业职业学院 乌干达鲁班工坊	农产品加工、钢铁、装备制造、纺织、建筑	中国交通建设集团有限公司、中国水利水电建设公司、中国水利电力对外公司、中国葛洲坝集团国际工程有限公司、中铁五局集团有限公司、中铁七局集团有限公司、重庆对外建设(集团)有限公司、中国河南国际合作集团有限公司、中国江西国际经济技术合作公司、中兴通讯股份有限公司、华为技术有限公司等约50家，工业园投资者多数为中资民营企业。
卢旺达	金华职业技术学院	通讯电子、建筑、基础设施、数字电视、电子商务	中土、中地、北京建工、华山国际、河南国际、江西国际、商城集团、北京恒华、中水电、C&D服装厂、中辰钢构、中水电十三局等30余家。以国企为主、私营为辅，且主要为建筑施工企业，另有少量的服装企业、贸易公司、通信企业等。

这些在非中资企业为非洲合作对象国创造了大量的就业机会及提供了技术培训指导，带来了明显的技术溢出效应，有效地带动了相关产业发展，推进了非洲工业化进程。如伴随亚吉铁路的修建，其铁路相关的技术技能人才本土化需求呈现上升趋势，埃塞俄比亚和吉布提运营人员从2016年的50.3%增长至2021年的97.1%，本土化用工量净增3.5倍。

3.1.2 当地职业教育体系对中资企业人才需求适应不足

由于非洲国家受经济发展水平的制约及教育资本化倾向，当地政府对职业教育的投入较少，职业教育的目的不是保障最弱势群体的受教育权，而成为满足某些特定经济需求的培训工具。非洲当地相对落后的职业教育体系，使非洲青年的职业技能积累无法适应就业需求、职业技能结构难以匹配劳动力市场结构，引发高素质技术和管理岗位的人才严重短缺，阻碍在非中资企业的员工本地化。

当前，中资企业面临当地职业教育体系对其本土性技术技能型人才需求适应不足的难题，特别是学习内容与就业领域所需技能缺乏一致性、从学校学习到工作的过渡时间较长，原因主要体现在以下方面：

1. 基础教育相对落后，对职教发展支持有限

根据2021年联合国儿童基金会发布的《变革非洲教育：基于证据的概述和长期改进建议》可知，非洲五分之三的人口年龄在25岁以下，一半人口年龄在3至24岁之间；如此庞大的青年群体给非洲国家的教育系统带来了巨大压力。此外，非洲国家的教育系统面临着日益增长的教育需求、相对低下的教育质量、不均衡的受教育机会及相对较高的辍学率。尽管部分非洲国家规定至少完成九年义务教育的法律框架，但完成率仍难达至预期水平。这是合格教师供应不足影响学生学习与技能发展、文盲家长阻碍学生入学、教师的行政管理及教学管理存在严重缺陷、教育公共资金投入不足、教育支出效率低、教育规划存在脱节等多重问题造成教育系统对职业教育的支持有限。在此基础之上，职业教育的生源质量及受教群体受到严重影响。平均而言，15至24岁的非洲青年人接受职业教育的比例仅为3%，在初中阶段几乎不提供技术培训和职业教育，初中技术和职业教育的入学率平均仅占初中总入学率的1.6%。非盟制定的《非洲大陆教育战略》中将扩大职业技术教育与培训供给作为其第八个战略目标，在中等和高等教育层面扩大受教育机会，加强就业与教育和培训系统间的联系，但实际上职业技术教育与培训在非洲覆盖率仍较低。非洲国家的职业教育受其经济社会因素影响较大，既缺乏足够的资金支持，也未获得跨政府部门的管理协同，其学习成果的质量也不高。

2. 职教体系欠完善，外部系统保障作用发挥不足

部分非洲国家缺少职业教育与普通教育横向贯通的通道，升学体系尚未打通；中等职业院校数量较多但其毕业生就业率低且培养质量不高，高等职业院校数量极少，纵向中高职人才培养体系不贯通。

职业教育体系欠完善源自外部保障系统的支持作用发挥不足，显见当地职业教育缺乏立法支持、财政援助投入不足及社会认可度较低，同时大多数职业院校未能够得到有效管理、无力购置教学设备及雇佣高技能培训师。上述困境的持续存在使非洲国家的职业教育吸引力不足，也使中国职业院校在非办学难。

3. 生源质量较差，教师队伍及教学资源建设不足

受经济发展水平的限制，部分非洲国家的基础教育较为薄弱且较为依赖欧美国家及国际组织的教育援助，使得进入职业教育学习的学生数量及质量均未达到要求。

职业教育教师队伍供需失衡、素质不高、配备不优也制约着技术技能人才的培养，教学质量有待提高。与此同时，教学条件有限、教学资源不足且落后使非洲职业技术教育理论学习多于实践操作，过时的课程和不及时更新的技能培训，使其仅停留在传统技能的传授，使得职校毕业生满足不了就业上岗的技术要求及基本的数字技能。如对标于吉布提职业预备学校培养的传统的简单工商行业初级需求的职业人才，顺利进入劳动力市场的仅为30%左右。

4. 校企合作不足，毕业生就业能力与市场需求难匹配

由于非洲国家的本土工业化水平较低，大中型企业数量较少且多为外资控股，受政治制度与国家文化差异的影响，与本土职业教育的耦合度不高。在外资企业招聘大量本土化员工的过程中发现，职教体系培养出来的毕业生质量与岗位要求契合度不高，难以获得当地企业的认可。

本土职业教育体系与劳动力市场联系薄弱，职业院校培养人才与产业经济实际需求相脱节。主要体现在学生学习内容与就业领域缺乏一致性、从学校学习到工作的过渡时间较长这两方面。此外，本土职业院校与在非企业缺乏沟通机制，使职业院校未能及时了解企业生产实际所需的技能。

3.1.3 在非中资企业发展困境

中资企业在非活动为非洲合作对象国创造了众多的就业机会，以技能培训的方式促进知识与新技术的转移，促进了基础设施建设及非洲国家的能力建设，但也在本土化的过程中存在诸多的经营困境。

根据商务部国际贸易经济合作研究院2021年开展的问卷调查显示，对非经贸合作企业面临最突出的问题分别是当地的安全问题、政治风险、汇率波动和国际舆论环境等[①]。因非洲国家的经营环境较为复杂且经济社会尚处于工业化发展的初级阶段，政府能力缺失，存在众多法律法规漏洞；处于中国对非交往前线的在非中资企业不可避免地存在与非洲本地政府、居民社区等互动过程中产生问题，这就对在非中资企业处理劳资关系及环境争议提出了更高的要求。

1. 面临尚不稳定的政治环境及安全形势

受宗教、政治、本土社会问题及外来恐怖主义的影响，部分非洲国家及地区安全形势不容乐观。受新冠疫情影响，青年失业问题进一步加重，社会矛盾及冲突积聚，2021年政变次数创近20年新高，影响了在非中资企业的正常经营活动及投资利益。不稳定的政治环境成为在非中资企业投资运营的最大障碍。

2. 当地营商环境波动大，投资政策不稳定

由于部分非洲国家政权更迭比较频繁，其营商政策波动较大，加剧了投资环境的不稳定性。此外，由于非洲国家的经济基础薄弱且对外依赖度较高，因此其汇率受国际经济形势影响较大，甚至部分美欧开发性金融机构质疑并干预中国投融资模式。据调查70%以上的工程和投资损失是由非洲国家货币贬值造成的，投资前景相对不明朗。

---

① 光明网. 中非经贸往来韧性凸显　引领中非合作互利共赢［EB/OL］.（2022-05-19）［2022-12-04］. https://m.gmw.cn/baijia/2022-05/19/35746227.html.

非洲国家复杂多变的营商环境、缺失的政府能力及较为初级的工业化发展阶段使在非中资企业在环境保护及劳资关系等方面面临较大的压力。非洲国家当地存在相关法律及标准的缺失、照搬欧盟高标准与发展阶段不适配、政府执法有误、官员权力寻租等问题，在非中资企业如若自我约束来执行更高的行动标准，则会抬升企业运营成本，降低市场竞争力①。处于工业发展的初级阶段，相对原始的工艺、技艺所产生的环境污染也较大，在非劳动密集型企业面临着工人劳动强度及工作环境等方面的衡量。如卢旺达政府采取较多鼓励投资的措施，但税收、环保等法律要求及执法力度比较严格，特别是对外国企业罚款较重。有关审批部门负责人更换频繁，政府政策稳定性不足且内部缺乏协调，存在一定的政策性风险。

3.语言文化区隔，国际负面舆论压力大

非洲有54个国家，多数国家以英语、法语、葡萄牙语等作为官方语言，但非洲大陆基于自身文明及民族特点也形成了多种语言文字，这使在非中资企业与当地系统互动的过程中交流难度较大；非洲大陆信仰的宗教有本地传统宗教、伊斯兰教和基督教，强势的宗教文化带有天然的敏感性与排外性②，这对在非中资企业的社区互动提出更高的要求。

中资企业在非经营遇到的社区问题主要包括当地居民因不了解中国，而对中资企业产生误解（42.6%），媒体的负面报道（24.6%）③。在非中资企业在本土化过程中面临着西方世界固有的意识形态偏见，但因自身封闭性较强也极少与当地媒体打交道。

4.工业发展支持条件较弱，配套基础设施建设不足

由于部分非洲国家尚处于工业化发展的初级阶段且部分自然资源匮乏，其生产要素成本较高，同时因缺乏配套产业链，依赖进口机械设备及昂贵的生产材料，工业建设及生产成本高。严重滞后的电力、道路、桥梁和通信等基础设施建设，阻碍了在非中资企业的运营活动，提高了其运输成本。如基础设施建设滞后、人才不足、资金短缺等仍是制约吉布提经济社会发展的瓶颈，大量外资的引入未能带来预设的溢出效应。

5.部分中小型企业趋向短期利益，损害在非中资企业形象

个别中小型企业经营趋向短期利益，因长期游离在中国政府的监管之外容易在非洲违法违规、生产低价劣质产品、损害在非中资企业形象、影响中国产品在非的质量认同。此外，企业运营也需要关注中国籍员工与本地员工的关系问题，妥善处理当地员工诉求，增进彼此交流与理解。

---

① 观察者网.专访清华学者唐晓阳：中企在非洲真实情况如何？［EB/OL］.（2021-08-02）［2022-12-23］. https：//m.thepaper.cn/baijiahao_13855584.

② 刘育锋，戴裕崴.中非职业教育合作研究（中英双语版）[M].王娟，译.天津：天津教育出版社，2022.

③ 王珩，周星灿，赖长明.中非经贸往来韧性凸显 引领中非合作互利共赢[N].光明日报，2022-05-19(12).

3.1.4 在非中资企业面临严峻的人力资源瓶颈

在非中资企业历经走向非洲、落户非洲到扎根非洲的三大探索实践，在与非洲当地系统的互动中仍存在一定的人才发展困境；在非中资企业在本地化的过程中，属地化管理需求增加及基于对劳动力的可获得性及成本的考量，中资企业对本土技术技能员工的需求量增多，并需要以提供技能培训的方式缓解技术技能人才的匮乏。同时，由于中国与非洲合作对象国的技术标准不一，招聘环节以资格证书为入门条件，因此本地员工的技能掌握情况与中资企业工作岗位要求差异较大。

在非中资企业在职业教育中承担需求推动方及技能培训供给方双重角色，形成了中资企业与国内高职院校合作的联合模式与以企业自身为实施主体，根据自身业务需要开展相关技能培训及拓展自身业务范围、发展职业教育产业的拓展模式。如中非职业教育联盟就是典型的中国企业与高职院校合作的形式，集结了高职院校、地方企业、地方政府对非合作的多方力量。企业基于自身业务和利益诉求所开展的当地职业教育培训，容易忽视对接非洲本土教育体系，出现强调短期培训效果而忽视长期人力资源培养的弊病。

1.本土技术工人数量不足且管理难度大，运营成本较高

部分非洲国家严格限制外国劳工进入国内劳动力市场，在非中资企业面临着属地化管理问题，需要充分考虑劳动力配比的问题，以雇佣本土员工为主，但当前非洲国家的当地劳动力市场缺乏熟练及半熟练的工人及管理人员。如卢旺达的熟练技术工人甚至需要从肯尼亚、坦桑尼亚、乌干达等国大量引进。根据在非中资企业的反馈，非洲当地的技术工人及能运用汉语进行听说读写的专业人才较难招聘且国内技术人员受新冠疫情影响赴非费用增长多倍且时常面临航班熔断现象。因此，当前亟须职业教育能够培养出懂中国产品和技术、认同中国文化的管理人才及技术人才，以期求为产业的输出提供稳定的支持。

依据中国在非设立工业园区的入驻中资企业调查，本地员工及职校毕业生因缺乏与工作岗位相适应的职业技能及职业精神均需在上岗前接受二次培训。这是基于本就薄弱的职业技能基础与实际工作场景相脱节，技术知识面窄且实践能力薄弱，特别缺乏与行业特点相关的专业背景知识及相关行业法规标准知识。此外，部分非洲国家本土员工由于殖民历史深受原宗主国文化影响，将工作范围及时间界限划分得十分清楚，因此在非中资企业既要合理细致地分配每个岗位的工作职责，也要提前合理调配好所有人的工作内容以保证日生产量，增加运营成本。

2.企业开展的员工培训多针对具体工作岗位，短期且不系统

在非中资企业开展的本土员工培训方式包括企业自办培训机构、委托国内院校或当地高校进行员工培训、中非员工师徒制在岗培训、选拔优秀员工赴华培训等路径。在非中资企业针对本地员工多采取在岗培训的形式，以专家讲座、实践实习及实地考察相结合的方式展开，多关注基本职业素养的提升和基本职业技能的培养。该形式虽然具有灵活性

强、组织难度低、学习实训针对性强等特点，但培训效果难以保证且技能培训仅处于入门阶段。此类内部培训多在短期简单技能型培训后以师带徒的方式满足快速上岗需求，但基于对设施设备、运营维护的精细化操作则对本土员工的业务水平及职业素养提出了更高要求，需要与职业院校合作提供正规化、系统化的培训。选派优秀员工赴华培训这种方式直观地展现中国标准、中国技术及中国装备，系统性提升了本土员工的综合素质及技能水平，但培训成本过高且易受疫情影响具有不稳定性。

3.2 服务实践

由于企业自行组织的员工培训存在不足，当地职业教育系统对中资企业人才发展需求适应性不足，亟须中国职业院校配合中资企业一同走进非洲，服务中非产能合作，培养熟悉中国技术与中国工艺的技术技能人才。

3.2.1 职教服务产能合作的基本思路

我国职教在现代化改革过程中形成了一系列的发展经验及实践成果，以“双师型”教师队伍建设、示范校、产业学院建设、职教集团建设、行业企业参与职教治理、中国特色学徒制等实践路径有效解决了发展中国家职业教育发展面临的共同问题——缺人、缺钱、缺制度[①]。这些发展实践具备了建设中国特色职业教育品牌的条件，当前也亟须对我国职教发展经验加以梳理提炼，客观阐释其科学性、规律性及应用条件，提高其可复制性与可迁移性，尝试解决不同国家面临的同类问题[②]。当前我国职业教育已具备“走出去”的能力及条件，也应借服务国际产能合作契机，继续倒逼内涵建设及优化办学要素系统，以域外校企合作助力中非产能合作。

我国职业教育服务中非产能合作坚持需求导向，在厘清非洲合作对象国社会经济、产业发展及在非中资企业对技术技能型人才需求情况的基础之上，遴选国内职业院校的优势专业及国际化优质资源，因地制宜采取不同形式的境外办学模式。一是要选取了解并认可中国职教模式的当地合作办学院校，能够有效应对中国职教境外办学的本土适应问题，开展专项招生、当地信息互通及资源共享、与当地国民教育体系协调互动等工作，发挥东道主的积极作用；二是在需求导向基础上，确定职教合作办学类型及专业，中国职业院校、非方职业院校、在非中资企业、中非双方政府部门共同参与制订合作办学专业标准及课程标准，以中非双方及在非中资企业多方参与的多元评价机制对人才培养结果及过程加以影响；三是依托活跃着的大量中资企业，直接对接技术培训及劳动力市场需求，加强域外校企合作中企业对人才培养过程的参与，而不是仅提供实训场地及实习机会。

① 刘育锋.职业教育国际化目标与路径——基于澳新英国际教育战略的分析［J］.中国职业技术教育，2022，(12)：53-62.

② 刘育锋.论中国特色职业教育品牌建设［J］.中国职业技术教育，2022，(34)：27-36.

3.2.2 职教服务产能合作的实践经验

在非中资企业在职业教育合作过程中也进行了深度参与，参与人才培养全过程，实训基地建设、技术技能创新、教学建设及质量评价等，校企合作共同培养技术技能人才，呈现了多种合作模式，见表3-2。具体介绍详见后续章节。

表3-2 中国职业教育服务中非产能合作的模式

服务国	服务模式	合作主体	开设专业
埃及	政园企校	天津轻工职业技术学院 天津交通职业学院 艾因夏姆斯大学 开罗高级维修技术学校	数控设备应用与维护、新能源应用技术、汽车运用与维修技术（高职层面） 数控加工技术、汽车维修技术（中职层面）
乌干达	校校企园	天津工业职业学院 埃尔贡乌干达技术学院 天唐集团 中乌姆巴莱工业园	黑色冶金技术 机电一体化
吉布提	政政企校校	天津铁道职业技术学院 天津市第一商业学校 吉布提工商学校 中国土木工程集团吉布提公司	铁道交通运营管理 铁道工程技术 商贸 物流
卢旺达	政校—校企—校校	金华职业技术学院 穆桑泽职业技术学校 卢旺达理工学院	电子商务 自动化
加纳	人才联合培养及教师境外培训项目	潍坊职业学院 日照职业技术学院 加纳库马西技术大学	机电一体化技术 建筑工程技术

3.3 服务模式

概括来说，职业教育服务中非产能合作的方式，既有鲁班工坊这样比较成熟、系统化的合作载体，也有相对而言更加灵活的、参与主体更丰富的其他模式。依据非洲合作对象国的本土形态、需求序列及合作阶段等因素综合决定，因地制宜、因时制宜，采取更为适切的合作模式。

3.3.1 鲁班工坊

中非职教合作项目可能的参与主体涵盖中方职业院校、非方院校、在非中资企业、中国在非工业园区、政府教育部门、驻非使馆等。以项目负责人制强化各级个体责任，横向上分管沟通联络、落实实施、教学教务等具体事务，纵向上决策层负责顶层设计、确定技术技能人才培养理念及开展校企合作的方式，引导层负责人才培养方案、课程标准、职工技术等级标准等的内涵建设，执行层则负责教学资源建设、实训基地建设运营等校企合作内容的具体执行。中非职教合作项目由多方参与主体联合设立专门的统筹协调机构，确定责任清单机制、共商共建共享机制及综合保障机制，结合非洲国家经济社会发展变化、跟进“走出去”企业的新工艺、新技术和新标准，共同出台人才培养标准、专业标准及课程标准，共同建设教学场地、实训基地，配备相应教学设备，合力提升双方师资水平，注重资源整合及信息共享。在管理层面，由多方共同制定系列管理制度，为项目顺利运行提供坚实的制度保障，同时也能够规范教学设备及实训基地的使用行为。

鲁班工坊是以“工程实践创新项目（EPIP）”为教学模式，以天津院校主导开发的国际化专业教学标准为基本依据，以国赛及行业企业竞赛的优质赛项装备为主要载体，以中外合作院校师资培养培训及教材教学资源开发为必要保障，在境外创建的实施学历教育和技术培训的实体化合作机构。

1. 中方职业院校的权责及义务

中方职业院校主要负责提供鲁班工坊具体建设方案，总体牵头推动鲁班工坊标准化建设及运行，牵头组织相关方制定人才培养方案、专业标准及课程标准，选配教学设施、共享及开发教学资源、开展师资培训、提供技能培训，总结合作建设经验并进行适时调整。最终的合作形态能够达到以外方独立运行及开展教学、培训为主，中方职业院校负责指导与监督，实现可持续化运行。

在具体操作层面，一是构建沟通机制，通过中非双方教师层面的沟通实现增进技术交流与分享、合理利用软硬件资源、总结教育教学经验及问题，通过中国职业院校与在非中资企业的沟通实现在新工艺、新技术、新标准及人才需求规模及质量等方面与企业的对接；二是构建指标评价体系，兼顾中非职教合作项目的总体性、可持续性、系统性及总结性，依据重要程度进行权重赋分，并建立动态监控指标体系实现季度动态调整。全面评价中非职教合作项目运营管理的各环节，并着重以学生评价、企业评价、社会影响力等维度的建设成效回溯人才培养全环节。中方职业院校能够发挥技术支撑及人才支持优势，按照在非中资企业的人才需求举办学历教育和开展员工培训工作，为在非中资企业提供运用管理与设备维护的技术人员服务和咨询，协助在非中资企业制定职业岗位等级标准、协助非洲国家制定职业资格鉴定标准。

2. 当地职业院校的权责及义务

当地职业院校主要负责提供教学场地及基础设施支撑，统筹负责学员招生及教育教学工作，提供一批有相关专业背景的教师参与师资培训而后任教，根据当地教育教学标准协助中国职业院校制定相关专业人才培养模式、人才培养方案、课程标准，开发教材等。同时当地职业院校需与中国职业院校保持顺畅的联络沟通，根据实际情况动态调整鲁班工坊运行状况。当地职业院校对鲁班工坊相关资产设备进行保管、定期检查及维修，以保障资产的完整性与安全性。

3. 在非中资企业的权责及义务

在非中资企业主要负责联系或提供实训基地场地、共建专业标准和资源、协助场地及教学装备仪器建设、推荐企业及企业家、提供实习与就业、指导培训、做好当地沟通等相关事宜。

在具体操作层面，在非中资企业需要协助完成实训设备清关、运输等事项，并为中国职业院校赴非教师及管理人员提供尽可能的帮助与支持；同时需要结合合作对象国劳动力市场需求的人才素养、生产实践能力及企业的新工艺、新技术、新理念和新标准，与合作院校共同商讨合作专业设置，协助制定相关专业人才培养模式、人才培养方案等；需要协助中国职业院校进行鲁班工坊场地建设，如购买装修材料、进行基础装修，提供相应教学装备并进行安装调试等工作，并可将建成的鲁班工坊作为职工培训基地；需要为合作院校进行教学资源建设提供人员和实训设备、场所的支持，协助中国职业院校开展当地师资队伍建设工作。

3.3.2 其他模式

相较鲁班工坊这一固定、较为成熟的模式，其他模式则更具灵活性与多变性，服务群体相较而言更为广泛，辐射面更广。中国职业院校以自身专业领域培训优势为重要突破口，组建愈加专业化及系统化的培训体系，传递中国职业教育价值理念，分享中国标准、技术与服务。中国职业院校对非职教合作形式还包括海外建校、专项人才联合培养项目、教师境外培训项目、短期技术培训项目及援建职业教育机构及教育教学基础设施。

1. 海外建校、专项人才联合培养项目

中国职业院校依托“未来非洲——中非职业教育合作计划”，借助各合作联盟的优质资源，以海外建校、专项人才联合培养项目为重要抓手持续深化中非职业教育合作。

金华职业技术学院于2016年与卢旺达劳动部共同签约在穆桑泽职业技术学校合作创办海外分校，面向卢方重点发展的产业布局，以电子商务、自动化两个优势专业为突破率先“走出去”，探索出“政校—校企—校校”协同的职业教育国际合作的金职样本。同样，潍坊职业学院于2018年与乌干达石油培训学院合作共建乌干达技术培训中心，输送教学设备，共享优质教育教学资源。这些职业院校积极迎合“走出去”的在非中资企业人力需求，系统性地培养国际化专门人才，有效促进了技术转移。

专项的人才培养项目多针对特殊专业领域，以快捷、有效、灵活、针对性强的方式为非洲合作对象国特定行业培养技术技能型人才。潍坊职业学院、日照职业技术学院与加纳库马西技术大学采用“1+2+1”模式开展机电一体化技术专业、建筑工程技术专业的学历生联合培养项目，有效应对了加纳基础建设、工业化起步阶段对人力资源的需求及中资企业的岗位要求。天津铁道职业技术学院积极服务“一带一路”标志性工程亚吉铁路，于2015年为100名吉布提铁路公司员工开展涉及铁道工程、铁道信号、铁道机车车辆、铁道运输等四个专业、为期6个月的技能培训，其国家化办学实践获得了吉布提交通部、吉布提铁路公司的高度认可，为实现本土化人才可持续发展做出探索。

2. 教师境外培训项目

中国职业院校以教师境外培训或技术指导等形式提升其教育教学水平，传递中国职业教育理念，辅助多项专业国家化标准的落地。如潍坊职业学院积极承办首期“非洲职业院校管理人员和骨干教师培训”，为加纳库马西技术大学教师开展线上线下培训。该项目为25名加纳项目院校领导、教学负责人及相关专业带头人提升了实操实训和专业技术能力，涉及理论知识、前沿专业技术、教育理念、教学方法、课程设计和评价等培训内容，并派遣机电、汽车专业三名教师赴加纳为库马西技术大学等高校教师开展计算机绘图、数控车床等技术培训，拓展了中非职业教育合作的广度与深度。

3. 短期技术培训项目

短期技术培训项目多针对非洲合作对象国的紧缺领域开展培训以促进技术转移传递，提升其本地人才的技能水平。中国职业院校在吉布提开设培训及资源建设，涉及铁路业知识、监控设备保养与维护技术培训班、IT工程师培训班、铁路运营技术海外培训班、桥梁与路面道路养护培训班、行政机关管理研究班等。中国武汉与乌干达恩德培职业教育培训项目围绕学前教育、旅游服务技能、汽车维修、水产养殖、太阳能发电（保养和维修）及电子商务等领域对40名乌干达学员进行了培训，成为武汉市人民政府与恩德培市政府友好交流的重要内容。

4. 援建职业教育机构及教育教学基础设施

中非职业教育合作尚存有援建职业教育机构、开展职业技术教育培训升级项目、援助职业教育培训设备及基础设施等形式，有力地为非洲合作对象国开展职业教育提供较好的硬件条件。中国于2014年援建加纳职业技术学院扩建项目，援助教育基础设施，于2022年完成了援建加纳的职业技术教育培训升级项目；该项目由中资企业承建一所考试中心、十五所职业院校培训中心，援助涵盖机械加工、电工电子、焊接、汽修和土木工程五个专业的现代化职教培训设备，助力非洲合作对象国的能力建设、工业发展与经济转型，广受两国领导人认可。

3.4 服务效应

在“一带一路”倡议及中非合作论坛框架下，形成了职业教育校企协同“走出去”的一系列服务中非产能合作的创新探索行动，如鲁班工坊、人才联合培养项目及境外师资培训项目以实现制度链、知识链及生产链的协同为中非产能合作提供有力的人力资源保障。特别是在非鲁班工坊已成为中非国际产教融合的“桥头堡”，为在非中资企业的发展需求提供技术支撑及人才支持。

3.4.1 培养本土技术技能型人才，为中资企业提供人力资源保障

截至目前，鲁班工坊、人才联合培养项目及境外师资培训项目围绕非洲合作对象国产业发展需求培养了一大批相关专业的本土技术技能人才，有效提升了非洲青年的专业技术技能水平，实现本土化人才可持续发展；同时中非职业教育合作高度重视优质师资培养，多次举办师资培训交流会及主题讲座，为非洲国家教师介绍先进教学理念、教学方式及教学资源，提升当地师资国际化教学能力、设备操作能力及职业技能实训能力，有力支持专业教学标准的落地，并以多工种录播课程教学视频的方式惠及在非中资企业人才发展需求。（见表3–3）

表3–3 职业教育服务中非产能合作的成效

办学主体	国际化专业教学标准	课程资源/教育教学资源	人才培养规模
埃及鲁班工坊 天津轻工职业技术学院	完成数控设备应用与维护、新能源应用技术、汽车运用与维修技术专业、数控加工技术和汽车维修技术专业5个专业的国际化专业教学标准。	1.建设体现国际先进水平的5个实训室，11台（套）综合实训装备。 2.分享具有国内先进水平的全套虚拟仿真系统，建成整体化的“虚—仿—实”教学实训系统。 3.开发12个课程标准，出版12本双语专业教材。	完成千余人次的培训任务。
乌干达鲁班工坊 天津工业职业技术学院	机电一体化技术、黑色冶金技术专业，获当地认证并纳入当地教育体系。	9门核心课程的国际化课程标准，共出版9册核心课程的双语教材和1册双语培训教材。	为乌干达天唐集团培训45名非洲员工，其对鲁班工坊的设备和培训满意度达80%以上。
吉布提鲁班工坊 天津铁道职业技术学院	铁道工程技术、铁道交通运营与管理专业获吉布提教育部认证；商贸、物流专业获吉布提国民教育与职业培训部颁发的商贸和物流两专业中职、高职层次学历培养确认函。	编制国际化标准、教材、实训指导书等150本，正式出版教材3本，开发录制线上资源1412课时。	培养学生148人、教师69人次。 已惠及员工800余人，在提升阶段惠及员工两千余人。
金华职业技术学院	《电子商务专业教学标准（6–7级）》《电气自动化技术专业教学标准（6–7级）》获当地认证并纳入卢旺达教育资格框架体系。	1.建成Moodle课程学习平台，在“畅学金职”开辟专用学习空间服务国际学院学生。 2.开发双语课程36门、双语教材讲义16部、技能培训包9个等资源。	为当地开展亟须领域职业技能培训近5000人次。 培养骨干教师43余人。

续表

办学主体	国际化专业教学标准	课程资源/教育教学资源	人才培养规模
潍坊职业学院	机电类国际化课程标准	完成非洲职业院校管理人员和骨干教师培训项目“一对一”培训。	培养30名机电和建筑专业学生。 专业设备操作技能培训百余人。

3.4.2　搭建校企合作新平台，服务在非中资企业新发展需求

鲁班工坊搭建了校企合作可持续发展的新平台，由校企共同制定人才培养方案，企业直接参与人才培养全过程，实现课程内容与职业标准对接、教学过程与生产过程对接；校企共同建设培训就业基地，拓展新实习及就业领域，开创新的合作育人模式；当前鲁班工坊的探索实践更好地实现产教融合、教产同行，使其成为服务和支持中资企业“走出去”的“桥头堡”和实体桥梁。如乌干达鲁班工坊于2022年为乌干达天唐集团培训了45名非洲员工，其对鲁班工坊的设备和培训满意度达80%以上，有效地支撑了在非中资企业的技术技能人才培训需求及人力运营建设。

鲁班工坊产教融合发展联盟的成立拓展了鲁班工坊专业建设，体现了新增鲁班工坊的密切配合，遵循“共同建设、共促发展、共享成果”的基本原则，集结企业、院校、科研机构和社会组织参与的全国性、非营利性合作组织等力量抱团出海，探索深化“服务‘一带一路’建设、助力企业海外发展、拓展学校合作空间”的鲁班工坊国际产教融合发展模式，为鲁班工坊的高质量可持续发展提供平台与资源支撑，为在非中资企业海外发展提供技能人才培养与技术创新服务。

3.4.3　增进双方的认同理解，为中资企业入非搭建桥梁

鲁班工坊在非人才联合培养项目及教师境外培训项目的成效得到驻非使馆的认可、支持与赞赏，获得了非洲当地合作院校校长与中外主流媒体的高度赞誉。

这些职教合作项目以分享专业标准及技术标准、进行本土师资培训、援建现代化职业院校培训中心、提供现代化职教培训设备等形式从软硬件双向提升了非洲合作对象国的职业教育办学能力及水平，把非洲国家当地的校企合作及产教融合推向新高度。在专业标准“走出去”、进入非洲合作对象国国民教育体系的过程中，使当地受教育者切实感受到中国职教理念及中国优势，提升中国产品及在非中资企业的形象。如吉布提鲁班工坊协助当地职业学校构建铁路及商科类行业发展所需的技术标准、管理标准，帮助吉布提工商学校构建适合本国的铁道类和商科类高等职业教育体系和职业技能鉴定体系；埃及鲁班工坊是首个在一个国家建立两个不同层次的鲁班工坊，形成了中高职贯通培养的递进性培训模式。

这些职教合作项目不仅有利于增进非洲合作对象国及其国民对中国职教、中国产品、中国技术及中国企业的良性认知理解，也为服务中资企业走进非洲提供了实体桥梁。如借

助埃及鲁班工坊产教融合工作会的契机开展云端投资推介会。会后，十家企业当场表示有赴埃投资的意向。埃及鲁班工坊教产同行—新能源类中资企业赴埃及投资考察洽谈会的召开，为有意赴埃投资的中资企业搭建实体桥梁，实现产教融合、教产同行。

3.5 服务困境

当前职业教育对于中非产能合作的服务意识及服务能力仍稍显不足，目前尚缺乏总体布局，未完全建立起以中非国际产教融合为核心的机制与平台。主要表现为中国在非职业院校与中资企业的职教合作止于项目，合作深度及广度有待提高。

3.5.1 域外校企合作的本土适应问题

结合上述职业教育服务中非产能合作的实践，可以发现，当前域外校企合作尚处于探索试点阶段。从目前非洲的本土实践来说，仍缺乏正规化、系统化及校园化的职业教育，校企合作及产教融合的深度及广度还有待提高。比如，埃及的重点部署产业与职业教育所开设专业匹配度不高，这种产教融合的虚化状态很难使职业院校毕业生充分支持企业发展；吉布提的职业教育合作项目、教学资源建设尚处于探索起步阶段，人才培养目标尚不明晰，企业参与职业院校人才培养的意识不足，浅层次有限参与课程开发，缺乏深度有效的支持，未见专门的制度支撑校企双方的沟通与协调；卢旺达的职业院校与劳动力市场脱节严重，使企业实际需求技能与职业院校供给技能显著不匹配，因财政资源不足使得职业院校无力雇佣高技能培训师、缺乏必要的资源与设备，技能有效供给及更新不足，数字素养技能难以培养；职业教育在乌干达的吸引力较弱，培养质量不受认可，这使中国职业院校走入当地难度较大，落后的教育体系难以弥补现有产业结构庞大的技能型人才缺口；加纳的职教合作项目仍相对零散，未形成合力，域外校企合作止于项目，合作深度有待提高。

3.5.2 校企合作助力中非产能合作的困境

1. 缺乏引领性理论指导及政府层面操作细则

国内职业院校国际化办学经验不足且处于境外办学深度探索阶段，既缺乏抽象概念层面的针对性理论指导，也缺少政府层面的执行操作细则。理论研究层面研究的不足制约了中国职业教育“走出去”的步伐，造成了理论引领的缺位。关于职教国际化的相关政策明显不足，致使各院校缺乏“走出去”的整体性方案和可操作性实施细则；而中国职业院校与在非中资企业合作在沟通渠道、装备分享及合作机制上均需要政府层面的具体操作细则指导双方联合“走出去”。

2. 统筹管理与顶层设计不足，资源分散且利用不足

目前尚未设立专门统一的管理机构进行统筹协调中非职教合作事项，而是由商务部、

外交部、教育部、经济合作事务局、留学基金委等多部门协同管理，容易出现部门条块分割、管理缺位或多头管理等损失合作整体性及连贯性的不良现象，甚至折损当前中非职教合作形成的教育合力。

在非职业教育资源分布广泛但零散，各职业院校间独立寻求突破但缺乏院校间常态化合作交流机制，境外办学尚要面临迥异的外部环境及教育体系，难以有效整合院校力量形成中国特色职教品牌。

3. 服务中国职业院校“走出去”的保障系统支撑不足

由于非洲合作对象国在经济发展水平、法律体系、商业惯例、技术规则等方面存在差异，职业教育服务中非产能合作的配套措施支持不足。一是国家层面的政策支持不足，缺乏向境外投入资金、设备的相关政策，导致职教境外办学缺少专项资金支持，支撑职业教育“走出去”的系列配套措施不足，严重制约职业教育国际化水平；二是经费保障机制不足，由企业或高职院校牵头的境外办学项目由于战略性项目经费的短缺通常面临着初期投资较大、建设周期长且可持续性较差的问题；三是平台支撑不足，国内职业院校平台导入及参与度不高，制约优质高效推进海外办学；四是知识产权保护机制不健全，特别是鲁班工坊这一国家职教品牌在建设运营过程中对相关知识产权的保护力度稍显不足。

4. 合作相关方权责及义务不清，与当地系统互动不足

在鲁班工坊建设运行的初始阶段，职业院校与合作中资企业签订的大多为合作意向书，即合作目的仅为培养符合合作企业要求的本土技术技能人才，未进行全方位的合作布局；同时对企业利益考量较少、对双方利益共同点挖掘较少，未明确细化合作中资企业的权责义务致使企业办学主体地位发挥不足、影响企业参与办学的积极性。企业主体参与意识不足，对专业建设及课程开发发挥的支持作用缺乏深度及效果；由于合作利益取向不同且缺乏专门的激励机制支撑校企合作，仅凭人力资源部门联系或派专人短期内参与沟通与协调，校企合作共建教学资源陷于浅层化。

职业院校由于国际化办学经验匮乏，国际化视野尚不开阔，国际化思维尚未成熟，对非洲职教合作对象国的法律法规及产业经济发展情况了解不全面不充分，与“走出去”中资企业相比短板突出。“走出去”的职业院校大多考虑中非双方院校的合作诉求，对合作对象国中资企业需求把握不清，与本土企业合作较少，对非洲国家本土发展需求对接不精准，多数尚未建立与跨区域组织、当地国际组织及区域组织深入合作的互动机制。

5. 当地职业教育体系不完善，职教走入非洲存在难题

非洲合作对象国由于经济发展水平的限制，受限的教育发展水平也使处于基础教育之后阶段的职业教育面临重重困境。一是用于职业教育的教育经费明显低于高等教育经费，远远低于基础教育经费，无法满足非洲合作对象国产业本土发展需求；二是非洲合作对象国职业教育规模小，高等职业院校数量少，教学设备、教材等教学资源严重不足，教师队

伍企业实践经验不足、能力提升渠道不畅通且教师权益经常无法获得保障；三是课程由所有利益相关者组成的委员会开发，当地职业院校缺失话语权、灵活性低及课程内容实用性有限，人才培养标准与当地企业标准脱节严重，专业设置与区域产业需求匹配度不高；四是非洲合作对象国职业教育体系及职业资格框架不够完善，职教与普教间的通道尚未打通。

第四章 职业教育服务中非产能合作的理论研究

职业教育服务中非产能合作既涉及职业教育境外办学要素系统优化的内在张力，也囊括国际产能合作对这一保障领域的外在细分要求。因此，本部分将从教育国际化理论、产业转移理论、全球价值链理论及共生理论入手分析职业教育服务中非产能合作的内在逻辑。

4.1 教育国际化理论

与职业教育服务中非产能合作最相关的理论为职业教育国际化，而这一理论又是教育国际化的一个重要组成部分。因此，从教育国际化理论入手分析有利于深刻理解中国职业院校境外办学要素系统优化的内在动力与创新性实践样态。

4.1.1 教育国际化理论概述

根据《教育大辞典》的解释，教育国际化指自二战以来世界范围内国家间为解决教育发展所面临的共同问题而相互交流、研讨、协作的趋势，强调以跨国界、跨文化及全球化的视野来看待和考查教育的功能及目标，并促使教育的多元要素相互作用和融合，从而促进全球范围内教育的共同发展。教育国际化由经济全球化所致，体现出我国教育改革与发展、国际教育交流合作的双向需求。教育国际化的表现有合作办学、聘请专家、政府间与学校间交流合作、互派留学生、与国际组织合作、介绍国外教育理论与翻译学术著作、境外办学、培养国际化人才等。而在文化教育融合的过程中不可避免地面临着外来文化与本土文化不相融合的冲突、本土文化被外来文化浸透的焦虑[①]。而今伴随全球化进程加快，教育国际化在教育视野、参与成员、活动内容、交往形式、推动主体、制度规则、价值追求

① 顾明远.教育的国际化与本土化[J].华中师范大学学报（人文社会科学版），2011，50(06)：123-127.

等方面获得了极大的拓展，并呈现出由小规模、单向度、浅层次向大规模、全方位、深层次转变的总体发展态势，突出教育对人类发展的基础性作用、面临的普遍性问题及教育国际化进程中的特殊问题，更为关注教育的共同价值、全球教育的共同责任及国际教育的共同利益①。

在不同语种和语境条件下，职业教育国际化的概念内涵并不相同。首先，我们需要确定本文讨论的职业教育国际化的概念边界，即离开单一国家的视角，以确定在不同语言国家的不同制度背景下职业教育国际化研究的共有主题。在这种国际层面的研究中，除了通常的职业教育，在获得职业资格的教育或在工作领域接受的教育与培训之外，非正式的教育与培训也需要考虑在内。但是如果国际化的职业教育涉及了不同教育系统与组织结构，是否具有可系统比较的意义呢？ Hörner（1996）对于不同系统比较的可能性做出解释，他认为两个事物之间存在可比性和比较的价值，不在于结构的相似性，而是在于两个变量之间建立的某种关系，但这种关系并不与相似性的建立相冲突。因此，具有可比性的前提是找到有意义的比较标准。在这一章节中，本文将梳理德语和英语的主要文献，作为职业教育国际化的主要推广国家，将在两种语言之间找到沟通的桥梁，并建立职业教育国际化的中文概念情境。

德语国家在德国几个主要职业教育与国际合作部门的倡导下，确立了“职业教育和培训的国际化研究”（IBBF）概念，且概念和研究意义已经被充分认可。近年来，推广了多项该主题的资助项目并开展了广泛的国际合作。联邦教研部（BMBF）在文件中提出，职业教育国际化的研究将专注于实现三个方面的目的：（1）促进大学和其他机构在国际职业培训项目研究中的实践凝练及专业知识习得；（2）将相关的专业知识更紧密地融入BMBF的国际职业培训合作项目；（3）使国际合作伙伴能够获得研究成果，以促进向更注重实践的职业教育和培训转变。为此，BMBF 在欧洲、中美洲、南非和亚洲等地区推广了11个职业教育国际化伙伴计划，尝试建立系统的、跨国家的研究网络，实现职业教育国际化推广的目的。在以职业教育国际化推广为目的的一系列活动中，这种国际化的概念，已经不仅仅基于职业教育与培训的概念内涵，而涉及了更广泛的外交层面的资助意义。Tran 等人（Tran，Dempsey，2017）提出职业教育的国际化不应该只被理解为对外部条件挑战的反应，更应被解释为一种国家战略产品。除国际援助项目之外，德国职业教育国际化服务应该参与到与国际组织的合作中，以服务国家发展的经济和文化为动机。Frommberger 等人（Frommberger，Baumann，2020）提出，职业教育国际化的概念应该包含三个层面，分别为确定国内职业教育的主要驱动力、在经济全球化背景下调整职业教育的内容、开展职业教育的国际合作。目前，德国对职业教育国际化领域的研究主要集中在六个主题：职业教育的国际合作与发展、职业教育中的国际政策（模式）转移、职业教育中的区域合作与治

① 张俊宗.教育国际化：构建人类命运共同体的重要力量[J].高校教育管理，2020，14(02)：21-28+36.

理、以服务为中心背景下的职业教育研究、企业背景下的职业教育研究及职业教育国际化的研究网络（Gessler et al.，2020）。

在英语国家的语境中，“职业教育国际化”通常是和国际学生或全球化或劳动力市场在相似语境下的概念共生。（Altbach，Knight，2007；Marginson，2007；OECD，2012；Tran，2008，2013）跨越国家经济边界的国际企业、多元文化的劳动世界，催生了职业教育国际化。澳大利亚的Going Global（2013）战略指出，知识型经济和全球化的发展，要求学生具备全球化的视野和多元文化，增强年轻劳动者的工作流动性。这种国际化的教育活动同时发生在高等教育和职业教育领域。国际化教育要求吸纳和培养国内外生源，完善国际化的培养项目，促进员工的全球流动，实现国际合作伙伴及机构的跨文化交流，促进与工业伙伴的多维动态联系，实现与更多发展中国家的互动交流。在英语国家中，最早在18世纪的殖民时期，就已经使用了国际化和国际流动这一概念，如在教育活动中，英国强调在殖民地国家的公民教育和学生培养应该是全球性的。（Rizvi 2009）在新自由主义市场经济思潮中，最近30年来，出现了大批的职业教育和高等教育国际教育援助计划。Knight等人（Knight，de Wit，1997）提出，经济、政治、社会文化和学术四个因素引起了教育国际化，国际化教育具有人道主义、发展性、合作性和贸易性。英语国家的教育国际化试图将这种国际化视作市场性的贸易活动。（Marginson，2007；Mattews，Sidhu，2005）英语国家中的教育国际化通常是以国际合作或协议的手段进行，以市场主导的原则实现。（Tran et al.，2014）再如澳大利亚、美国等英语国家中，职业教育国际化强调在全球化平台中培养学生，使其具备国际化和多元文化的工作能力。（Raby et al.，2014）20世纪80年代，澳大利亚推行了第一个职业教育国际化计划，Colombo Plan，引入大批国际学者进入技术教育和继续教育领域。（Hall，2011）作为澳大利亚职业教育国家化的标志，这一计划在1985年被“Overseas Student Policy”，一项更实用的教育国际化的政策取代。职业教育国际化作为一种新的趋势，将会为发展中国家培养更多灵活的技能型劳动力。

在这种互动性学习社会的共识中，更多英语国家输出了本国的职业教育模式，开展职业教育国际化伙伴活动。2012年，澳大利亚的公立职业教育机构输出了533项职业教育国际化项目，涉及超过7万名学生。（Australian Government，2012）对于英语国家职业教育国际化的输出模式，国际社会存在着新殖民主义的消极质疑。在这种模式中，课程将输出国的职业教育机构制度，简单地复制给输入国的教职人员，教授给输入国的学生，未实际考虑输入国的需求和文化差异。（Steiner-Khamsi，2004）这种口头上的“捐助”计划，对于输入国劳动力技能与就业率的提升并不是有效的，并有许多负面的影响。近年来，更多的英语国家学者们在讨论，这种“援助”应如何改变。（Steiner-Khamsi，Waldow，2012；Leask，2004；Shams，Huisman，2012）

4.1.2 教育国际化理论视角下对职业教育服务中非产能合作的审视

有教育部官员与学者的共同研究指出，我国职业教育国际化的现实基础具体表现在支撑国家对外开放战略的实施需要、促进职业教育高质量发展的现实需要、类型教育的确立和巩固。我国职业教育对外开放政策高度契合非洲国家职业教育发展需求，体现在发挥强制工具作用、健全规制工具体系、运用多样化混合型工具、凸显市场工具效用①等方面。因此，职业教育国际化应遵循“顶层设计”与“基层创新”双向并举,“制定规则”与“遵守规则”双轨并行,“引进来”与“走出去”双轴驱动三大基本原则②。基于职业教育国际化的理论基础及域外实践，这就要求制定系统科学的战略发展规划、建立健全推进职业教育国际化的专门性政策法规、落实推进职业教育国际化的保障支持系统、建立多元参与、科学有效的职业教育国际化质量评估体系③。

在中国职业院校“走出去”，服务中非产能合作的过程中形成了一系列的创新探索行动，要加强整合多方力量“抱团出海”，实现中国职业院校境外办学要素系统优化，以制度链、知识链及生产链的协同为中非产能合作提供有力的人力资源保障，探索深化服务“一带一路”建设的国际产教融合发展模式。鲁班工坊、人才联合培养项目及境外师资培训项目围绕非洲合作对象国产业发展需求及在非工业园区需求，培养了一大批相关专业的本土技术技能人才，提升了职业教育服务“一带一路”能力，促进了合作国家社会经济发展。特别是在非鲁班工坊搭建了校企合作可持续发展新平台，开创新的校企合作育人模式以实现产教融合、教产同行，服务和支持在非中资企业。

鲁班工坊这一实践形式实现了中国职教方案在非洲的整体分享，其所倡导的理念与办学经验广受国际社会认可。鲁班工坊在把握在非中资企业需求的基础上，以专业课程标准分享为引领，推进专业内涵与教学资源精深建设；通过与非洲合作对象国的优质师资培养支持专业教学标准落地，提升非洲合作对象国职业教育办学能力及水平，促进非洲合作对象国能力建设。如埃及鲁班工坊成为首个在一个国家建立两个不同层次的鲁班工坊，开展中高职贯通培养的递进式培训模式；完成数控设备应用与维护、新能源应用技术、汽车运用与维修技术专业、数控加工技术和汽车维修技术5个专业的国际化专业教学标准。乌干达鲁班工坊完成机电一体化技术、黑色冶金技术2个专业的国际化专业教学标准，并纳入当地教育体系。诸如此类的职业教育服务中非产能合作的办学成效，体现出我国职业教育国际化水平及职业教育境外办学水平的显著提升，也愈加注重分享中国职教品牌与中国职教标准，持续扩大中国职业教育对外开放的国际影响力。

---

① 汪欣欣，丁恒馨.面向非洲的我国职业教育对外开放政策研究[J].中国职业技术教育，2022(30)：52-59.

② 邱懿，何正英，杨勇.稳步推进职业教育国际化：基础、遵循与借鉴［J］.中国职业技术教育，2022（29）：34-41.

③ 石伟平.职业教育国际化水平和国际竞争力提升：战略重点及具体方略［J］.现代教育管理，2018（01）：72-76.

4.2 国际产业转移理论

4.2.1 国际产业转移理论概述

产业转移的广义内涵指国家或区域间因比较优势的此消彼长而造成产业区位在空间上的整体重构，狭义内涵强调企业在核算成本收益的基础上将部分生产功能从原产地脱离和转移的行为①。目前的国际产业转移理论主要基于产业视角、企业视角或国家视角，深刻地揭示出国家产业转移的内在规律②。

基于产业视角的国际产业转移理论研究主要涉及雁行模式理论、产品生命周期理论、边际产业扩张理论、劳动密集型产业转移理论。雁行模式理论由日本学者赤松要提出，并用以扩展解释以东亚为核心的亚洲国家国际产业转移趋势，其核心观点是后进国家的典型产业发展模式为“进口—国内生产—出口”，酷似飞行中的雁阵。产品生命周期理论由Raymond.Vemon提出，其核心观点为一个完整的产品生命周期包括创新、发展、成熟及衰退四个阶段，由于产业生产所处的阶段不同，对于不同生产要素的重视程度不同，因此需要使产品生产在要素丰裕程度不一的国家之间转移③。如当产品处于成熟阶段时可考虑以技术转让或对外直接投资等形式向外转移。边际产业扩张理论由Kiyoshi Kojima 提出，其核心观点为对外直接投资应从本国已处于或即将陷于比较劣势的产业依次进行；发展中国家工业投资应着重考虑比较成本及其变动，并从技术差距小且易转移的技术依次转移④。例如日本制造业按照劳动力密集型产业、基础产业和加工组装型产业的顺序进行。劳动密集型产业转移理论为W · Arthur Lewis在H–O 要素禀赋理论的基础上提出的，其核心观点强调发达国家与发展中国家非熟练劳动力丰裕程度方面的差异是产生非熟练劳动密集型产业转移的根本原因⑤。

基于企业视角的国际产业转移理论研究主要涉及内部化理论及国际生产折中理论。内部化理论由Peter.Buckley及Mark.Casson提出，由A.Rugman加以扩展。其主要观点为由于市场机制不完善、贸易壁垒、成本要素等限制条件致使企业交易成本上升，并以对外直接投资的形式产生内部化；由企业管理机制取代市场机制，以内部市场取代外部市场⑥。国际生产折中理论由John.Dunning提出，并认为发展中国家可以通过主动对外直接投资与本国经济发展阶段深度联系以改变国际产业的单向移入⑦。

---

① 张倩肖，李佳霖.新时期优化产业转移演化路径与构建双循环新发展格局——基于共建“一带一路”背景下产业共生视角的分析［J］.西北大学学报（哲学社会科学版），2021，51（01）：124–136.

② 张黎黎，马文斌.国内外产业转移的相关理论及研究综述［J］.江淮论坛，2010（05）：23–29.

③ 龚雪，高长春.国际产业转移理论综述［J］.生产力研究，2009（04）：157–160.

④ 王雪.国际产业转移理论的研究现状及发展趋势［J］.工业技术经济，2006（10）：110–112.

⑤ 龚雪，高长春.国际产业转移理论综述［J］.生产力研究，2009（04）：157–160.

⑥ （英）巴克利，（英）卡森著，冯亚华，池娟译.跨国公司的未来［M］.北京：中国金融出版社，2005.

⑦ Dunning J.H.The Paradigm of International Production［J］.Journal of International Business Studies，1988：1–31.

基于国家视角的国际产业转移理论研究则主要源自Rau'l Prebisch的“中心—外围”理论，主要观点为“外围”国家因依附“中心”国家的技术及资本而服从于“中心”国家利益，进而陷于不利的国际分工体系、丧失本国工业化发展机遇①。该理论过于强调国际产业转移对“外围”国家的消极影响而忽视了对其经济发展的促进作用。

4.2.2 国际产业转移理论视角下对职业教育服务中非产能合作的审视

在国际产业转移理论视角下，职业教育服务中非产能合作的关键在于把握产业发展需求，厘清产业发展用人规律，从人才培养供给侧提高本土劳动力的产业服务能力；通过增强与在非中资企业的有效互动促进中国职业院校在非办学系统的优化，以人力资本的提升增强承接国际产能转移的竞争力与比较优势。

在非中资企业在产业转移的过程中历经“走向非洲”“落户非洲”到“扎根非洲”的三大探索实践阶段，面临着当地政治冲突与局部动荡、复杂的商业法律体系、多样的民族文化、宗教文化、殖民文化遗留及语言体系、属地化管理压力、起伏较大的汇率波动、中资企业间日益激烈的同质化竞争、不友善的国际舆论环境、本土技术工人不足且管理难度较大等生存困境与挑战。丰富且廉价的劳动力资源成为非洲国家吸引国家产能转移的重要比较优势，但在非中资企业仍面临着较为突出的人力资源瓶颈，本土技术工人数量不足且管理难度大致使在非中资企业在属地化管理压力下因雇佣本土员工额外增加了的运营管理成本，折损了经营效率。部分非洲国家如加纳的本土员工因殖民历史深受原宗主国文化影响，将工作范围及时间界限划分得十分清楚，因此在非中资企业既要合理细致地分配每个岗位的工作任务与职责，也要提前合理调配好所有人的工作内容以保证日生产量。

4.3 全球价值链理论

4.3.1 全球价值链理论概述

全球价值链（Global Value Chain）的概念基础为价值链。这一概念由迈克尔·波特于1985年在其著作《竞争优势》中提出，描述的是单个企业的价值创造过程被细分为若干相对独立、但在功能上又彼此关联的生产经营活动，进而串联形成“价值链”的最初形态；伴随着企业间交流与协作的日益频繁，波特进一步提出存在上承供应商、下接分销商的“价值链系统”，并将原局限于单个企业内部的价值链拓展到企业间；管理学领域将这种企业间的纵向合作称为“供应链管理”②。

---

① Raúl Prebisch. Commercial Policy in the Underdeveloped Countries[J]. The American Economic Review, 1959,(49): 251.

② 杨翠红，田开兰，高翔.全球价值链研究综述及前景展望[J].系统工程理论与实践，2020，40(08)：1961–1976.

全球价值链的思想内核源自Jones & Kierzkowski于1990年提出的生产分工理论，其概念在由洛克菲勒基金会赞助的“全球价值链计划”（2000—2005）的讨论中被首次提出，Gereffi 等学者通过对国家间价值分配结构和机制的研究将该概念具体化；随着中间品贸易研究的盛行，在Feenstra 和Hanson于1995年进行的研究基础上，Baldwin于2006年更精确地定义了全球价值链中的关键概念。Grossman 和Hansberg等学者认为各国能充分地利用自己的资源禀赋优势，并最大限度地发挥生产过程中不同环节的规模经济，提升经济发展的效率，从而获得更多专业化分工的经济增长和利益[①]。有学者指出全球价值链分析应重点关注国家间体系、世界生产结构、世界劳动力结构、人类福利模式、各国的社会凝聚力及知识结构这些向量[②]。

全球价值链理论已被用于分析国际产能合作。有学者研究发现，美国、欧洲和东盟分别以不同的方式融入全球价值链，并形成了不同的产能合作模式[③]。美国通过国际产能合作的形式在全球范围内形成了垂直开放式的全球价值链，其海外供应商具有较大的自主权和较高的灵活性，因而其海外生产的附加值较高。美国产品生产商通过向海外生产商提供技术指导和支持来提高供应商的能力，因而能将更多生产进行外包；美国企业自身则转向附加值更高的产品研发、系统集成和软件升级等环节，不断提高本国企业在核心技术领域的竞争力，主导国际产能合作方向，日渐成为全球价值链的核心驱动力。欧洲国家则采取经济一体化的方式，让渡部分权利由欧盟这一超国家组织统一行使，以共同的市场、货币及产业政策等保障各国间的经济协同合作与共同发展。东盟则是基于国家间的产业合作协议，通过规划生产分工模式、规定进行分工后生产商品在区域内开展贸易，并给予关税优惠。东盟国家鼓励各成员国互相进口其他成员国的商品，带动区域内的商品流通和价值链建构，推动区域内的贸易发展。

有学者从全球价值链理论的视角对中国参与的国际产能合作进行了专题研究，研究发现我国自改革开放以来不断融入全球价值链之中，历经资本引进、资本输出、产业输出三大阶段，但仍面临着发达国家对产品的研发、设计和营销等环节的垄断问题[④]。因此，中国应积极发挥企业集团及企业集群的互补优势，实现“抱团走出去”，积极构建以中国为龙头的区域价值链；吸收东道国的创新要素，也要在优势领域推广中国标准[⑤]，塑造以我国为主的全球价值链生产体系。

---

① 任重，宋槃通.全球价值链理论及实证研究综述［J］.杭州电子科技大学学报（社会科学版），2020，16(04)：16–21.

② 丁涛，贾根良.新李斯特经济学的全球价值链理论初探［J］.社会科学战线，2017(08)：23–32.

③ 金仁仙.GVC视角下国际产能合作的经验与启示［J］.经济体制改革，2021(06)：148–155.

④ 王家荣.我国开展制造业国际产能合作问题研究［D］.首都经济贸易大学，2016.

⑤ 吴福象，段巍.国际产能合作与重塑中国经济地理［J］.中国社会科学，2017(02)：44–64+206.

在全球价值双环流方式下，“一带一路”建设为中国主动将更多发展中国家纳入国际经济合作提供了可能，处于中间环节的中国通过从发展中国家大量进口中间品，发挥了中间品贸易对一国生产及经济效率的提升作用①，推动“一带一路”沿线国家价值链转型升级。同时中外产能合作面临着战略导向与经济激励间关系待理顺、政治环境差异致中资企业“水土不服”、产能合作公共服务体系建设严重滞后、应对合作对象国社会风险的水平不足、国际舆论的不利导向等突出风险及挑战。已有学者提出在“一带一路”产能合作中提升全球价值链地位的举措之一在于升级要素禀赋结构，特别是依赖低劳动力成本优势的发展中国家可以通过加大教育和培训投入②，增强劳动力的产业服务能力及引导国际产能合作向价值链高端环节转移。

4.3.2 全球价值链理论视角下对职业教育服务中非产能合作的审视

在全球价值链理论视角下，中非产能合作的关键在于借产能合作契机，建立新型全球价值链网络和生产服务体系，促进中国与非洲国家在全球价值链中的地位共同提升；而职业教育服务中非产能合作的关键则在于通过职业教育与培训培养技术技能型人才，提升劳动力的生产效率，提升中国与非洲国家在全球价值链中的地位。

由于非洲国家的经济发展水平制约、对国际组织援助依赖及教育资本化倾向，当地政府对职业教育的投入少之又少，此时职业教育的目的不再是保障最弱势群体的受教育权，而成为满足某些特定经济需求的培训工具。由于非洲国家的本土工业化水平较低，大中型企业数量较少且多为外资控股，受政治制度与国家文化差异的影响，企业与本土职业教育的耦合度不高。即便在外资企业招聘大量本土员工的过程中，职教体系培养出来的毕业生质量与岗位要求契合度不高。非洲当地欠完善的职业教育体系由供应驱动而非需求导向，使非洲青年的职业技能积累无法适应就业需求、职业技能结构难以匹配劳动力市场结构，严重阻碍在非中资企业的员工本地化。产生这一结果的原因在于本土职业教育体系与劳动力市场联系薄弱，本土职业院校与在非企业缺乏沟通机制，使得专业设置、课程设置、技能传授与当前产业发展需求、劳动力市场相关技能不相匹配，学习内容与就业领域缺乏一致性，从学校学习到工作的过渡时间过长。如埃及技术类院校占比为47%，但是其毕业生在工业类产业的就业率仅为12%，本地职业院校人才培养与产业经济发展需求相脱节；卢旺达虽然在极力发展以现代服务为导向的知识型经济，但与产业发展相匹配的专业及实训设备严重不足，所培养学生的实际操作能力有限且就业能力不足。

在全球价值链理论的指导下，职业教育服务中非产能合作的完善路径应着力强调产业发展需求导向、遵循市场经济规律、发挥有为政府效用与深化中非双方合作机制。第一，

---

① 王永红.全球价值链理论视角下国际经贸格局新变化——以“一带一路”合作区域为例［J］.商业经济研究，2019(22)：162-165.

② 刘敏，赵璟，薛伟贤.“一带一路”产能合作与发展中国家全球价值链地位提升［J］.国际经贸探索，2018，34(08)：49-62.

中国职业院校在非办学应对非洲合作对象国进行政治、产业经济、文化、宗教等方面的全面调查，并将服务中非产能合作作为重要支撑；通过平等、深入的交流与协商，明确各方诉求，对合作形式、内容、行为与责任等合作具体内容努力达成共识，确保在共同协商的框架内共同参与建设，实现成果共享。其二，政府应发挥好引导、推动和协调作用，具体表现为倡导搭建合作平台及渠道，为中非产能合作提供制度保障与方向指引等。其三，企业作为中非产能合作的具体实施者及执行者，在提升自身技术水平及国际化管理能力的同时，也应就员工职业技能培训和本土职业技术人才培养与中国职业院校积极配合，探讨产教融合发展的新内涵、新趋势、新举措。其四，中国职业院校应切实服务非洲合作国经济社会发展和在非中资企业需求，将职业教育发展与生产、经济社会发展相结合，积极探索高标准培养本土化技术技能人才的新校企合作模式，持续扩大教育成果互认与职业资格互认范围，共同培养国际化技能型人才。

4.4 共生理论

4.4.1 共生理论概述

“共生”最早出现在生物学领域，由德国真菌学家德贝里于1879年首先提出，Ahmadjian于1986年将其定义为不同种属的物质联系在一起，形成共同生存、协同进化或者抑制的关系①。共生单元、共生模式和共生环境构成了共生关系的三要素。其中，共生单元是基础性要素，是共生体或共生关系中的能量生产和交换单位；共生模式是共生单元相互作用或结合的方式，既反映共生单元间作用的方式和强度，也反映物质、信息交流和能量互换关系；共生环境由共生单元以外的其他所有因素共同构成，是共生关系中重要的外部条件。共生三要素相互影响、相互作用，共同反映着共生系统的动态变化方向和规律②。

从共生理论的视角来看国际产能合作，可以将产能合作理解为不同国家之间的共生，其共生模式则是合作国之间相互作用的方式或相互结合的方式，反映了合作国家在生产要素、产品互换和利益等方面的分配关系，是共生组织模式和共生行为模式的具体结合③。我国对共生理论的研究重点多与能源出口型国家相关联，如共生理论在中柬产能合作领域具有经济持续性增长的特征及由非对称共生向对称共生不断进化发展趋势④，需要从政策、设施、贸易、资金等方面优化共生环境；中国与东盟国家间存在均衡互补关系，实施援引资金与技术支持、产业链分工合作、优势产能梯度型转移三大产能合作模式，在共生理念下

① Ahmdajian V. Symbiosis: An Introduction to Biological Association. Englana: University Press of New England, 1986.

② 袁纯清.共生理论：兼论小型经济[M].北京：经济科学出版社，1998.

③ 张洪，梁松.共生理论视角下国际产能合作的模式探析与机制构建——以中哈产能合作为例[J].宏观经济研究，2015(12)：121-128.

④ 李一丁.基于共生理论的中柬产能合作研究[J].现代商业，2019(26)：31-35.

构建最优共生系统——优化共生界面的信息交流功能、拓展共生界面物质交流渠道、建立合理共生利益分配机制、构建共生系统内多边交流机制、构建高效的共生环境优化机制①。

4.4.2 共生理论视角下对职业教育服务中非产能合作的审视

在共生理论视角下，职业教育服务中非产能合作的关键在于以职业教育与培训促进不同国家之间共生关系的形成和完善，丰富不同国家在产业、能源等领域的共生模式，推动合作国家在生产要素、产品的互换和利益等方面的分配关系不断优化。

从构建职业教育服务中非产能合作的最优共生系统入手，首先应厘清双方合作的契合点，中国职业院校应集结多方力量，打造认知行动共同体，积极配合“一带一路”倡议重点行业及在非中资企业的发展需求，探索建立适用于非洲合作对象国的专业、行业和课程教学等标准，以人才培养标准的对接推动学历学位认证标准联通。鲁班工坊这一实践形式体现出了对构建合理共生利益分配机制及共生系统内多边交流机制的关注，由国内职业院校、非洲当地职业院校及在非中资企业等主体签署合作协议，确认合作各方的权责及义务，以此责任清单的形式形成职业教育合作的管理体制及运行机制。如埃及鲁班工坊在教师层面上建立中埃双方沟通机制，为双方专业教师团队搭建沟通平台，增进团队之间在技术层面的交流和分享；同时中埃双方每个专业各出一名教师，组建鲁班工坊专业教师交流小组，每季度召开例会，开展培训及设备使用经验的总结与存在问题的交流。同样构建高效的共生环境优化机制也尤为重要，特别需要构建起职业教育服务中非产能合作的配套措施支持，国家层面的政策支持、健全的知识产权保护机制、职教境外办学的平台支撑及专项资金支持对于面临迥异的经济发展环境、法律体系及技术规则的在非中资企业与中国职业院校意义重大。

综上所述，基于教育国际化理论、产业转移理论、全球价值链理论及共生理论对职业教育服务产能合作的审视，职业教育国际化办学的人才培养标准要由供应驱动转变为产业需求导向，着力突破中资企业在非产业转移过程中的人力资源瓶颈，以本土技术技能型人才培养提升中非双方在全球价值链中的地位，优化中国职业院校在非办学的共生系统，使之更好地服务于中非产能合作。

---

① 尤宏兵，杨蕾.基于共生理论的中国与东盟国家产能合作研究［J］.经济研究参考，2018（02）：44-54.DOI：10.16110/j.cnki.issn2095-3151.2018.02.005.

第五章

职业教育国际化的比较研究

职业教育服务国际产能合作与职业教育国际化的关系，一方面，职业教育国际化可以看作是职业教育服务国际产能合作的组成部分，在这里，职业教育国际化是手段，服务国际产能合作是目的，正是通过职业教育国际化这一途径来实现推动国际产能合作这一目标；另一方面，职业教育服务国际产能合作可以看作是职业教育国际化的组成部分，职业教育国际化本身具有非常丰富的内涵，包含许多实践和举措，服务国际产能合作是职业教育国际化诸多实践中的一种。

本章专门对职业教育国际化进行系统的介绍，然后在此基础上提出对职业教育服务中非产能合作的启示。

概括来说，不同国家采取了不同模式和策略来推动职业教育国际化，而国际化又是建立在职业教育本身的特点基础之上的。由于不同国家间文化、制度、职业教育传统的丰富性，目前对于职业教育国际化的研究仍是极为有限的（Evans，2020；Pilz & Li，2020）。现存研究更多是从国家和区域的视角处理“职业教育国际化”这一主题，或者从学科和专业领域的单一维度整理分析框架，仍缺少对于该主题的系统性解释。

5.1 主要职业教育国际化模式

5.1.1 德国基于双元制职业教育的国际化模式

尽管德国的双元制职业教育在国际化推广中困难重重，但“Training-Made in Germany”仍被认为是一种成果推广的职业教育国际化品牌（Wiemann et al.，2019；Wolf，2017；Hilbig，2019）。为了支持德国双元制的国际化推广，BMBF建立了针对不同目标国家的资助项目和研究计划，试图让每一个具体项目，在设计和实施中能够更契合迁移目标国家的制度环境。（Internalization of Vocational Education and Training，IBB）在德国内部和OECD（2015；2020）等组织的推广下，德国双元制学徒模式，仍被众多发展中国家视为降低青年失业率、提高国家技术竞争力的良药，选择引入德国的双元制学徒模式，修正本国现存的职业教育系统。德国的双元制学徒模式的迁移，通常伴随着德国跨国企业新机构的设立，以及可能的更深入地与德国合作的项目。德国的职业教育培训部门将双元制学徒模式作为一种“出口商品”进行推广，并提供“定制性”的配套服务（BEX，2010—2017）。作为BMBF的重要项目，联邦教育和研究部制订了配套的指导手册和职业教育国际营销战略（International Marketing of Vocational Education，iMOVE）。指导手册中包含两层含义，职业教育服务的国际化和职业教育服务国际化的发展支持（BMBF，2017）。目前，德国正在形成职业教育服务国际化发展的研究领域，是BMBF重点支持的新兴领域。近年来，该领域的主要研究内容包括：（1）职业教育双边合作项目的前置条件和可能存在的问题；（2）职业教育双边合作的实施模式和支持措施；（3）面向国际培训市场需求导向的职业教育与培训的发展模式（BMBF，2017）。德国职业教育出口战略（Berufsbildungsexport，BEX）的重点支持项目是可迁移的商业教育模式，以及职业教育和培训的国际化发展驱动力与可能的阻碍（MOEZ，2012）。

Pilz（Pilz，Wiemann，2020）等人的研究项目分析了德国双元制学徒模式国际迁移中可能存在的阻碍。德国双元制学徒模式能否进入到一个新的制度环境，首先取决于进口国当地的培训市场监管条件。其次是项目本身的迁移策略。当处于监管市场的环境中时，被迁移的项目需要本土化，或者公司直接引进培训服务。当引进培训服务的公司与德国公司存在某种关联时，该项目的迁移过程将会降低必需的适应性，成功迁移的可能性增加。不同国家间教育制度的差异和培训市场传统的区别是迁移项目必须克服的阻碍（Posselt et al.，2019；Eckelt，2018）。项目成功迁移的前提是，两国在制度差异、培训传统差异这些先决条件方面达成共识（Porter，2013）。在德国内部，研究者和实践者一直在探寻协调一致性的方案，实现单一国家主导的职业教育与培训的国际化协作（Dybowski et al.）。

关于德国双元制学徒模式的国际化迁移，德国学术界不同立场的争议点较多，主要集中在对于“良好”实施的迁移项目的批判性研究和迁移成功条件的分析（Barabasch，Wolf，2012 & 2016；Pilz，2017）。与之前几十年的德国职业教育合作相比，近年来，对于双元制学徒模式的推广，更多是在思考如何在目标国家特定的经济、政治、制度和培训传统中，实现德国职业教育的系统迁移，而不是模块化移植（Euler，Wieland，2015）。

德国具有超过60年的国际职业教育合作经验，旨在帮助伙伴国家发展职业教育与培训（Erdsach，1992）。长期的职业教育和培训领域的国际合作，使德国积累了丰富的课程转化范式和项目迁移策略。作为德国国际合作的重要主题，职业教育与培训援助项目牵涉德国的发展合作战略（bundesdeutschen Entwicklungszusammenarbeit，EZ）（Arnold，2006；Greinert，Heitmann，1995；Wallenborn，2006）。例如，BIBB的iMOVE计划，试图通过为进口国劳动力市场提供初始和继续培训服务打开国际市场。另如，2016年开始的AWE（Agentur f ü r Wirtschaft & Entwicklung）计划，以及其他的职业培训伙伴计划，目标群体是与企业有关的行为者、工商业联合会、企业协会或行业企业。在这些计划中，企业的专家和管理者被聘用为职业教育合作专家，如Senior Experten Service（SES）等项目，其中，德国公司的对外活动是主要的支持方式和重要的运作媒介MOEZ（2012）。在对BEZ 2010至2017年结项的职业教育国际化项目进行分析后，提出了德国双元制学徒模式国际化推广的可能引力点：（1）市场动力：德国制造业质量对于目标国家有强大的吸引力，世界范围对于德国工业和工业产品的认可；（2）模块化的职业教育与培训服务：实践性的教育内容和教育成果，为职教服务适应新兴市场提供可能；（3）高等级的政治营销能力：跨部门的整合能力为持续性教育服务提供保障；（4）海外职教服务的校企合作：项目内外可靠的企业合作伙伴，德国大型跨国企业的参与，校企合作的内部结构和发展策略。

5.1.2 澳大利亚基于能力本位理念的国际化模式

20世纪50年代，由英联邦国家发起的科伦坡计划使职业教育成为援助发展中国家的产业，尽管当时澳大利亚在本土为海外学生提供职业教育，并未将职业教育视为一种出口产业，但也为20世纪90年代后的职业教育国际化政策奠定了重要的政治基础。《跨境学习：职业教育与培训教职员工发展国际化报告》于1997年发布，将澳大利亚职业教育国际化概括为“职业教育为应对国际新秩序在经济、技术、社会与文化等方面的挑战而做出相应改变的一种过程。这种过程使职业教育学生与教师具备在多元化世界有效生活与工作的技能、态度、价值观，并与澳大利亚的多元文化社会紧密联系，为澳大利亚产业在国际经济竞争中做出贡献”。该报告也将职业教育国际化凝练为课程国际化、教职员工发展国际化、加强职业院校与世界的联系、成为国际最佳实践及促进学生的国际流动五大具体维度。[①] 具体而言，澳大利亚通过为本国职业教育课程的海外营销制定相应政策、加快澳大利亚职业教育资格在境外国家的认可进程、与行业合作共同为职业院校制定发展战略与营销计划、将本国有影响力的行业协会与企业纳入区域工作小组并确定分阶段拓展方案、推进本国资格框架与国外相关资格框架的对接。《跨国教育与培训国家质量战略》于2005年发布[②]，确定了确保澳大利亚跨境职业教育合作办学质量等同于本土职业教育办学质量这一最为重要的原则，这就需要使澳大利亚的质量保障框架在本土与国际得到充分理解与认可[③]。

从20世纪90年代开始，澳大利亚资格培训框架项目已经输出到全球45个国家，作为全球最活跃的职业教育国际化供应商之一的澳大利亚维多利亚州公立职业教育系统（Technical and Further Education，TAFE）承担了澳大利亚全球70%以上的海外职业教育项目（Australian Government，2016）。

---

① Kearns. P, Kaye. S. Learning across frontiers：report on the internationalisation of staff development in vocational education and training [R] .Melbourne：ANTA，1997.

② Department of Education，Science and Training. A national quality strategy for Australian transnational education and training：a discussion paper [R] .Canberra：DEST，2005.

③ 梁帅，吴雪萍.澳大利亚职业教育国际化政策探析[J].中国高教研究，2019(05)：97-103.

TAFE作为澳大利亚公立职业教育部门，为全球多个国家提供职业资格认证和学位认证服务。TAFE与多数澳大利亚公立职业教育部门不同，具有高度的独立性和自主权。因此TAFE机构能够更自发、主动地寻求海外扩展和全球合作，对于职业教育国际化的意识也早于澳大利亚其他职业教育培训部门。TAFE提供的职业教育与培训课程是基于澳大利亚国内学生的需求而设计、修正和管理的。其海外项目的管理制度也基于澳大利亚国内政策法规而设定。在澳大利亚的海外职业教育项目中，超过70%的课程使用的是英语，其他部分则混合当地语言和英语；超过80%的教学在教室内进行；大约一半的海外课程由当地教师教授，另外一半则是来自澳大利亚的教师；超过60%的课程是12个月以内的短期课程，但参与项目的学生60%以上将会进行12个月以上的职业教育与培训。如果是在非英语国家实施海外项目，在项目开始前，职业教育机构可能会组织一项短期的英语语言培训。TAFE由16个职业教育机构组成，其海外项目由全部协会成员共同讨论，以确保项目的质量和通过澳大利亚的职业教育审计监管。TAFE制订了海外人员监管框架和海外项目审计系统，允许灵活地实施项目的同时尊重输入国当地职业教育环境。《跨国职业教育质量保证》（Dempsey，2009）中为TAFE职业教育国际化活动提供监管指南和质量保证。海外的TAFE活动必须要在监管框架内进行，并与澳大利亚国内的职业教育与培训项目匹配。但近年来，随着职业教育国际化项目数量的增长，参与地区或国家也随之增加，澳大利亚当局正在应对新的挑战。TAFE海外项目的教师必须具备澳大利亚职业教育教学资格证书；项目的课程设置中必须包含澳大利亚环境单元；在项目输入地的教学资格不被承认时，所有课程必须以英文进行。

澳大利亚高等职业教育国际化以TAFE模式为品牌，在课程、资格框架、质量监管体系等方面形成了鲜明的特色。课程由经国家认可并统一执行的标准化课程培训包构成，课程培训包的打包分类也方便其他国家职业院校学习应用，促成了澳大利亚高等职业教育TAFE课程的标准化与可复制性；制订的具有统一标准的学历资格框架（Australian Qualifications Framework，AQF）涵盖了包括TAFE在内的15种学历资格，其广泛的认可度为全球市场的衔接提供了保障。严格的培训机构监管增加了该模式作为教育品牌的可信赖度，并有力提高了该模式在国际市场上的竞争力。该模式既是从本国实践中不断改进总结出的模式，也日渐成为该国职业教育国际化的动力与品牌依靠①。在这之中，澳大利亚政府以持续、多样、互补型的政策措施及一致化协同型的政策环境积极推动高等职业教育国际化，使TAFE学院成为促进澳大利亚国际教育产业化发展的重要力量。凭借澳大利亚政府对教育决策、科学管理、支持开展研究活动等的引领与调控作用，澳大利亚现已构建起独特而完备的职业教育与培训体系，成为世界职业教育国际化程度较高的国家之一②。“2025澳职教国际战略”及“2025职教国际参与战略”均体现出基于需求导向提供高质量的职业

① 潘海生，孙一睿.澳大利亚高等职业教育国际化的策略分析与启示[J].教育与职业，2020(07)：85-92.

② 买琳燕.澳大利亚高职教育国际化政策的历史变迁及评析[J].职教论坛，2017(01)：80-85.

教育产品，并着力获得国际社会、更多国家、雇主、政府等对澳大利亚职业教育的高度认可；同时提出“将优质教育产品以不同价位扩展到在线和离岸市场”，主要通过扩大在线学习、设立海外分校、与海外机构建立合作伙伴关系、扩大澳大利亚学历和非学历培训的海外交付数量等方式，持续提高澳大利亚职业教育的国际地位①。

尽管澳大利亚的职业教育与培训国际化输出已经持续了30余年，并在国际上获得认可，但是这套海外课程体系并不能与输入国的教育系统和培训市场很好地融合，这套能力本位的职业资格认证系统对于输入国的教育环境复杂性的认知是不充分的。由于部分输入国的教学资质不能获得澳大利亚系统的认证，为了参与澳大利亚的海外课程，许多输入国的教师必须重新参加澳大利教师资格证书的认证，或在获得资质的澳大利亚认证培训师的监管下开展教学活动。

5.1.3 美国基于社区学院的远程职业教育与培训国际化模式

伴随着新自由主义和全球化思潮，20世纪80年代末期在美国社区学院开始了全球化的教育活动和面向跨国劳动力技能需求的学生培养，进一步影响了美国国家职业教育政策和全国性技能型劳动力的培养。社区学院（Community college）是19世纪就出现的教育机构，主要开展中学后教育与培训（Postsecondary education and training）和学士前学位水平（pre-baccalaureate degree level）阶段的学术教育、职业教育和成人教育。20世纪60年代以来，美国社区学院的教育功能更加多元，坚持开放的入学机会、综合性的课程设置和面向社区开放的原则。美国社区学院与培训市场关系密切，但并不受劳动力市场技能需求驱动（Quiggin，2010）。直到20世纪80年代新自由主义思潮的兴起，美国社区学院开始了市场化的探索，例如，增加了资格认证环节以满足雇主对劳动力技能鉴定的需求（Levin et al.，2009）。20世纪90年代开始，美国社区学院开设了更多就业准备和基于劳动力市场技能变化的进修项目，并建立国际合作伙伴关系，运用互联网和信息教育技术实施远程教学。美国社区学院反映了美国全球竞争力政策的变化和知识性社会目标。作为美国全球扩张战略的手段之一，21世纪以来美国社区学院向更多国家推广互联网的运用，使美国社区学院的职业教育与培训项目能够远距离国际化实施。美国社区学院的职业教育国际化项目，更多以市场方式运作，并不依靠政府财政资助（Ball，2012）。职业教育和培训项目的设立与私营部门的劳动力市场需求紧密结合（Olssen，Peters，2005）。2008年的金融危机后，社区学院职业教育与培训项目的质量下降，学费上涨。在美国“高等教育是提升国家生产力和全球竞争力的工具”战略下，奥巴马、布什等总统对于美国社区学院“绩效性”问题提出改革方案，提出基于经济、效率和效益的评估体系，并引入了社区学院学费的资助项目（The White House，2015）。

---

① 刘育锋.职业教育国际化目标与路径——基于澳新英国际教育战略的分析[J].中国职业技术教育，2022(12)：53-62.

获得学费收入是美国社区学院实施职业教育国际化推广的重要动力，更多的国际学生加入职业教育与培训项目，可以为社区学院带来更多经费。美国社区学院的国际化项目多数以单个学院的方式运行，以国际化课程为主，为国际学生创造互动学习的机会，培养学生的全球工作能力。项目组织人员完全为社区学院的教职工，如因资源条件的限制，且该国际化项目不符合社区学院的最佳利益，该项目可能会面临终止的境遇。

5.1.4 英国采用市场化路径的国际化模式

自21世纪以来，英国将国际教育事业及跨境教育服务上升至国家战略层面加以推动，教育出口带来的价值增长及抢占全球市场是英国实施教育国际化战略的重要驱动力，并期求以文化软实力的增强服务其政治及经贸利益。《国际教育战略：全球潜力、全球增长》及《国际教育战略：支持复苏、推动增长》两大战略方针为英国教育国际化事业提供了重要保障，明确了到2030年增加留学生数量和推动国际教育以带来经济收益的目标；教育出口是英国经济发展较为重要的内容，职业教育作为《国际教育战略：支持复苏、推动增长》战略中增加出口的领域之一，正是基于国际社会对职业教育改革的巨大兴趣使英国成为国际社会重要的合作伙伴。[①]在上述两大战略方针下，英国在国际社会营销教育产品、扩大教育产品类型、任命国际教育大使以拓展国际教育市场、注重对教育产品市场的研究以划分潜在市场与重点市场、建立一套政府整体方法以确保教育出口等环节、建立由跨政府与高级官员组成的国际教育指导小组以共同寻找应对挑战的办法、提供经费与金融支持、在自由贸易协定中加强和促进教育服务贸易、构建全球网络和教育合作伙伴关系以增强教育出口的可持续性等。具体而言，英国注重面向全球输出教师培训课程、教师培训标准与方法、采取有效行动支持跨国在线教育等。[②]

英国近十年实施的教育国际化战略遵从“情境—目标—工具”逻辑，根据共生环境的变化相应调整职业教育国际化的政策目标及政策工具，以激励性工具为主为促进教育出口、开拓国际市场提供财政支持，政府责任也逐渐从制定规范性制度向促进多主体参与转变。教育国际化战略关涉不同主体，教育部、国际贸易部、国际发展部、学生贷款公司、国际清算银行、各地高校等运用各自资源优势承担不同的责任来实现共同目标。同样，英国政府也以能力建设工具完善制度环境，如通过教育出口数据增进对全球教育市场和区域发展趋势的分析，并以此开展制订衡量指标、设定市场份额等工作；关注跨国教育的运作及国际教师的培训，推广海外英语培训，并以工作质量审定标准规范英国海外学校的运作。英国也将海外办学作为教育国际化政策的重要工具，以不同国际化教育项目推广英语培训，并将部分非洲国家视为“潜在增长区域”及未来国际化教育目标合作伙伴，持续扩

---

① 刘育锋.职业教育国际化目标与路径——基于澳新英国际教育战略的分析[J].中国职业技术教育，2022(12)：53-62.

② 李志涛，曲垠姣.后疫情时代英国国际教育战略走向及启示[J].黑龙江高教研究，2023，41(02)：92-98.

大战略布局。[①]目前，英国在教育出口的国际市场上面临着与美国、澳大利亚及德国等国家的激烈竞争，亟须以实施整体发展战略提升海外教育体系的质量，提高教育出口的水平与能力；通过建立完善的质量保障机制、重塑及推广高等教育品牌，整合现有教育资源，深入开展多元化海外合作项目，如通过设立海外分校、开发海外商业关系、建立联合科研议题等措施构建海外协作网络[②]。

5.2 职业教育国际化的国际比较分析

与德国和美国相比，澳大利亚职业教育国际化的概念定义使用“Transnational/Offshore Provider”，更强调跨越国家界限、海外的内涵和职业教育与培训供应者的身份。德国职业教育国际化概念的词语使用“Internalisierung/Transfer”，更强调“变化”“转化”的行动倾向，暗含与目标国积极协作的主动性。而美国使用的词汇“Internalization”，其语义较为中性，同时，隐藏了随着国际化一词兴起的新自由主义思潮，在美国培训市场环境中，教育机构获取学费是提供职业教育与培训服务的主要目的。

在德国、澳大利亚、美国的三种典型模式中，推广主体从宏观的国家层面、中观的州立公立教育联盟到微观的社区学院个体，其中的差异反映了三个国家对于职业教育国际化不同的发展战略。虽然推广主体的体量差异巨大，但其职业教育模式的全球影响力和国际化项目中涉及生源数量和区域范围，并无显著差异。在一些目标地区，三种国际化的典型模式同时存在，这对于中国职业教育国际化的发展具有启发意义。

由于推广主体不同，项目的组织参与者也存在差异。在德国的双元制模式中，引入了德国双元制学徒模式传统中的行业协会力量，是其他两个国家职业教育与培训国际化项目中不存在的。美国的社区学院，更加灵活地运用了网络平台推广职业教育与国际化培训，从而满足其尽量多地吸引生源、获取学费的内在需求。澳大利亚的州立教育联盟，成员一体化，共同制订项目监管标准，寻找目标国的合作伙伴。

市场灵活度方面，美国的社区学院课程最为突出，可以按照目标国劳动力市场或企业的技能需求定制教育、培训课程，课程资源和经费获取的方式也更加多元。海外企业可以资助社区学院教师，在实地研究后开发课程。德国的双元制项目中，极为重视企业的参与度，很多项目是与德国跨国企业的国外部门共同建立，因此也具备较灵活的市场技能需求适应性。澳大利亚的能力本位模式，是基于澳大利亚国内的技能需求和资格标准设计的课程和技能鉴定标准。为满足不同地区的实际需求，培训包中一定比例的内容允许依据不同地方的实际情况进行调整。

学徒制培养是德国职业教育与培训国际化项目最大的特点。澳大利亚在职业教育与国际培训中，将具有独特性的国家资格框架输出，其框架内的技能鉴定和资格证书认证是该

① 张凤娟，吴佳欣.政策工具视角下英国教育国际化战略研究［J］.比较教育研究，2023，45(02)：96-102+112.

② 苗青，金波，齐天赐.英国高等教育国际化及其对我国的启示［J］.黑龙江高教研究，2021，39(03)：66-71.

模式的特色。而美国社区学院可选择非常灵活的方式开展国际化教学和培训活动，远程学习是其特色，吸引了大量国际学员。

三个国家的职业教育与培训国际化项目中，政府的角色不尽相同。德国政府在国家层面，通过政治、外交等手段扶持国外项目，帮助与目标国建立合作，融入当地文化和政治环境。澳大利亚政府更多起到监管作用，国外活动的开展主体是公立教育部门。由于国际外交政策变化频繁，美国政府在教育国际化过程中，虽然提供了一些学费资助/贷款计划，但有时对于美国教育国际化的开展反而起到负面的限制作用。

在国外企业部门的参与度方面，德国的双元制学徒模式下，国外企业的参与度很高，一些项目中，国外企业与国际化项目是伴生关系。澳大利亚和美国的项目中，国外企业部门并未明显参与，但美国的国外企业可能对一些项目课程提供经费支持。

三个国家都存在制度和文化层面的困境，经费和设备问题也无法回避。澳大利亚职业教育与培训国际化亟须探寻系统适应本土化的解决方案。美国社区学院需要妥善处理经费、资源不足时内部出现的“为社区服务”和“为全球化培养劳动力”的分歧。德国国际化项目尝试与目标国协调一致的方式，解决迁移中出现的困境，可能需要获取多方资源和支持。澳大利亚仍在进行职教系统的海外版本创新。美国社区学院需要将国际化战略融入学校章程和发展战略中，化解“为社区”和“为全球”的冲突，但一定程度上，这是美国在政治和意识形态上普遍存在的冲突。

5.3 职业教育服务中非产能合作的启示

中非产能合作及在非中资企业的内生发展动力对中国职业教育国际化提出了新的要求，需要中国职业院校在非洲这一新场域环境下发挥更为积极主动的人力协调作用。从以上对典型职教国际化治理模式的国际比较分析可以看出，德国职业教育国际化的治理模式与合作对象国的教育系统与培训市场融合度较高、与德国跨国企业的互动参与等方面具有显著的伴生优势，能够为中国职业教育的域外实践提供较多的参考经验。因而本部分着重对德国职业教育国际化的治理模式加以分析，期求能够从中汲取积极因素并为职业教育服务中非产能合作提供借鉴。

德国职业教育的国际化主要是基于经济文化动机，并以一种国家战略产品的形式伴随德国跨国企业的国外部门共同建立。政府层面以有效的干预扶持德国职业教育，在宏观设计及底层操作上更加契合合作对象国的制度环境；德国跨国企业的参与也被作为双元制学徒模式的关键要素保留下来，既是职业教育服务的目标对象，也作为职业教育的重要运作媒介。德国职业教育的系统迁移需要跨部门的持续保障、德国跨国企业的可靠合作，也需要合作对象国强烈的合作意愿与合力支持。

德国职教国际化承接于德国工业制造的全球影响力，内嵌于德国跨国企业适应海外新兴市场的动态过程中，依赖于其职业教育完整体系与清晰结构，深化于合作对象国解决青年就业、完善本国职教体系及促进技术转移的内在意愿（李俊，2018）。根据德国职业教育国际化的改革内容，以学位制度的国际化转换保障文凭等值并提高了职业教育的可迁移性，以学分体系的国际化互认保持职业教育内外部的兼容性，以搭建终身学习资格框架促进不同层次及资格体系间的转化并提升职业教育的可通用性（肖凤翔，张荣，2017）。

职教模式的出口考量着职教迁移策略的本土适应性，即在脱离内生的社会文化土壤后，合作对象国是否具备相应的其他体系条件决定了能否顺利移植。基于德国在埃塞俄比亚的职业教育合作实践，德国组成专门的国际援助机构分别负责技术援助、财政援助及专业咨询，以自上而下的组织结构参与该国职教体系的设计；通过派遣德国职教专家提供师资培训、与当地五大职教机构合作育人、提供赴德参观机会及专业咨询服务、在当地大学内设职教中心等方式进行职教模式的整体出口。但德国企业在埃塞俄比亚的缺位使德国的职教援助利己动机及商业驱动要素偏弱，即便本土企业在德国合作机构的努力促成下仍参与不足。德国职教模式出口丧失了企业参与这一重要的支持条件，而另一发展困境在于当地无法在短时间内建立起与工业发展、职教发展相适应的文化价值观。而中国职业教育在中非产能合作的有利契机下已经具有直接对接劳动力市场真实需求的显著优势，但这种自下而上的方式独立于当地职教体系之外，对其产生的影响有限，同时缺少抽象概念及职教品牌维度的迭代升级（周瑾艳，2018）。

当前，职业教育对中非产能合作的服务意识及服务能力仍显不足。这背后的根源在于，中国职业教育自身发展质量尚存有提升空间，且目前尚未设立专门统一的管理机构，职教国际化政策保障体系不完善。这些因素使得当前中非职教合作缺乏总体布局，校企合作质量有待提高，与非洲合作对象国的职教体系对接不足，与当地院校、相关在非国际组织、行业协会等当地系统互动不足。显然，上述的实践困境折损了中非职教合作的整体性与连贯性，仅依托各职业院校独立寻求突破难以应对迥异的他国环境及教育体系，难以有效整合形成中国特色职教品牌。

根据以上德国职业教育国际化服务德国跨国企业的实践经验，我们尝试提出以下建议。

中国职业教育进入非洲这一新场域环境需要以标准引领建设为重要抓手，凝练中国职业教育的核心特征与内涵，在此基础上完成专业建设及课程等层面的职业教育标准的制定，然后再针对性地提高职教体系的可迁移性与可复制性。这些既仰仗于中国职业教育自身的内涵建设与质量提升，也要求为中国职业教育国际化提供有力的保障支持。

首先，要形成中国职业教育国际化的政策制度合力，弥补以往中国职业院校“走出去”整体性方案、可操作性实施细则的明显缺失，组建跨部门的统一管理机构提供服务支持。其次，要探索构建职业教育国际化理论体系，以引领性理论促进中国职业院校依托自身优势专业“走出去”，以对中国职教模式系统阐述促进合作对象国理解、掌握与借鉴。最后，在中国职业教育“走出去”的过程中，以研究先行把握非洲合作对象国的制度环境及职教生态以审慎评估可能遇到的风险，也要加强与当地系统的互动以充分习得本土性知识。

此外，澳大利亚、美国及英国均作为职业教育国际化程度较高的国家，将增加国际学生数量及经济收益作为国际教育战略重要目标，均较为重视职业教育品牌打造、开发并营销在线教育及语言教学等教育产品、多部门共同推进、注重研究国际教育市场、着力提升职业教育境外输出的质量保障、奠定职业教育国际化的国际通用性基础等[①]。上述三个国家基于本国职业教育的发展实践，形成了独具特色的职业教育国际化模式。对我国职业教育服务中非产能合作的启示意义在于，以职业教育国际化水平的提高促进职业教育境外办学的适应性，进而提升响应在非中资企业人力资源需求的能力。即要愈加明确我国职业教育国际化的目标定位，总结梳理我国职业教育改革发展经验并尝试提炼形成中国职业教育品牌，提高本国资格框架的国际通用性及认可度，采取区域差异策略加强对“一带一路”沿线非洲国家的本土教育研究，发挥地方政府在开展职业教育合作中的区域政治优势，发挥职业教育国际交流机构在开展职业教育合作的沟通协商优势，提高国内高职院校在“一带一路”建设中提供人力资源支持的积极性，以完善的质量标准提高职业教育境外合作办学质量，重视对出境教职员工进行跨文化培训等。

① 刘育锋.职业教育国际化目标与路径——基于澳新英国际教育战略的分析［J］.中国职业技术教育，2022，(12)：53–62.

第六章 职业教育服务中非产能合作的建议

根据职业教育服务中非产能合作的域外实践，由于目前尚未完全建立起以中非产教融合为核心的机制与平台，职业教育的服务意识及服务能力仍有待提高。

从此前章节梳理的职业教育国际化理论、产业转移理论、全球价值链理论及共生理论出发，分析职业教育服务中非产能合作的内在逻辑，可以看出，要使职业教育更好地服务于中非产能合作，就要将职业教育境外办学的人才培养标准由供应驱动转向产业需求导向，针对性满足在非中资企业产业转移过程中的本土技术技能型人才需求。在此过程中，还要不断优化中国职业院校在非办学的共生系统，促进与非洲合作对象国当地系统的内外部兼容。

这些既要求以办学要素系统的内在优化为抓手加强职业教育的内涵建设与质量提升，并以国际化视野及思维着力增强职业教育的可迁移性与可复制性，也要求中国职业院校提高域外校企合作水平，促进中国职业教育国际化过程的本土化适应。因此，本部分着重从宏观、中观及微观三个层面有针对性地提出完善职业教育服务中非产能合作的策略性建议。

6.1 宏观：在制度设计上提供上位配套支持

中国职业教育“走出去”的本土化适应首先需要面对与非洲合作对象国在经济发展水平、法律体系、商业惯例、技术规则等方面存在的显著差异，而当前职业教育服务中非产能合作面临着总体布局不足、保障支撑系统缺失的问题，需要从理论研究及顶层设计两方面入手加以总体干预，以求能够获取足够的上位支持。

6.1.1 研究先行：风险可控、理性审慎地推进

当前，中国职业教育“走出去”和国际合作既需要以理论先行在把握发展规律、汲取

别国职业教育国际化经验的前提下识别及有效规避可能遇到的诸多风险，也需要以适当的节奏及步调把控当前职教合作项目的工作安排，从小体量、轻型的小项目开始试点，并根据实践发展状况灵活调整，有序地增大合作体量及加大合作深度。

1.落实落细非洲区域国别学研究，有针对性地构建多学科交叉的知识群落。

中国职业教育走进非洲首先需要在系统深入理解非洲合作对象国的区域经济社会发展及教育体系特点的基础上制定合作方案，尽可能全面综合地评估项目实施过程中的风险与挑战。（1）加强高职院校区域国别学研究，推动中国合作院校建立非洲区域国别职业教育研究中心，系统性深入研究合作对象国的经济社会发展状况、工会制度、税收制度及劳工制度、职业教育体制政策等信息。（2）抽调现有涉非研究机构的科研人员组成联合工作组，跨学科合作开展针对非洲某一国别的经贸文化研究及职业教育服务产能合作的专项研究，通过职业教育国际化比较研究提高中国职教服务域外产业的能力。（3）尝试将研究非洲的阵地转移至非洲国家，以深入调查及一线体验深化对中非产能合作具体人力资源需求及职业教育境外办学共生环境的认知，聚焦于产业生产流程的优化与技术技能创新，以科研促进职业教育更好地服务于中非产能合作。（4）加强非洲研究智库联盟建设，基于目前探索形成的“一省+一国”合作模式，持续优化非洲区域国别研究布局，聚焦当前中非职教合作及产能合作内容进行前瞻性的政策咨询研究，为中非合作提供理论支撑与智力服务。

2.加强中国特色职教品牌建设，客观阐释应用条件及规律

（1）需要加强职业教育国际化的理论研究，厘清目前中国职业教育国际化的发展阶段及特点，尤其是对中国职教模式的系统阐述能够促进合作对象国理解、掌握与借鉴，最终实现以职业教育国际化的理论创新推动域外实践的创新。（2）要基于已“走出去”的中国职业院校境外办学实例，构建中国职业教育国际化的案例库，并拆解思考实践运行下的逻辑促进理论创新，引导中国职业院校依托自身优势专业“走进非洲”。（3）需要进一步凝练我国在职业教育改革实践中提升产教融合水平的有效做法，并尝试客观阐释中国特色职教品牌的规律性、科学性及应用条件，着力提高中国职教模式的可复制性与可迁移性。

6.1.2 顶层设计：构建全方位的保障支持系统

政府对于当前的中非职教合作要有清晰的目标及策略，尤其要把握服务在非中资企业和分享中国教育之间的关系；要尊重国际规则与国际标准，探索中国职业教育与中资企业协同“走出去”的创新模式，更要制定顶层的职业教育国际化策略实现中国标准，有效分享中国职教理念，以中华民族优秀传统文化的传播推进世界文化、教育间的相互理解与尊重。因此，构建全方位的保障支持系统成为中国职业院校境外办学及服务中非产能合作的关键因素。

1. 健全职业教育国际化管理体制机制

设立专门的统一管理机构以实现跨部门的深度协作，汇聚教育部门、人社部门、商务部门、外交部门及财政部门等的政策支持力量；地方政府要建立起科学有效的监督评价体系，促进职业教育国际化的域外落地，面向在非中资企业的需求，有针对性地培养技术技能型人才；中国职业院校建立健全国际交流合作管理机构，整合调用积极力量提高职业教育境外办学的能力与水平。

在法律法规体系建设上，政府既需要推动职业教育国际化的立法工作，也需要出台职业教育服务国际产能合作的具体操作细则及标准，尤其是应针对中国职业院校服务国际产能合作的具体行为做出要求，对中国职业院校国际化办学进行管理和规范。

推动组建中非职教合作项目的专门运营及执行机构，牵头前期调研、市场开拓、项目开发与实施等工作，并接受政府委托的第三方的监督与评价，以提高项目运行效率及规避由政府充当职业教育国际化先锋队带来的政治风险；扶持专门从事职业教育国际化的第三方力量，以民间合作的形式更加轻量便捷、适合本土化地参与职业教育国际交流与合作，使之成为职业教育国际化有力的补充。

2. 完善职业教育境外合作办学的资金筹措机制

在资金筹措机制上，政府需要以专门的政策及非洲职业教育援助项目计划为职业教育境外办学提供专项资金支持，并尝试构建经费来源保障机制以应对职教合作建设项目初期投资较大、建设周期长、可持续性较差及非方投入的比例相对较低的问题。具体而言，“走出去”的中国职业院校通过寻求转向资金支持，缓解中长期发展资金不足的难题。如利用“双高计划”等国家和各省市专项资金保证投入，申请联合国教科文组织和世界银行的相关援非基金项目，与在非中资企业建立校企合作机制吸引企业资金投入，等等。

3. 加强域外产教融合联盟建设

依据中非合作论坛这一官方政策沟通机制，带动企业或机构建立起跨国非政府组织间的合作平台，以此加强中非双方非政府组织、智库及职业教育办学机构间的联系，为职教合作办学项目提供适宜的共生环境。依据目前已形成的中非合作区域平台积极寻求合作力量，如两年一届的中非经贸博览会、湖南外贸职业学院牵头组建的中非经贸合作职业教育产教联盟、中非职业教育联盟等。搭建域外产教融合联盟，牵头组织中国高水平高职院校、在非中资企业、合作对象国职业教育办学机构、中国在非工业园区等多方力量形成跨国产教合作组织；在产教融合联盟这一平台上，将想“走出去”但尚未实现的企业及职业院校导入平台，利用平台力量共享信息及合作资源，降低合作成本，优化当前关键要素资源的合理配置，谋求联合抱团发展。

6.2 中观：在合作机制上强化合作主体责任

中观层面主要体现为在非中资企业和中国职业院校在顶层制度设计下的互动关系及运行机制。域外校企合作面临着中国在非资源分散且利用不足、双方合作关系尚待深化、与当地系统利益诉求存有差异等主要问题，为双方高效服务中非产能合作，需要在明确多方诉求的基础上寻求共同利益，就具体合作内容达成共识，并在共同协商的框架下共同参与建设，实现成果共享。

6.2.1 加强载体建设：完善鲁班工坊建设及运营机制

鲁班工坊作为中非合作办学的重要载体，需要继续完善建设与运营机制，以研究与建设同步进行提高鲁班工坊建设的科学性与合理性，以理论创新促进建设模式标准的创新。在载体建设的时间轴线上，首先需要对非洲合作对象国的产业经济状况、共生环境因素及在非中资企业的人才需求进行详尽的调研，制订风险防范预案以有效地识别及规避风险因素。将明确各方共同核心利益诉求及挖掘当地潜在的合作对象置于实践之前，避免出现项目独立运行的境况，为项目的可持续发展奠定良好的基础。中国职业院校在与中资企业合作过程中首先要细化及明确各方的权责义务，充分挖掘在非中资企业的发展利益、实际需求及双方的共同利益点，不断优化专业布局和专业范围，以合作机制的创新提高各方参与积极性，期求形成全方位、可持续、长周期的合作局面。鲁班工坊这一载体建设也需要继续拓展服务功能，为技术技能人才培养、企业员工培训、技术协同创新、产品设备推广等项目搭建合作平台。鲁班工坊也要着力制定与当地适配的专业、行业和课程教学等标准，以人才培养标准的对接推动学历学位认证标准联通，以本土优质职业教育资源国际化推动中国标准的域外落地，并注重国家职教品牌在建设与运营过程中的知识产权保护。

6.2.2 回应产业需求：建立本地校企合作联盟

依据非洲合作对象国的区域产业发展需求及在非中资企业人力资源需求，建立基于某一国别的当地校企合作联盟，双向遴选最优的合作伙伴，以此确定合作模式、合作机制、合作质量评估要求等；通过与当地职业教育办学机构合作，积极尝试将合作办学成果及形成的国际化专业教学标准纳入合作对象国的国民教育体系。所遴选的专业应符合当地区域经济发展趋势及技术需求，如位于中国在非经贸合作区可选择国际物流与管理专业群，位于中国在非工业园区可着重选择工程技术专业群。中国高职院校基于在非中资企业已获得的地方性本土知识，积极探索海外办学新模式，建立深度互动的校企合作关系；形成在非中资企业与高职院校主动对接的常态化合作机制，合作开展校企科研项目，为属地化管理需求下的本土技术技能型人才培养提供实习实践平台、设施与资金支持。未来仍将以经验及技术转移为主的知识合作促进投资合作，尝试在工业园区建立相关产业学院，着力为国际技术技能教育提供坚实的保障。构建多方参与的多元质量评价机制，对本土学员的理论学习、实践操作进行评分及证书认定，对职业院校办学质量进行定期审核及监管等。

6.2.3 优化资源链接：增强与当地系统的互动

此外，中国职业院校的域外实践仍要继续加强与外部的资源链接。职业教育国际化在知识普遍性的张力下需要对职业教育发展面临的共同问题作出有效回应，因此中国职业院校要加强与当地教育机构的交流与合作，通过设立交流中心组建专门的班组主持对外合作事宜。同时，中国职业院校也要增强与当地系统的积极互动，要与中国驻海外的各种机构和国际组织合作以推动项目的顺利落地，要建立与跨区域组织、当地国际组织及区域组织深入合作的互动机制，以集聚支持力量。

6.3 微观：在教育教学上促进相互融通

职业教育国际化的考量验证了中国职教模式的可迁移性与可复制性，即中国的职教经验是否内涵清晰、成熟、成体系，课程标准的海外落地能力及水平，即是否有配套的支撑支持教育教学活动落地的实力。

6.3.1 提高中国职业院校的关键办学能力及国际化思维

要增强中国职业院校的关键办学能力，为职业教育国际化夯实基础；针对中国职业教育通过创新性探索形成的成果，着力加强其对外推广，如产业学院、岗课赛证融通、1+X证书等；也应充分发挥我国职业教育因梯度发展差异积累的丰富经验优势，系统梳理及提炼适应不同产业发展水平的职教发展策略及措施，以应对非洲国家产业发展需求进行针对性分享。因此，中国职业院校要针对性提升国际化思维、开拓国际化视野及强化国际化能力，尝试对自身优势专业领域的教育教学资源进行国际化开发，积极参与中非产能合作的实践。

6.3.2 深化国际化师资队伍建设与课程建设

目前，我国能够直接用英语或法语进行授课的专业教师较少，拥有国际专业机构认可的职业资格证书的专任教师数量少，国际化师资队伍建设不足，因而难以有效承担起国际化教学任务。当前已经探索形成中方国际化教师队伍培育非洲合作对象国的本土教师、本土教师培育本土学员的有效路径，因而熟悉中国技术设备、具有国际化思维、熟悉非洲国家环境的教师团队成为服务中非产能合作的关键。建立满足条件的师资队伍需要专业教师加强语言学习，可以通过与外国语学院等合作进行语言培训，提高专业教师的对外分享能力；也可以通过聘任涉非企业中国员工担任高职高专的兼职任课教师，开展涉非培训课程，提高项目在本土落地的适应性。中国职业院校也要强化国际化思维，建设特色专业及强势专业，开发体现能力本位和行动导向的新课程，打造国际化课程体系。摆脱以往以引进的课程体系构建重心，建立联动课程开发机制，优化课程结构，形成中非对接、产学融合的国际化课程和培训体系。

6.3.3 以本土师资培训及课程资源开发构建本土配套支撑

持续优化中国职业院校境外办学要素系统，特别是需要厘清人才培养目标、加强本土师资培训、拓展课程资源建设及加强实训基地建设。针对非洲国家本土职业教育教师教学技能不足的问题，开展本土教师培训项目，提高其实操实训和专业技术能力，围绕理论知识、前沿专业技术、教育理念、教学方法、课程设计和评价等内容传递中国职业教育经验及理念。与此同时，既可选拔非洲合作对象国的优秀教师到中国进行实训环境下系统学习，也可选派骨干教师到非洲合作对象国开展教学培训。针对非洲国家教学资源短缺的问题，一方面要将优势专业领域的教学资源国际化，即完成国际化课程标准制定、开发双语教材及讲义、搭建线上课程学习平台，真正实现中国专业标准“走出去”；另一方面也要与非方教师共同开发教学资源、搭建教学资源平台，促进中国职业教育教学理念的本土化落地。

第七章

职业教育合作服务中埃产能合作报告

埃及地处亚欧非三大洲交界处，扼守“21世纪海上丝绸之路”的战略要冲，苏伊士运河走廊是连接南海、印度洋至红海、地中海的枢纽，邻近欧美中东的地理优势吸引了越来越多的海外投资者，埃及对接“一带一路”倡议有着天然的地理优势。总体来看，埃及政局稳定、经济增长的态势不会发生根本性变化。在国际货币基金组织、世界银行等国际组织和美国、欧盟、中国等全球主要经济体的普遍支持下，埃及经济发展前景依然可期。另外，埃及是第一个与中国建交的阿拉伯和非洲国家，中国与埃及视彼此为可靠的朋友和真诚的伙伴。

7.1 埃及基本情况

7.1.1 经济发展

据非洲开发银行报告显示，2020年埃及是北非地区唯一一个国内生产总值保持3.6%增速的国家。国际货币基金组织（IMF）于2021年4月发布的《全球经济展望》预测，埃及2021年和2022年的经济增长率将分别达到2.5%和5.7%。近五年来埃及国内生产总值呈稳步上升的趋势，经济状况稳健（见表7–1和图7–1）。2020年虽然受新冠疫情影响，埃及经济增长放缓，但其实际GDP增速仍然达到3.57%，居非洲地区第一。

表7–1 埃及近五年GDP（单位：十亿美元）

年份	2017年	2018年	2019年	2020年	2021年
GDP	236.53	250.25	302.33	364.02	402.84

注：数据来源于全球经济数据库

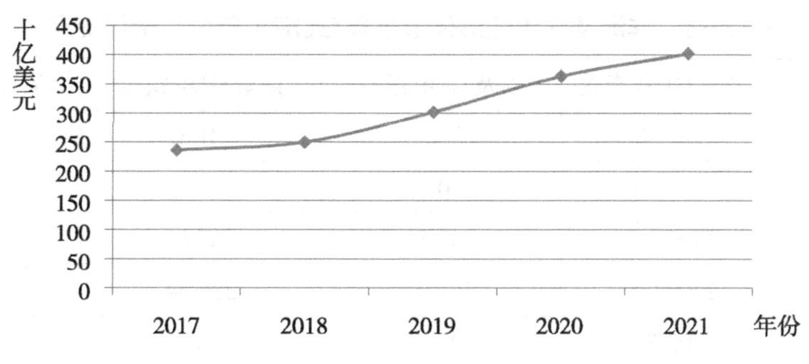

图7-1　埃及近五年GDP

CPI指数是反映一定时期内城乡居民所购买的生活消费品和服务项目价格变动趋势和程度的相对数。由表7-2、图7-2可以看出近五年来埃及居民消费指数处于不断上升趋势，数值介于2%~4%之间，通货膨胀水平处于稳定状态。

表7-2　埃及近五年CPI指数增长率

年份	2017年	2018年	2019年	2020年	2021年
CPI指数增长率	2.311%	2.644%	2.886%	3.031%	3.199%

注：数据来源于全球经济数据库

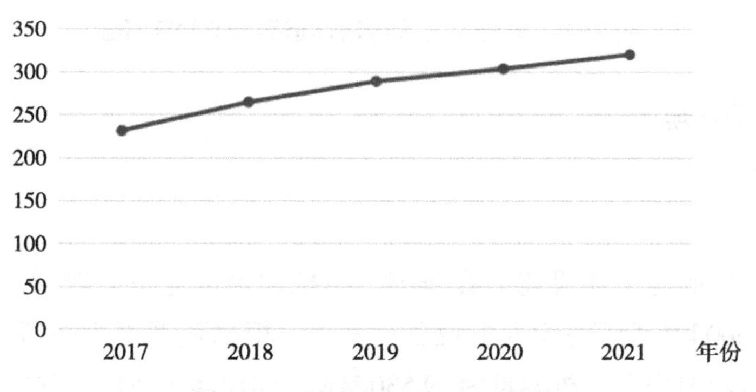

图7-2　埃及近五年CPI指数

从GDP总量来看，埃及、南非和尼日利亚是非洲的前三大经济体（见表7-3和图7-3）。埃及作为第三大经济体，近五年经济保持增长态势，经济增速在上述三个国家中最高，逐渐缩小与南非、尼日利亚之间的差距。在南非兰德商业银行发布的《2021年非洲最佳投资目的地名单》中，埃及位居榜首，被评为非洲最大的投资目的地。尽管埃及经济受到疫情的严重影响，但埃及也是最早恢复经济增长的国家之一，同时埃及也持续位居非洲GDP榜首，是中东及北非地区的最大消费市场，其投资及合法经营环境也有大幅提升。

表7-3　非洲及三大经济体近五年GDP（单位：十亿美元）

年份	非洲总GDP指数	埃及GDP指数	南非GDP指数	尼日利亚GDP指数
2017	2261.58	236.53	381.32	375.75
2018	2320.00	250.25	404.67	421.74
2019	2400.00	302.33	387.85	448.12
2020	2390.00	364.02	335.34	429.42
2021	2703.50	402.84	418.02	440.80

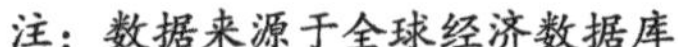
注：数据来源于全球经济数据库

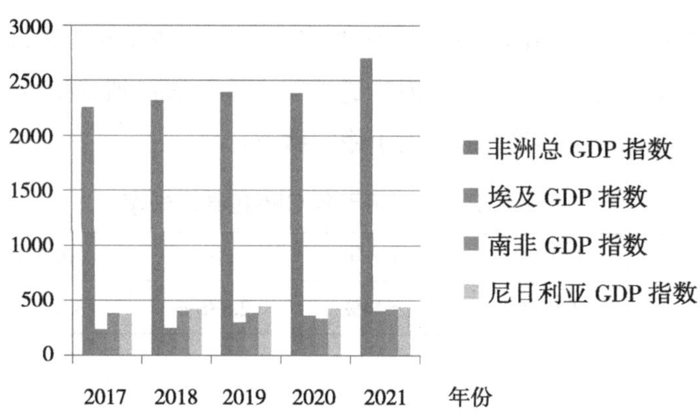

图7-3　非洲及三大经济体近五年GDP指数

7.1.2　产业环境

1.支柱与特色产业

（1）电力。

埃及电力项目的施工建设能力在非洲、阿拉伯地区竞争力较强，当地企业可制造从380 V低压到500 kV高压的输变电设备。另外，根据埃及电力控股公司的统计数据，2019/2020财年埃及电力总装机容量为59 530 MW，同比增加2%。其中，可再生能源（风电与太阳能）装机容量的增幅最高，达到了34.2%（见表7-4）。

表7-4　2018/2019、2019/2020财年埃及电力装机容量统计（单位：MW）

	2018/2019财年	2019/2020财年	变化率（%）
总装机容量	58 353	59 530	2
水电	2832	2832	0
火电	51 226	51 634	0.8
可再生能源（风电与太阳能）	2247	3016	34.2
私营部门BOOT发电项目（火电）	2048	2048	0

数据来源：埃及电力控股公司（EEHC）

作为北非地区发展可再生能源最为积极的国家之一，埃及正致力于将丰富的太阳能资源转变为助力经济发展、改善民生的清洁电力。2020年初，埃及发布了《2035年综合可持续能源战略》，提出到2035年可再生能源发电的占比要达到42%，其中光伏发电的占比为22%，光伏电力的竞争力将持续提升。

来自欧洲、韩国、中国和印度等国家和地区的设备制造企业积极参与埃及市场，包括GE阿尔斯通、ABB、西门子，韩国的现代、三星和大宇，中国的西电、特变电工、平高电气、新东北、山东电力、泰开、思源电气和正泰电气等企业。

（2）油气工业。

埃及是非洲地区石油和天然气的重要生产国，油气工业是埃及经济的主要支柱之一，占GDP总值的13.6% 。据英国石油公司（BP）《世界能源统计2020》数据统计，截至2019年底，埃及石油储量为32亿桶（4亿吨），居非洲第六位，占全球总量的0.2%；天然气储量为2.1万亿立方米，居非洲第三位，占全球总量的1.1% 。天然气主要储量分布为：西部沙漠地区约占40%；地中海地区约占25%；尼罗河三角洲地区约占15%；其他产区包括苏伊士湾、东部沙漠、西奈及上埃及地区。

2016—2019年，外国公司在埃及石油和天然气领域的投资达350亿美元，其中燃料和能源领域占埃及国内生产总值的27%（见图7–4）。目前，已有21家中资企业参与埃及石化行业开发，涵盖石油石化全产业链，涉及勘探开发、石油工程服务、装备制造、物资贸易和炼化工程等环节。

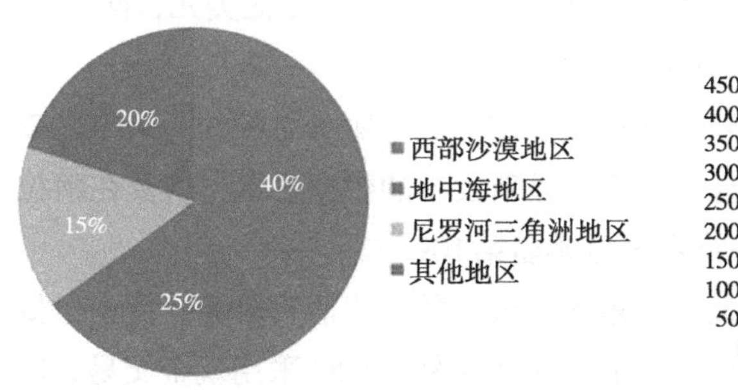

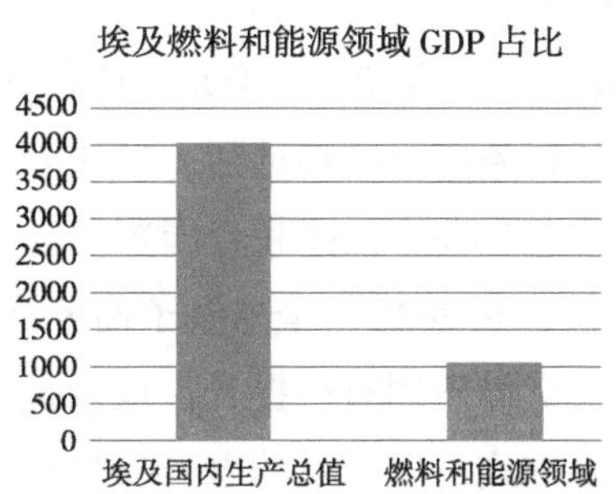

图7–4　埃及油气工业分布图

（3）纺织工业。

埃及有非洲最大的棉花和纺织工业集群，从棉花种植到纺纱、织布，直至成衣制造，产业链较为完整。埃及在成衣制造方面有较强的能力，织布和印染环节相对较弱，需大量进口。

目前，埃及有7000多家纺织企业，其中90%为中小企业，吸纳约150万人就业，占全国工业就业人口的三分之一，纺织业所占GDP比重约为3%。近年来，纺织品（含成衣制造）出口额约占出口总额的10.6%，主要出口市场为美国、土耳其、意大利及欧洲一些国家。约1000家企业享有合格工业区资格，可向美国出口免税产品。埃及的私人纺织工业非常活跃，埃及东方纺织公司（Oriental Weavers Carpet Company）是世界上最大的机织地毯生产公司，年生产量达1.1亿立方米。其产量占埃及市场的85%，占美国地毯市场的25%，占欧洲市场的20%。

近年来，中国纺织企业对埃及市场的关注度不断提升，一些龙头企业通过合资设厂的方式试水埃及市场，并计划扩大投资规模。

（4）汽车业。

埃及本地无自主汽车生产线，车辆供给基本依赖进口和本地组装。法国（标致、雷诺）、意大利（菲亚特）、德国（奔驰、宝马）、日本（丰田、本田、三菱）、韩国（大宇、现代、起亚）等国的产品市场占有率高。近年来，埃及汽车组装业发展迅速，现有轿车组装厂12家（14条生产线）、客车组装厂8家（8条生产线）、货车组装厂5家（9条生产线）。本地组装生产商中，现代、尼桑、雪佛兰等品牌市场占有率较高。

十余家中资汽车品牌在埃及市场有销售业务，奇瑞、吉利、比亚迪、金龙、福田品牌在埃及设有CKD组装工厂，其他品牌均为整车进口。2019年，中国汽车产品在埃及销售数量共计24 725辆，其中乘用车15 356辆，同比增长5%；客车9184辆，同比增长60%；卡车185辆，同比下降13%。

（5）数字经济。

信息与通信（ICT）产业实现快速增长。2019/2020财年埃及ICT产业总产值为695亿美元，GDP贡献率为4.4%，同比增长15.5%。ICT出口额约为41亿美元，同比增长13.8%。ICT领域总投资达30.8亿美元，增长率为35.8%。

电子商务产业增势迅猛。2019年，在线交易的商品和服务总额约为98.3亿美元，年均增长率接近35%。根据联合国贸易与发展会议最新发布的数据显示，埃及在阿拉伯世界排名第13位，在2020年全球电子商务指数全球排名第109位。

电子支付比例有待提升。埃及拥有中东北非最大的在线消费市场，货到付款是在线购物的主要方式，但埃及的电子支付比例较低，在线交易中60%采用现金交易，25%使用信用卡，8%使用银行转账，7%使用电子钱包或其他方式（见图7–5）。埃及是世界上第二大依赖纸币的国家，同时无银行账户的公民比例排行居世界前三位。

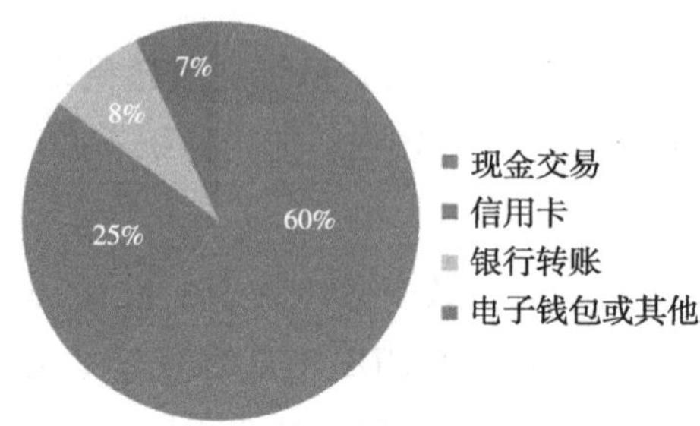

图7–5　埃及在线交易形式比例

（6）旅游业。

据国际旅行与旅游协会（WTTC）报告，旅游业在埃及经济所占的比例高达13%，直接或间接创造全国12%的就业岗位。2018年以来，埃及旅游业强势复苏，2018年和2019年旅游业收入分别达114亿美元和130亿美元，接待游客超过1000万人次。新冠疫情对旅游业打击深重，2020年旅游业收入暴跌69%，总收入仅有40亿美元（见表7-5）。

表7-5 2018—2020年埃及旅游业收入情况（单位：亿美元）

年份	旅游业收入
2018	114
2019	130
2020	40

2.相关产业政策

结合联合国2030年可持续发展议程和非盟2063议程，埃及政府于2016年2月发布《可持续发展战略：埃及2030愿景》（Sustainable Development Strategy：Egypt Vision 2030，以下简称《埃及2030愿景》），其中提及经济发展政策的三大核心包括：保持国家宏观经济稳定，减少财政赤字；改善投资环境，大力吸引外资；在各领域实施类似新苏伊士运河项目的大型国家项目。

根据《埃及2030愿景》，埃及政府将继续致力于发展以私营部门为主导，具有竞争力、基于知识库的多样化市场经济（具体指标见表7-6）。埃及稳定的宏观经济发展环境、持续的包容性增长、最大化附加价值等特点将创造充足的就业岗位。至2030年，埃及将跻身世界前30大经济体之列，国家竞争力及国民幸福指数进入世界前30强。埃及经济将在世界经济中扮演活跃的角色，有能力适应国际化发展要求，并在世界中等收入国家中占据一席之地。

表7-6 《埃及2030愿景》实现目标

指标	2018—2022年发展目标	中长期指标	2030年预计达成目标
实际GDP增长率	5.8%增至6%	年均GDP增长率	7%
人均实际GDP增长率	3%增至6%	投资对经济增长贡献率	30%
每年新增就业岗位	75万个增至87万个	出口对经济增长贡献率	25%
人口自然增长率	2.65%降至2.1%	服务业占GDP比重	70%
通货膨胀率	14.3%降至8.5%	债务占GDP比重	不超过50%
—	—	通货膨胀率	3%至5%

续表

指标	2018—2022年发展目标	中长期指标	2030年预计达成目标
—	—	财政赤字率	降至5%以下
—	—	失业率	降至5%以下

3.埃及经济园区概况

埃及可供外商投资的经济区域主要有工业区、投资区、科技园区、自由区、经济特区等。其中，投资区、科技园区、自由区受《投资法》管辖，经济特区受《经济特区法》（83号法）管辖，工业区受一般国内投资机制管辖，没有特殊要求。

工业区由埃及贸工部工业发展局统一管理，目前已设立119个工业区。工业区基础设施和产业配套较为齐全，基本无特殊优惠政策。在无法律明确限制的情况下，任何行业的投资项目均可直接与工业发展局或各工业区管理委员会协商进驻。

投资区用于设立某类或多种类投资及配套项目，由该区域开发商负责开发、配备基础设施。总理可决定在不同投资领域设立专门投资区，包括但不限于物流区、农业区、工业区等。每个投资区均设董事会，准许私营公司开发和管理投资区，或为投资区招商。投资区的监管机构为埃及投资与自贸区管理总局。

科技园区主要涵盖信息、通信科技工业领域，包括电子产品的设计与开发，数据中心，代工活动，软件开发与更新，科技教育及其他有关的配套活动。监管机构为埃及投资与自贸区管理总局。埃及目前已建成7个科技园区，分布在亚历山大、贝尼苏韦夫等6个省。

埃及现共有亚历山大自由区、纳塞尔城自由区、苏伊士自由区、伊斯梅利亚自由区、杜姆亚特自由区、赛德港自由区和艾尔拉米叶自由区等11个自由区。监管机构为埃及投资与自贸区管理总局。自由区在埃及的出口和就业中发挥了重要作用。其出口额占埃及总出口额的24%，创造的直接和非直接就业机会达到100万个。截至2019年4月，11个自由区中的投资项目达到1095个，吸引的外资达到125亿美元，基础设施投资达到263亿美元，提供了19.4万个直接就业机会。

4.埃及本土企业概况

埃及的轻工业以纺织和食品加工等为主，重工业以石油化工业、机械制造业及汽车工业为主（见表7–7）。近十年来，成衣及皮革制品、建材、化肥、药品等工业发展较快。石油、钢铁、电力、化肥、水泥、机电、制药、制革和陶瓷等行业均有不同程度的发展。其中，汽车制造和装配业发展较快，石油和天然气工业特别是石化工业发展尤为迅速。

表7-7　埃及本土具代表性的企业

企业名称	所属产业	经营范围	人才需求
埃及Infinity Group	非洲最大的可再生能源公司	提供太阳能、风能和垃圾发电解决方案，开发公用事业规模的太阳能和风能项目	熟悉技术、工程的工人
埃及欧瑞思克姆建筑工业集团	埃及最著名的大建筑公司和大建材供应商之一	建筑、建材、石油化工、交通运输、港口建设等	工程技术人员
埃及艾斯维迪电表公司	电表以及仪表行业的龙头企业	仪器仪表、工业自动化	大量精通各国语言、技术的人才
嘉宝尔集团	本土最大的汽车组装商	装配生产线	生产工人、组装工人、零部件研发技术员
埃及东方纺织公司	世界上最大的机织地毯生产公司	生产地毯、纺织品，推动纺织、服装工业现代化	应用技术类人才

7.1.3　职业教育现状

埃及普通教育体系包括基础教育和高等教育。基础教育包括幼儿园、小学和中学。小学教育学制为6年；初中阶段包括普通准备教育和职业准备教育，两类教育学制均为3年，职业准备教育是在基本文化课基础上加入职业技能类课程，相当于我国的职业中学；高中阶段有两类学校，普通高中学制为3年，中等技术教育学校学制为3年或5年。普通高中可升入学制4年的大学；也可以升入学制2年的高等职业教育学校；中等技术教育学校毕业生也可升入高等职业教育学校（见表7-8）。

表7-8　埃及教育体系表

<table>
<tr><th>年级</th><th colspan="2">教育层次</th><th>管理机构</th></tr>
<tr><td>2</td><td colspan="2" rowspan="2">博士</td><td rowspan="8">高等教育部与科学研究部</td></tr>
<tr><td>1</td></tr>
<tr><td>2</td><td colspan="2" rowspan="2">硕士</td></tr>
<tr><td>1</td></tr>
<tr><td>4</td><td rowspan="4">大学和高等教育机构</td><td rowspan="2">—</td></tr>
<tr><td>3</td></tr>
<tr><td>2</td><td rowspan="2">高等职业教育学校</td></tr>
<tr><td>1</td></tr>
</table>

续表

<table>
<tr><th>年级</th><th colspan="2">教育层次</th><th>管理机构</th></tr>
<tr><td>12</td><td rowspan="3">普通高中(3年)</td><td rowspan="3">中等技术教育学校(3年或5年)</td><td rowspan="12">教育与技术教育部</td></tr>
<tr><td>11</td></tr>
<tr><td>10</td></tr>
<tr><td>9</td><td rowspan="3">普通准备教育(初中)</td><td rowspan="3">职业准备教育(初中)</td></tr>
<tr><td>8</td></tr>
<tr><td>7</td></tr>
<tr><td>6</td><td colspan="2" rowspan="6">小学</td></tr>
<tr><td>5</td></tr>
<tr><td>4</td></tr>
<tr><td>3</td></tr>
<tr><td>2</td></tr>
<tr><td>1</td></tr>
<tr><td>幼儿园2</td><td colspan="2" rowspan="2">幼儿园</td><td rowspan="2">社会团结部</td></tr>
<tr><td>幼儿园1</td></tr>
</table>

埃及高等职业教育院校数量较少，中高职人才培养体系不贯通，职业教育体系相对欠完善，不能满足培养大量高层次技术技能人才的需求，埃及鲁班工坊的建设弥补了其职业教育体系中的“短板”，为技术技能人才在学历和技术技能上的提升提供了通道。在埃及同时建立中高职两个鲁班工坊，进一步增强了埃及高等职业教育层次的办学实力，优化了埃及职业教育体系，满足当前埃及职业教育发展的需求，有助于埃及职业教育改革发展。

7.1.4　职业教育与产业

埃及人口过亿，是非洲第三人口大国，劳动力超过2900万，具有充足的劳动力资源。近五年来，埃及总体GDP指数呈现稳步增长的态势，经济发展前景可期，制造业、农业、电信和IT行业持续复苏，预计将吸引更多投资，产生大量就业岗位。埃及是劳动力大国和劳务输出大国，劳动力资源十分充裕，对外籍劳务需求规模不大。由于其国内就业形势严峻，埃及政府一直严格限制外国劳工进入埃及市场。然而，由于埃及尤其缺乏熟练和半熟练工人及管理人员，生产效率一般，工资水平整体较低（见图7-6）。

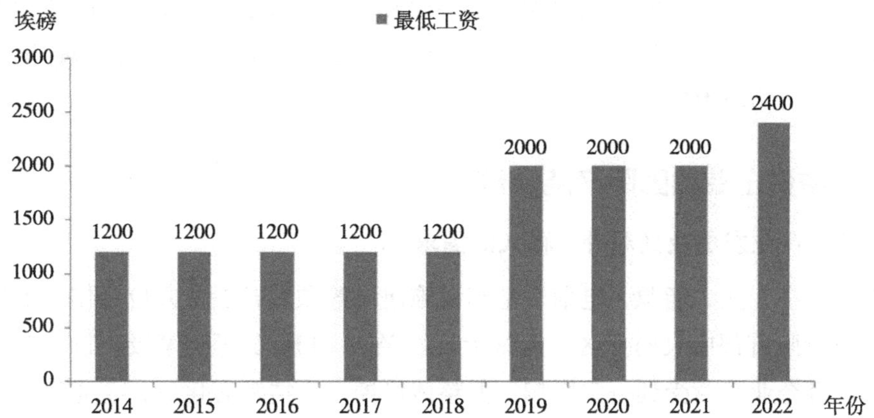

数据来源：埃及国家统计局

图7-6　埃及最低工资标准变化（单位：埃镑/月）

埃及的职业教育发展相对缓慢，同时埃及高等职业教育院校数量较少，难以满足劳动力市场对工人的技能需求。当前，埃及不仅存在技能水平无法适应就业需求的情况，也存在着技能结构与劳动力市场结构不相匹配的问题，高素质技术和管理岗位人才短缺。

以新能源行业为例，埃及本土具有光伏行业相关经验与技术的人员较少，加之新冠疫情的影响，国际航班停航减航阻碍了人员往来，境外人员难以及时抵达埃及开展工作。目前，埃及光伏产业正在加快发展步伐，规划到 2035 年光伏发电装机容量达到 43 GW。2022年10月28日，中国电力建设集团与阿米尔能源公司举行埃及500 MW苏伊士湾风电项目签约仪式，这是埃及单体容量最大的风电项目，建设期间可提供1000多个直接就业机会，产生大量与物资、运输等辅助服务相关的工作岗位，建成后预计每年可产生约27亿千瓦时的清洁能源。埃及新能源行业技术与管理人才仍存在巨大缺口。

7.1.5　国际经济合作

埃及是美国在中东的重要合作伙伴之一，是美国在非洲的第二大直接投资接受国。2004年，埃及、美国、以色列三方签订“合格工业园区”（QIZ）协定，三方经济关系进一步加强；欧盟是埃及最重要的经贸伙伴之一，双边贸易额占埃及对外贸易总额的40%，双方在政治经济和安全等方面有着较为广泛和深入的合作；2009年以后，埃及与俄罗斯关系稳定发展，高层互访不断，军事合作关系良好。2020年，俄罗斯与非洲之间贸易中埃及占到总额的40%，是俄罗斯在非洲和中东的主要伙伴。

埃及与美国、欧盟、中东和非洲国家签订了各种多边和双边贸易协定，根据这些协定，埃及绝大部分产品向协定地区出口享受零关税的自由贸易政策，并获准进入大型重要市场，为以埃及作为生产基地的制造商提供了保障。埃及定位为提供全球性和区域性服务、生产和转口枢纽，通过为埃及产品开辟新市场，吸引外国企业直接投资，利用埃及独特的优惠贸易协议、有竞争力的劳动力和公用事业成本、毗邻全球主要市场的便利条件，创造了大量就业机会，促进了经济的增长。这些优势促使埃及成为欧洲、阿拉伯世界、美国和非洲的理想出口物流枢纽。

7.2 中资企业和国际产能合作

7.2.1 产业发展及其对外资输入的需求

中埃两国在工业、能源、电信、基础设施建设等领域开展全方位合作。中国企业接连中标实施新行政首都中央商务区、斋月十日城轻轨（LRT）等国家级项目。在新冠疫情防控期间，中资企业经营受到一定影响，但整体可控；疫情常态化后，企业生产生活基本恢复，未发生大规模停工或撤资情况，在埃及投资合作项目基本保持正常运营；在建工程项目稳步推进，项目进展没有受到明显影响，中国与埃及还合作共建了第一条医用口罩与疫苗生产线；同时埃及在财税、产业、企业扶持等方面给予了一系列支持。

中国已连续多年占据埃及最大贸易伙伴国的地位。2020年，中国与埃及双边货物贸易规模达145.3亿美元；2021年，中国与埃及双边货物贸易规模为199.7亿美元，相比2020年同期增长了544 419.75万美元，同比增长37.3%（见图7–7）。

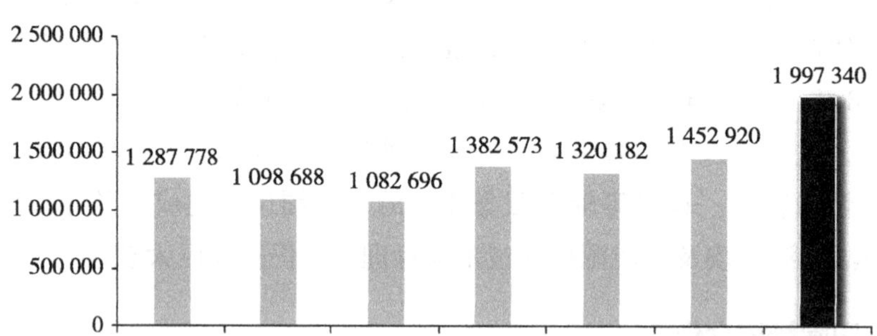

图7–7 2015—2021年中国与埃及双边货物进出口额

7.2.2 中资企业现状与发展

1. 中国对埃及投资综述

据中国商务部统计，2020年中国对埃及直接投资流量达2734万美元；截至2020年末，中国对埃及直接投资存量为11.9亿美元（见表7–9）。

据埃及投资和自由区管理总局（GAFI）统计，在埃及注册的中资企业超过1500家，投资领域集中在油气开采、制造业、建筑业、信息技术产业以及服务业等。在中国驻埃及大使馆经商处备案并开展经贸活动的中资企业机构共140多家，其中在埃及正式注册的有80家，其余为非正式的联络处、项目部等（见表7–10）。

表7-9　2016-2020各年中国对埃及直接投资情况（单位：万美元）

年份	2016年	2017年	2018年	2019年	2020年
流量	11 983	9276	22 197	1096	2743
存量（截至各年末）	88 891	83 484	107 926	108 580	119 172

数据来源：中国商务部、国家统计局和国家外汇管理局《2020年度中国对外直接投资统计公报》

表7-10　中国在埃及重点投资企业及经营范围

中国投资主体名称	境外企业（机构）名称	经营范围
中石化集团新星石油有限责任公司	中萨钻井公司	陆地、海洋钻井，修井工程服务，钻机设备贸易
振华石油控股有限公司	北方石油国际有限公司	油气勘探开发及生产
中非泰达投资股份有限公司	埃及泰达投资公司/埃及泰达特区开发公司	工业区开发、建设、运营和管理
巨石集团有限公司	巨石埃及玻璃纤维股份有限公司	生产销售玻璃纤维制品
华为技术有限公司	华为技术埃及有限公司	通信设备、信息技术产品和相关服务
中国西电电气股份有限公司	西电EGEMAC高压电气有限责任公司	高压开关、变压器、电容器、避雷器等输变电产品的制造、销售和服务业务
安琪酵母股份有限公司	安琪酵母（埃及）有限公司	生产干酵母、烘焙粉、生物化肥
新希望六和股份有限公司	新希望埃及有限公司	生产加工饲料和种禽养殖
美的集团有限公司	美的开利埃及合资公司	生产销售空调
康佳集团有限公司	康好科技股份有限公司	生产销售电视机及其他家用电器

资料来源：中国驻埃及大使馆经商处整理

2. 中资企业在埃及现状

（1）中国·埃及苏伊士经贸合作区。

中资企业在埃及建设的主要经贸合作区为中国·埃及苏伊士经贸合作区，始建于2008年，是由中国商务部指导、天津市政府推动的国家级境外经贸合作区，由天津泰达控股和中非基金共同出资建设，中非泰达投资股份有限公司（以下简称“中非泰达”）实施运营，经过10余年开发和建设，已逐步成为中埃经贸合作及文化交流的重要平台之一。该合作区位于亚非欧三大洲金三角地带的埃及苏伊士省运河经济特区，紧邻苏伊士运河，距离埃及第三大海港艾因苏赫纳港仅2千米，通过高速公路与开罗相连。合作区以工业项目为主，涵盖加工制造、物流、保税、技术开发、商贸和现代服务等主要产业，是融居住、商业、金融等功能区于一体的国际化产业基地和现代化新城。合作区占地面积7.34平方千米，其中起步区为1.34平方千米，累计投资约1.46亿美元，已经全部完成开发建设，形成了新型建材、石油装备、高低压设备、机械制造四大主导产业；扩展区为6平方千米，计划开发投资2.3亿美元，扩展区一期基础设施已建设完成，形成乘用车、纺织、建材、化工四大主导产业。

合作区受埃及《经济特区法》管辖，享受《投资法》中A类区返还50%投资成本政策。截至2021年4月底，项目共吸引102家企业入驻，实际投资额超过12.5亿美元，累计销售额超过25亿美元，缴纳税费近1.76亿美元，产业带动3万余人就业。重点企业包括巨石集团、丰尚（牧羊）集团、西电集团等（见表7–11）。

表7–11　中国·埃及苏伊士经贸合作区具有代表性中资企业

企业名称	所属产业园区	经营范围	人才需求
埃及石油宏华钻机制造股份公司	石油装备产业园区	实现石油钻机的埃及本地制造	技术熟练、训练有素的工人
西电–EGEMAC高压设备公司	高低压电器产业园区	500 kV超高压变压器的制造、电气设备	提供500多个本地就业岗位，当地工程技术人员可参与项目产品设计、生产、现场施工和安装调试等工作
埃及中纺机无纺布有限公司	纺织服装产业园区	生产吨聚丙烯纺粘无纺布和无纺布制品	提供500个就业岗位，向埃及转让技术、培训技术人才
中国巨石埃及玻璃纤维股份有限公司	新型建材产业园区	非洲唯一的玻璃纤维生产基地	提供2000个直接就业岗位
牧羊仓储公司	机械制造类产业园区	建设专门生产粮食仓储钢板和饲料机械设备的生产线	技术熟练、训练有素的工人
特变电工新疆新能源股份有限公司	非洲规模最大的太阳能项目	装机容量186 MW	新增5000个就业岗位，需要大量的埃及工人和工程师
浙江正泰新能源开发有限公司	非洲规模最大的太阳能项目	装机容量165.5 MW	为当地提供大量就业岗位
海尔智能家居公司	家用电器行业	生产空调、洗衣机、屏风、冰箱、冰柜等	技术熟练、训练有素的工人

入驻合作区企业实行保税区制度，享有“免征、免税、保税”政策，为企业进出口提供更加优惠和优越的发展条件。为了支持中国企业“走出去”，中国政府发起400亿美元的丝路基金，亚洲基础设施投资银行为“一带一路”落地提供融资支持。

（2）国家电网500千伏输电线路项目。

该项目由国家电网中电装备埃及分公司以“EPC+F”方式承建。工程建设内容包括15条500千伏同塔双回路交流线路，共计约1210千米。2016年1月，项目正式开工，总工期为18个月，合同金额为7.57亿美元，埃及财政部提供主权担保。该项目是中埃产能合作首个签约、执行并完成融资关闭的项目，也是埃及多年以来规模最大的输电线路项目。

（3）阿斯旺本班光伏工业园太阳能电站项目。

特变电工新能源与西班牙电力开发商Acciona、迪拜Swicorp公司在埃及联合投资3个50 MW光伏项目，其中特变电工占股24%，同时承担上述项目EPC执行，这是中资企业首次参与埃及光伏领域投资，也是首次投资埃及的发电端（见表7-12）。该项目融资由世界银行（IFC）、工商银行、亚投行等国际银团联合提供，埃及也成为第一个得到亚投行融资支持的阿拉伯和非洲国家。三个项目EPC总金额约1.3亿美元。

表7-12　阿斯旺本班光伏工业园太阳能电站项目

企业名称	经营范围	人才需求
特变电工新疆新能源股份有限公司	装机容量186 MW	新增5000个就业岗位，需要大量埃及工人和工程师
浙江正泰新能源开发有限公司	装机容量165.5 MW	为当地提供大量就业岗位
西班牙可再生能源项目开发商Acciona	合作建设三座总装机量为186 MW的大型光伏电站	需要技术熟练的工人及工程师
迪拜Swicorp公司	合作建设三座总装机量为186 MW的大型光伏电站	熟练工程技术人员

（4）斋月十日城轻轨项目。

该项目为建设双线电气化轻轨，设计车速120千米/小时，将连接开罗市区、斋月十日城和新行政首都，共设11个车站，总里程约66千米。项目总金额约12.9亿美元，由中方提供贷款。

（5）埃及斋月十日城海尔家用电器和食品工业综合体。

2022年8月4日，埃及总理穆斯塔法·马德布利在阿拉曼新城政府总部出席投资和自由区总局与中国“海尔智能家居公司”签署谅解备忘录仪式。根据计划，海尔集团将在埃及斋月十日城投资建造一个20万平方米的家用电器和食品工业综合体，总投资额约为1.3亿美元。海尔集团将在其计划的项目中引进先进技术，从而帮助埃及成为家用电器行业的投资中心，并吸引新的家用电器加工业投资者。该项目将为埃及提供2000多个就业机会，年产设备约90万台，旨在满足当地市场需求，此外还可成为向非洲和亚洲国家出口产品的中心。

7.2.3　中资企业对职业教育的需求

“走出去”的中资企业多为石油装备、纺织业、建材产业、家用电器以及机械制造类等产业，伴随越来越多中资企业“走出去”，为合作国提供了大量就业岗位，对本土技术熟练、训练有素的工人和工程师的需求量也大幅增加。埃及职业教育的专业与产业发展匹配度、参与度不高，技术类院校占比虽有47%，但是毕业生在工业类产业的就业率仅为12%，说明埃及本土的职业院校与产业经济实际需求相脱节，培养的人才不能满足行业企业需求，“受过教育的失业者”持续存在，这是埃及乃至中东北非地区劳动力市场的一个典型特征。

7.2.4 埃及职业教育对中资企业发展的适应性

通过系统的资料收集与调查，发现埃及职业教育相对来说发展缓慢，为提升埃及职业教育质量，更好地适应产业发展，《埃及2020愿景》对职业教育和培训提出如下目标：实施世界标准的质量和认证体系，使学习者和培训者掌握就业市场所需要的技能；发展教师和培训师全面可持续的职业规划；不断改进学习和培训的课程和计划；构建完善的职业教育（职业、技术和培训）组织机构体系以适应发展规划和就业市场的需求。

可以看出，埃及政府充分考虑到职业教育和培训对产业企业发展适应性的重要作用，但是当前埃及职业教育对中资企业发展仍具有多方面的不适应性，表现为以下几方面。

（1）埃及政府对埃及职业教育的政策支持有待提高。多年来埃及政府和教育主管部门颁布的关于职业教育的政策文件不足十项，埃及职业教育的发展缺乏强有力的政策支持和立法支持。

（2）埃及国民对职业教育的认可度有待提升。普遍存在“重普轻职”的现象。据统计数据显示，多数学生希望进入普通教育体系，升入高中进入高等教育院校，有意愿进入职业院校的学生占少数。

（3）埃及职业教育体系需要进一步完善。调查显示，中等职业院校的数量为800余所，但高等职业院校的数量很少，职业院校学生升学体系尚未打通。同时，埃及的职业院校设施配备不够齐全，教师缺乏企业实践经验等问题严重影响到职业院校的办学质量。

（4）埃及行业企业对职业教育的参与度有待提高。埃及产教融合和校企合作处于较低水平，职业院校缺乏相应的职业标准，专业设置与当前埃及经济发展的重点产业和支柱产业不匹配，职业院校的毕业生难以满足本土企业与中资企业的发展需求。

（5）当地劳动力职业教育水平有待提升。通过对中交一公局集团有限公司的调查数据表明，本土员工系统接收过中等以上职业教育的仅占23%，少量员工是普通院校毕业生，大多数员工是当地未受过职业教育和培训的失业人员，这种现象在埃中资企业用工中普遍存在。

总之，埃及职业教育处于较低水平，除了尚未建立结构合理的职业教育体系之外，埃及也没有国家职业资格框架制度，专业设置和课程设置滞后于产业发展，职业院校教师水平不高，产教融合和校企合作处于低水平，产业和企业基本没有发挥对职业教育的指导和引领作用。埃及缺乏对职业教育的系统研究，研究机构和专门人员均较少，因此，埃及迫切需要大力发展职业教育。

7.3 中资企业与中国职业教育携手“走出去”

7.3.1 中国职业教育支持埃及国际产能合作的必要性

中国对埃及的投资涉及许多领域，如石油装备、高低压电器、新能源、纺织业、新型建材、机械制造、家用电器等。在家用电器方面，2022年8月埃及投资局和中国海尔家电公司签署了一份备忘录，共同打造一个生产家用电器相关产品的工业园区。在新能源方面，2022年6月中国能源建设集团浙江火电建设有限公司在中埃贸易博览会会场展示了新推出的小容量风光储能一体化解决方案，埃及是浙江火电在境外开发的重点国别之一，重点解决埃及在沙漠中农业畜牧业基地用电不便和成本高昂的问题。

在中埃国际产能合作需求旺盛及埃及本土的职业教育不能满足中资企业的发展需求的大背景下，亟须职业教育配合中资企业进入埃及，服务中埃国际产能合作，培养熟悉中国技术、了解中国工艺的技术技能人才。中资企业与中国职业教育携手“走出去”具有重要的现实意义。

7.3.2 中国职业教育在埃及的国际化办学

1. 北京信息职业技术学院埃及分校——埃中应用技术学院（ECCAT）

2016年，北京信息职业技术学院为主动服务“一带一路”建设、助力中国企业“走出去”，与埃及苏伊士运河大学和MEK慈善基金会联合创建ECCAT。2018年开始招生，设有电子工程技术、通信技术、机电一体化技术等专业，举办四年制职业技术教育。目前办学规模达到390人，2022年迎来了首届毕业生。ECCAT作为中埃两国首个高职教育合作项目，开创了中埃两国职业教育领域合作的新典范。合作单位具体情况如下。

（1）北京信息职业技术学院。

北京信息职业技术学院现有人工智能学院、产业互联网学院、电子信息学院、数字商务学院、数字艺术学院等多个二级学院的30余个专业。该学院是北京市特色高水平职业院校建设单位以及国家“双高计划”建设单位。

（2）埃及苏伊士运河大学（SCU）。

苏伊士运河大学是一所隶属于政府的综合性大学，是埃及国内较为知名的高校之一。学校在塞德港、阿勒士设有分校。学校以本科教育为主，积极发展研究生教育，具有学士、硕士学位授予权。学校现开设文学、经济学、医学、计算机与信息技术、农业科学、商务管理、旅游与酒店管理、中文等25个分院系。

2. 埃及鲁班工坊

2020年11月30日，由天津轻工职业技术学院与天津交通职业学院联合埃及艾因夏姆斯大学、开罗高级维修技术学校共建的埃及鲁班工坊正式揭牌，其中艾因夏姆斯大学校区占地面积约为1200平方米，建有数控设备应用与维护、新能源应用技术、汽车运用与维修技术3个专业实训室；开罗高级维修技术学校校区占地约为620平方米，建有数控加工技术和汽车维修技术2个专业实训室，一个智能电脑鼠实训区。埃及鲁班工坊首次实现了埃及中高职贯通的职业教育体系，即学生在开罗高级维修技术学校的鲁班工坊完成中职阶段学习后，可升入艾因夏姆斯大学的鲁班工坊进行高职阶段的学习，毕业后可获得本科文凭。合作单位具体情况如下：

（1）天津轻工职业技术学院设有机械工程、电子信息化与自动化、经济管理、艺术工程4个二级学院，开设35个专业。天津轻工职业技术学院是国家级优秀示范性骨干高职院校、中国高等职业教育服务贡献50强院校，国家“双高计划”建设单位，天津市世界先进水平高职院校建设单位，连续12年承办全国职业院校技能大赛。

（2）天津交通职业学院设有7个教学分院和3个教学部，开设汽车运用技术、现代物流、交通建设、轨道交通、智能制造技术、交通服务6个专业集群，38个专业。天津交通职业学院是首批国家级骨干高职院校、国家“双高计划”建设单位、天津市提升办学能力暨世界水平校建设单位，连续多年承办全国及天津市职业技能大赛。

（3）艾因夏姆斯大学成立于1950年，是埃及早期建立的第三所大学。作为埃及重要的科学和文化机构，艾因夏姆斯大学在发展埃及的文化和科学以及丰富人类知识方面发挥了不可否认的作用。学校现有8个校区，16个二级学院，3个研究院，共200个系，提供952个学习项目。学校共有在校学生20余万人，教工14 000人。

（4）埃及开罗高级维修技术学校成立于1996年，位于埃及开罗省纳斯尔市，是一所五年制的高级学校。学校设有机械设备维修、电网、木质家具维修、建筑、管道、金属家具维修、可再生能源等专业。2009 年，学校首次获得埃及国际教育质量保证与证书颁发机构（NAQAAE）的认证，2012年和2014 年分别再次成功获得认证。

7.3.3 国际化办学的形式与成效

1.德国与埃及的合作概况

（1）合作背景。

德国与埃及借助职业技术培训形式，开展合作办学并进行资金援助。2011年，德国实施“债务换发展计划”，将当时埃及对德国四年总计3亿欧元债务资金重新投入埃及相关发展项目，以完善职业教育、提升青年就业、增加对埃及的投资。2019年埃及—德国技术培训学院在埃及苏伊士运河经济区建成，成为该区域首个职业技术培训中心。该培训中心由德国西门子公司、德国经济合作与发展署、德国国际合作署联合建立，总投资2200万欧元，计划在2019—2023年间为埃及苏伊士运河经济特区提供5000人职业技术培训。此外，德国与埃及还签署了名为“穆巴拉克—库勒工程”的双重教育与培训体系协议。

（2）合作形式。

依托德国应用技术大学模型，埃及提供本地支持，形成互利双赢的合作模式。早在2018年，由阿什拉夫·曼苏尔（A. Mansour）教授提出在埃及设立德国国际应用技术大学（GIU-AS）的倡议，他曾在2001年成功创办了开罗德国大学（GUC）。德国国际应用技术大学由德国应用技术大学联盟负责设计运行，主要在专业层面进行学位课程搭建，以及在课程设立过程中提供支持。在埃及当地的合作伙伴开罗德国大学则主要通过提供教学楼、教室、实验室、IT技术和配套服务支持项目。

以实践和当地劳动力市场需求为导向的项目特色 GIU-AS 的建立依托德国应用技术大学的模型，根据德国的学习课程、学术标准、学习规章制度授予学位（学士学位和硕士学位）。项目突出强调以实践为导向的专业培养，旨在使毕业生所具备的能力与埃及当地劳动力市场需求相适应。项目最初开设工程技术学、企业经济学、信息技术学以及设计学专业课程。

2. 日本与埃及的合作概况

（1）合作背景。

日本对外援助重点为农业、工程、医学等相关的职业技术教育培训，重视对受助国进行技术技能人力资源培训与开发，主要援助项目均为数学、科学技术相关内容，相关学科外派专家占日本海外外派专家的31%，拨款资金占总拨款的22%。例如，1997—2000年，对埃及展开“初等教育中创新课程发展的微型项目技术援助”项目，其主要内容为数学、科学、技术教育。

（2）合作形式。

2006年，日本—埃及合作建立技能培训中心。2010年，日本与埃及联合开办埃及日本科学技术大学（E-JUST），旨在通过对工业企业相关标准应用教育的研究，为中东、非洲国家普及日本科学技术教育、培养掌握日本科学技术技能、认同日本科学技术标准的技术技能型人才。日本资助埃及创业课程计划（ECP），该计划旨在培养师资创业教育理论和实践知识，培养中等技术学院学生创业文化，以服务当地社会经济发展需求。

3. 中国与埃及的合作概况

（1）合作背景。

2004年，中埃双方发表关于建立全面战略伙伴关系的联合声明。中埃双方在联合声明框架下，鼓励两国高等院校、学术和科研机构、职业学校、新闻媒体之间进行交流，鼓励在该领域增加互换奖学金、学术资助名额。截至目前，苏伊士运河大学、开罗大学、亚历山大大学、艾因夏姆斯大学等诸多埃及大学与北京大学、北京语言大学、北京外国语大学、上海外国语大学、安徽大学等多所中国大学签署了谅解备忘录和联合项目。

（2）合作形式。

2017年，由中国和埃及共建的埃中职业技术学院（ECCAT）正式运行，埃中职业技术学院由北信学院、MEK、苏伊士运河大学三方合作运营，主要开办四年制应用型本科教育，重点开设机电一体化技术、电子工程、通信技术这3个专业，培养会中文、懂技术、强技能、能够在埃及经济建设中发挥技术与管理作用的高素质应用型工程技术人才。2020年11月，埃及鲁班工坊正式揭牌运行，首开"一国两坊"之先河。两个埃及鲁班工坊，由天津轻工职业技术学院、天津交通职业学院与艾因夏姆斯大学、埃及教育与技术教育部直属的开罗高级维修技术学校合作建设，致力于为埃及青年提供技术技能培训，建有数控设备应用与维护、新能源应用技术、汽车运用与维修技术、数控加工技术等专业，实施职业教育与本科应用学科的衔接系统化培养。

7.4 天津轻工职业技术学院支持埃及国际产能合作

7.4.1 现状分析

"一带一路"建设将我国企业"走出去"的大门开得更大，职业教育也乘着对外开放的东风走出国门，走向国际。天津轻工职业技术学院主动服务"一带一路"建设、助力中国企业"走出去"，积极参与中非职业教育合作发展。2020年，天津轻工职业技术学院与天津交通职业学院联合埃及艾因夏姆斯大学、开罗高级维修技术学校共建埃及鲁班工坊，作为服务中埃国际产能合作的载体和平台，在专业建设、教材开发、师资培训、教学设备维护、人才培养等方面促进埃及职业教育对中资企业的适应性；2021年，依托天津轻工职业技术学院成立了"非洲职业教育研究中心"。近几年，天津轻工职业技术学院聚焦服务国际产能合作，与国内外龙头企业进行深度合作，借鉴国际先进经验和标准，配合建设运营埃及鲁班工坊，打造建立中非国际产教融合的"桥头堡"，在国际化办学中以"中文+职业技能"探索构建全球职业教育"命运共同体"，助力"一带一路"沿线国家培养出更多懂中国技术、中国文化的高素质技能人才。

7.4.2 建设模式：校企合作，教产同行

埃及鲁班工坊在成立之初就肩负着服务中埃国际产能合作的使命，立足于当地经济产业发展，为在埃中资企业培养和输送本土化技术技能人才，增强职业教育服务国际产能合作的能力。埃及鲁班工坊目前已经与多家企业建立了交流合作机制，合作情况如下。

1. 中埃·泰达苏伊士经贸合作区

中埃·泰达苏伊士经贸合作区是中埃"一带一路"合作重点项目和标志性项目，是中非合作共建"一带一路"的示范性项目。经过10余年的建设，泰达合作区已成为埃及综合环境最优、投资密度最大、单位产出最高、中资企业最密的工业园区。目前共吸引入园企业101家，实际投资额超12.5亿美元，累计销售额超25亿美元，员工属地化率达到90%

以上，为近4000人直接解决就业，产业带动就业约4万余人。泰达合作区正充分发挥平台作用，推动产业聚集不断加快，促进中埃两国经贸合作，助力以国内大循环为主体、国内国际双循环相互促进的新发展格局形成。

2. 中交一公局集团有限公司

中交一公局集团有限公司隶属中国交通建设股份有限公司，是全球领先的特大型基础设施综合服务商，主要从事公路、水运、铁路、机场等交通基础设施投资、设计和建设。中交一公局于1963年成立，资产总额600多亿元，被认定为国家级“高新技术企业”，是一家综合实力雄厚的业内知名品牌企业。

3. 汉能移动能源控股集团

汉能移动能源控股集团是全球化的清洁能源跨国公司，全球薄膜太阳能发电领导者，公司总部设在北京，在中国多个省份以及海外32个国家和地区设有分支机构。目前，公司已经发展成为涵盖技术研发、高端装备制造、组件生产和移动能源应用等薄膜发电产业上、中、下游全产业链整合的高科技清洁能源企业，并在全球范围内率先提出了“移动能源”的概念，颠覆性地创造了全新的“移动能源”产业。

4. 山东豪迈机械科技有限公司

山东豪迈机械科技股份有限公司主要研制轮胎模具、轮胎模专用数控机床、暖通加工机械、天然胶加工设备等四大类产品。 1997年，中国第一台轮胎模具专用电火花成型机床在豪迈诞生，标志着我国轮胎模具进入了数控机械化生产时代，此后，公司又相继研发了轮胎模专用数控刻字机床、数控车床、电极加工机床及相关软件等系列产品，引领着中国轮胎模具行业的发展。公司生产的轮胎模具凭着高精度、短工期畅销欧美、日本、韩国、新加坡、中东等国家和地区。

5. 天津圣纳科技有限公司

天津圣纳科技有限公司（以下简称“圣纳科技”）是一家专业从事教育装备研发、生产、销售和服务的国家级高新技术企业。通过引进国外先进的人才培养和教育模式，开发了新能源汽车检测与维护、汽车运用与维修、汽车电子、汽车钣喷、汽车营销、新能源汽车维护与检修等专业的相关实训设备，为各级院校提供新能源汽车实训室、整车检测理实一体化实训室、汽车钣喷实训室等实训室解决方案。天津轻工职业技术学院与圣纳科技企业自创立之初便开展交流互通，2011年6月签订校外实习实训基地合作协议，校企双方以学院光伏工程技术专业群为依托，共同开发专业课程标准、线上教学资源、编写教材、申报科研课题，完成技术研发和成果转化。天津轻工职业技术学院与圣纳科技共同研制的新能源汽车已在境外5个鲁班工坊应用并推广，目前新研制的新能源智能网联车，能实现无人驾驶、智能行驶功能，根据此车的实训功能形成的典型案例融入教学，开发相关课程、资源和活页教材。

6.英利集团

英利集团自1999年承接国家发改委首个年产3 MW多晶硅太阳能电池及应用系统示范项目，填补国家太阳能商业化生产空白，以“生产老百姓用得起的绿色能源”为发展使命，致力于光伏行业全产业链的生产、研发、应用、智慧运维和绿色回收，业务范围覆盖光伏全生命周期。2012年，天津轻工职业技术学院与天津英利新能源有限公司达成战略合作共识。校企合作完成光伏屋顶项目的共同开发，建立以学校为基础、企业参与的光伏研发技术中心，建立具有宣传太阳能技术传统和企业文化于一体的展示中心。

埃及鲁班工坊是首个在一个国家建立两个不同层次的鲁班工坊，将根据中资企业需要开展多种形式的教育培训，进行中、高职贯通培养的递进式培训模式。成立中埃产教合作联盟，推动埃及职业教育产教融合，成立包括鲁班工坊、埃方合作院校、埃方有关行业管理部门、在埃中资企业和当地企业在内的国际产教联盟，根据埃方产业发展规划，尤其是企业高技术工人需求，建立行业、企业、院校的对话交流机制，逐渐形成紧密型的产教合作组织。学校与企业“携手出海、教随产出、教产同行”，牵手埃及泰达特区开发公司、山东豪迈集团等在埃及鲁班工坊协同合作，服务企业在海外发展本土技术技能人才短缺的需求，提升职业教育国际影响力。

埃及鲁班工坊运行过程中以外方独立运行及开展教学、培训为主，中方院校指导和监管，总结提炼了埃及鲁班工坊“一体、两翼、四方联动”的建设与运行模式。其中，“一体”指以支持埃及职业技术教育改革发展，培养技术技能人才为主体；以搭建中埃人文交流和国际产能合作桥梁为两翼；以“政、园、企、校”四方协同联动为建设与运行模式，使埃及鲁班工坊成为非洲鲁班工坊建设的标杆。

7.4.3 体制机制：多方协同，互利共赢

天津轻工职业技术学院与合作企业采取多方协调、互利共赢的体制机制，在合作方面各自承担相应的责任、权力与义务。

1.天津轻工职业技术学院、天津交通职业学院

天津轻工职业技术学院与天津交通职业学院联手在埃及建设了两个鲁班工坊，在埃及艾因夏姆斯大学开设数控设备应用与维护、新能源应用技术、汽车运用与维修技术三个专业，与开罗高级维修技术学校合作，开设数控加工技术和汽车维修技术两个专业。两所学院共同牵头推动埃及鲁班工坊建设运行，总结埃及鲁班工坊建设经验，并对运行中存在的问题及时调整处理，建立埃及鲁班工坊协调机制。

（1）鲁班工坊建设的标准化。

经过几年实践，埃及鲁班工坊建设程序为：遴选优质海外合作院校→确定合作专业及

建设场所→开展课程标准与配套教学资源→培训境外鲁班工坊教师→安装调试实训室设备→鲁班工坊揭牌运行（如图7–8所示）。

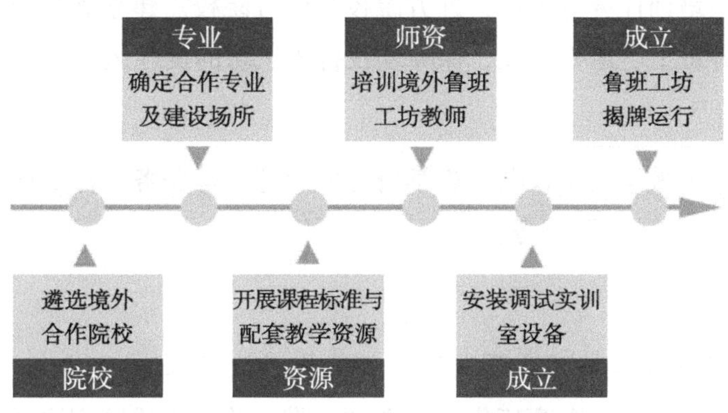

图7–8　鲁班工坊建设流程

（2）鲁班工坊运行的标准化。

①管理制度。以埃及鲁班工坊为例，中埃双方共同组建埃及鲁班工坊协调管理小组，采用“3+1+1+1”机制，即由中方两所院校及埃及一所院校、中国驻埃及使馆、天津市教育委员会和埃及教育部门组成，及时协调沟通鲁班工坊运行中需解决的问题。鲁班工坊管理小组负责协调落实鲁班工坊工作部署，做好鲁班工坊的管理与统筹。埃及鲁班工坊协调管理小组下设联络组和工作组，联络组负责沟通和联络鲁班工坊各项事宜；工作组负责具体落实鲁班工坊各项工作。鲁班工坊正式运行后实施季度例会、学期报告及年度报告制度。

埃及鲁班工坊埃方管理架构为负责人制，负责人下设执行主管，执行主管负责埃及鲁班工坊具体运行工作，并对接三个专业的专业负责人。埃及鲁班工坊的专职教师均具有大学本科以上相关专业学历，同时在中国境内接受过系统的专业和职业教育培训。在鲁班工坊教学中，埃及教师担任主要教学，中方教师不参与实际教学，以期在管理模式方面，为实现鲁班工坊自主运行、自主管理、自主发展奠定基础。

②联络机制。为有序推进埃及鲁班工坊的运行，合理、充分地利用鲁班工坊软硬件资源，提高技术技能人才培养质量，中埃双方在教师层面上建立沟通机制，旨在为双方专业教师团队搭建沟通平台，增进团队之间在技术层面的交流和分享，确保鲁班工坊的可持续发展。中埃双方每个专业选派一名教师，组成鲁班工坊专业教师交流小组。鲁班工坊正式运行后，专业教师交流小组在初期阶段每两周召开一次例会，待运行稳定后变更为每季度召开例会，开展培训及设备使用经验的总结与存在问题的交流。

2. 艾因夏姆斯大学和开罗高级维修技术学校

艾因夏姆斯大学与开罗高级维修技术学校提供鲁班工坊所需要的场地，并为鲁班工坊的建设提供基础保障，如水、电、暖等基础设施配备，另外两所院校还要提供一批相关专业背景的教师参加鲁班工坊的师资培训，培训完成并通过认证的教师即可在鲁班工坊实训室进行任教，参与培训任务等工作，外方院校与中方院校需建立顺畅的联络机制，根据实际情况动态调整鲁班工坊运行状况，保障埃及鲁班工坊的良性运转。

3. 中资企业

中资企业提供了教学装备仪器、教学资源配套建设等服务，伴随埃及鲁班工坊建设实现了“走出去”，拓展了国际业务。

7.4.4 具体措施

1. 支持埃及职业技术教育改革发展，培养技术技能人才

学校牵手中非泰达、山东豪迈集团等在“一带一路”沿线国家协同合作，服务企业在海外发展技术技能人才需求，与“引进来”外方企业合作，与瑞士GF共建模具产业学院，与德国蔡司共设新专业，培养高素质技术技能人才，服务产业高端。一方面引进先进的标准、技术、设备，模具专业借鉴企业标准，开发专业群相关国际化教学标准得到国内外行业认可，提升人才培养质量；另一方面协同国内龙头企业共同“走出去”，与世界分享优质职业教育资源，协同企业开拓境外市场，为其培养本土化技术技能人才，助力中国企业与产品在海外落地生根。

2. 共建埃及鲁班工坊培训就业基地

天津轻工职业技术学院、天津交通职业学院、艾因夏姆斯大学和埃及泰达特区开发公司四家单位携手共建埃及鲁班工坊培训就业基地，于2021年12月30日举行了揭牌仪式。同期举行的还有2021埃及鲁班工坊年度总结会暨师资培训总结及学生交流会。成立鲁班工坊培训就业基地是实现服务本地产业和企业发展的正确道路，在四家单位的共同努力下，埃及鲁班工坊培训就业基地不仅会对艾因夏姆斯大学带来益处，其影响也会拓展到整个非洲。

3. 共建共研线上与线下教育教学资源

埃及鲁班工坊依托学院专业教师、中国优质教育教学装备企业建设了体现国际先进水平的5个实训室，11台（套）综合实训装备，为学生提供了实践教学和技能训练的场所和条件；在分享实体化教学装备的同时，还分享了具有国内先进水平的全套的虚拟仿真系统，提供了定制式立体化的虚拟仿真实训教学环境；新能源国家级教学资源库、教材等国内优质教学资源全部上线，数控加工技术等24门网络视频公开课和相应的高水平线上资源为实现线上线下混合式教学提供了条件。在新冠疫情防控期间，中埃双方的线下教学受到影响，但依托和利用优质线上教学资源，鲁班工坊的教学运行没有中断。

4.搭建国际交流合作平台，服务中埃企业开展培养培训

埃及鲁班工坊为在埃中资企业以及埃及本土企业培养及培训技术技能型人才，搭建国际交流合作平台，包括技能人才培养中心、技术协同创新中心、技术与产品推广中心和员工培训中心，分享国内优质职业教育资源、我国相关行业专业领域高精尖技术与产品，依据企业需求，开展定制化培养培训，实现埃及鲁班工坊的可持续发展。

5.埃及鲁班工坊教产同行，牵手中资企业“走出去”

为进一步深化中埃教产合作，天津轻工职业技术学院、英利集团、圣纳科技和埃及泰达特区开发公司，于2022年10月11日在线上召开埃及鲁班工坊教产同行——新能源类中资企业赴埃及投资考察洽谈会。天津轻工职业技术学院分享埃及鲁班工坊的建设以及运行现状，以及学校与英利集团、圣纳科技和泰达公司的合作情况。埃及泰达特区开发公司介绍了中埃苏伊士经贸合作园区的现状及发展前景，分享了埃及的投资环境和投资政策。世界光伏行业知名企业英利集团就在埃及发展的具体问题和合作模式在会上进行了充分的交流和讨论，会后两家企业表示了在中埃苏伊士经贸合作园区投资合作意愿。

7.4.5 主要成效

1.精准对接，助力埃及技术技能人才培养

埃及鲁班工坊包括学校与艾因夏姆斯大学合作举办的高职教育，设置数控设备应用与维护、新能源应用技术和汽车运用与维修技术三个专业，建成具有国内一流水平的三个实训室，占地共计1200平方米；学校与开罗高级维修技术学校合作举办的中职教育，设置数控加工技术和汽车维修技术专业，建有埃及当地一流水平的电脑鼠实训区，占地690平方米。自2020年揭牌以来，完成了1000余人次的培训任务。

2.精细建设，助力埃及提高职业教育水平

学校与世界知名企业、龙头企业深度融合，根据世界领先的行业标准，完成5个专业的国际化专业教学标准开发，并投入埃及鲁班工坊使用，使实训基地和教学标准建设达到世界一流水平；双方共同开发12个课程标准，出版5本双语专业教材；建成整体化的“虚—仿—实”教学实训系统，学校在埃及同时建成两个中高职衔接的鲁班工坊，这是我国首次在境外构建完整的中高职一体化职教体系。

3.精致打造，助力鲁班工坊建设成为标杆

2021年4月至5月期间，46个国家的驻华使节来学校考察交流，引起国内外主流媒体的高度关注；2021年12月，揭牌启用了目前已建鲁班工坊中唯一的“埃及鲁班工坊培训就业基地”，以实际行动践行了习近平主席在中非合作论坛第八届部长级会议上的讲话精神。天津轻工职业技术学院成为中国轻工国际产能合作企业联盟副理事长单位、鲁班工坊建设联盟副理事长单位，并加入了“一带一路”产教协同联盟、金砖国家职业教育联盟、中非

职业教育联合会，牵头成立中印职教联盟，并作为2022年即将成立的世界职业技术教育联盟执行秘书处，筹备联盟成立各项工作。

中埃职教合作也得到了中埃两国媒体的高度关注，中国驻埃及大使廖力强先生专门在埃及《宪章报》发表署名文章《中埃职业教育牵手联合培养技能人才——写在埃及鲁班工坊启动运营之际》。埃及教育与技术教育部副部长多次亲临埃及鲁班工坊考察，多所院校先后来到埃及鲁班工坊参观，埃及媒体也进行了多次报道。艾因夏姆斯大学校长在接受新华社采访时表示“长远来看，鲁班工坊将帮助学生更好地适应就业市场，满足就业需求。”他认为在全球化背景下，鲁班工坊倡导的理念和办学经验都值得推广借鉴。

4.精确引领，服务中埃国际产能合作

通过埃及鲁班工坊建设在支持国际产能合作方面发挥引领作用。2020年11月30日，埃及鲁班工坊正式揭牌启运，标志着中埃职业教育合作进入新阶段。2021年2月，埃及鲁班工坊产教融合工作会暨中资企业赴埃及投资推介会在云端举行，会后十家企业当场表示有赴埃投资的意向；2021年12月，埃及鲁班工坊培训就业基地揭牌。该基地担负着拓展新的实习和就业领域、开创新的合作育人模式、实现校企合作新跨越的使命；2022年10月，召开埃及鲁班工坊教产同行——新能源类中资企业赴埃及投资考察洽谈会，洽谈会后英利集团与圣纳科技在会后表示有在中埃苏伊士经贸合作园区合作投资的意愿。通过在埃及设立的鲁班工坊带动中资企业更好实现产教融合、教产同行，使鲁班工坊成为服务和支持中资企业“走出去”的桥头堡和实体桥梁。

7.4.6 发展启示

鲁班工坊的持续发展是近年来重点思考的问题，实现鲁班工坊的持续建设与发展主要从以下几个重要方面开展。第一，鲁班工坊的建设要让合作国受益，合作国能够真正从鲁班工坊项目建设中获益。第二，鲁班工坊的建设在前期调研均需考虑两国政治关系、合作院校合作意愿等，得到双方政府、院校的大力支持是前提，争取纳入合作国学历教育体系。第三，鲁班工坊项目要形成完善的管理和运行制度，通过制度保障鲁班工坊项目良性运转，要充分发挥合作中资企业、当地企业的作用，促进人才培养和产业发展需求相结合；职业院校与合作企业应达成共识，即学校和企业的有效合作应满足职业院校人才培养的要求和企业利益最大化的需求。第四，要充分利用信息化手段，开发丰富的线上线下混合式教学资源，以此保障鲁班工坊的常规教学。以埃及鲁班工坊为例，配合数控、数维、新能源等专业国际化、数字化发展需要，订制开发了与实体设备相配套的双语数字资源，形成了“虚—仿—实”立体化具有国内领先水平的虚拟仿真教学系统。

7.5 存在的问题与发展建议

7.5.1 存在的问题及原因分析

埃及鲁班工坊运行已有数年，在此过程中取得显著成效，也存在着一些鲁班工坊项目的共性问题。例如，新冠疫情对于鲁班工坊运行的影响、缺乏在国家层面的运营和成效的监测评价体系等，同时还存在着一些自身发展面临的问题。

1.虽然埃及鲁班工坊在建设之初即与众多中资企业开展了合作，但在实际运行过程中还存在合作不够深入、合作动能不足的问题。如埃及鲁班工坊在签约之初，与合作企业签订的大多是合作意向书，双方的责任、权利与义务不够明确细化，没有进行全方位的合作布局，不能满足合作企业未来发展需求。

2.虽然埃及鲁班工坊在建设之初便具有了成熟的建设标准理念，但在运行过程中尚没有形成完整成熟的运行模式，亟须进行提炼总结，在运行制度、运行标准等方面进行补充完善。如埃及鲁班工坊在面对突发状况时，缺少相应的响应机制，可能会出现处理不及时的问题。

3.埃及鲁班工坊服务国际产能合作还不够深入，基于鲁班工坊搭建的平台还较为单一，不够多样化。比如，当前与苏伊士经贸合作区签署各项合作协议，却较少与合作区内企业建立联系，包括阿斯旺本班光伏工业园太阳能电站项目，该项目亟须新能源类专业人才，但目前还没有开展紧密合作。另外，埃及鲁班工坊缺少技术人员对设备进行日常维修和升级，亟须相关合作中资企业专业人员定期对设备进行保养调试。

7.5.2 发展建议

1.制定标准，构建模式，保障埃及鲁班工坊可持续发展

以解决埃及鲁班工坊实际问题为导向，细化明确职业院校和合作中资企业的责任、权力与义务。在埃及鲁班工坊的建设中，要充分发挥合作中资企业、当地企业的作用，促进人才培养和产业发展需求。职业院校与合作企业应达成共识，即学校和企业的有效合作应满足职业院校人才培养的要求和企业利益最大化的需求。制定符合埃及鲁班工坊发展实际的运行标准，构建埃及鲁班工坊运行模式，进而服务埃及鲁班工坊可持续发展。

2.多平台构建，双向赋能，拓宽埃及工坊合作平台与功能

“多平台构建”是职业教育国际交流合作的基础和桥梁，依托埃及鲁班工坊与政府有关部门、国内外企业、外方院校及社会组织共同搭建先进技术协同创新平台、专业建设与资源开发平台、师生互动互访平台、职业技能竞赛平台、论坛会议交流平台、文化交流互鉴平台，通过不同类型的平台推动职业教育国际交流合作多领域、多层次、多方位融合发展，另外通过中埃双方“双向赋能”解决埃及鲁班工坊合作发展内生动力不足的问题。如依托平台的搭建可以与经贸合作区内合作中资企业签订协议，安排专业人员定期定点对实

训室内设备进行保养调试，既能够保持设备的使用效益最大化、减少成本，也能够加强职业院校与合作企业之间的联系。

3.教产同行，研实并举，服务中埃国际产能合作

“教产同行”是职业教育国际交流合作的特色和根本路径，依托埃及鲁班工坊，学校与企业“携手出海、教随产出、教产同行”，与合作企业保持同频共振，协同国内龙头企业“走出去”，与世界分享优质职业教育资源，协同企业开拓境外市场，为其培养本土化技术技能人才，助力中国企业与产品在海外落地生根。

同时埃及鲁班工坊研究与实践相结合，在建设的同时开展了系列研究，进一步深化埃及鲁班工坊的功能。通过埃及鲁班工坊带动企业更好地实现产教融合、教产同行，使鲁班工坊成为服务和支持中资企业“走出去”的“桥头堡”和实体桥梁，为推动中埃国际产能合作、助力埃及经济绿色发展贡献中国职教力量。

第八章

职业教育合作服务中吉产能合作报告

吉布提共和国位于非洲东北部，东南同索马里交界，北与厄立特里亚毗邻，西部、西南及南部与埃塞俄比亚接壤，北面和东面濒临亚丁湾，与也门隔曼德海峡相望，位于红海通往印度洋的航道上，地理位置具有十分重要的战略价值，素有非洲之角“和平绿洲”的美誉。吉布提国土面积2.32万平方千米，海岸线长372千米，沿海为平原和高原，主要属热带沙漠气候，终年炎热少雨。内地以高原和山地为主，属热带草原气候。受前宗主国法国影响，吉布提国体为资本主义国家，政治体制为总统共和制，现任总统盖莱于2021年4月第五次连任吉布提总统。吉布提奉行中立、不结盟并在“平等、互相尊重和不干涉别国内政的基础上与世界各国合作”的外交政策，积极参与维护地区和平稳定工作，重视发展同阿拉伯国家与周边邻国发展睦邻友好关系。吉布提以法国等欧美国家、沙特等中东国家、埃塞俄比亚等东北非国家为主要合作伙伴，21世纪以来积极拓展对外关系，与中国、日本、韩国、印度等国关系发展迅速。积极参与“一带一路”建设，是中国“海上丝绸之路”在东非的重要支点，是中国首个海外后勤保障基地所在地。

8.1 吉布提基本情况

8.1.1 经济发展

吉布提是世界最不发达的国家之一。据国际基金货币组织统计，截至2022年9月，吉布提国内生产总值为38.36亿美元，国内生产总值年增长率为3%，人均国内生产总值为3780美元，通货膨胀率为3.8%，经常账户余额为-1.8亿美元，经常账户余额占国内生产总值百分比为-4.7%，一般政府债务占国内生产总值百分比为49.2%。2018—2022年吉布提主要经济指标变化情况如表8-1所示。

表8–1　2018—2022年吉布提主要经济指标变化情况

主要经济指标	2018年	2019年	2020年	2021年	2022年
国内生产总值（单位：亿美元）	30.13	33.17	34.10	35.89	38.36
国内生产总值在非洲54个国家中排名	45	43	43	43	43
国内生产总值年增长率	8.5%	6.6%	1.0%	4.0%	3.0%
人均国内生产总值（单位：美元）	3142	3408	3452	3581	3775
人均国内生产总值在非洲54个国家中排名	15	13	11	14	13
通货膨胀率	0.1%	3.3%	1.8%	1.2%	3.8%
经常账户余额（单位：亿美元）	4.3	5.6	3.7	–0.4	–1.8
经常账户余额占国内生产总值百分比	14.2%	17.0%	10.7%	–1.0%	–4.7%
一般政府债务占国内生产总值百分比	46.5%	39.1%	41.0%	43.2%	49.2%

近年来，吉布提政府积极调整经济政策，采取缩减国家财政预算、提高税收、鼓励外国投资等措施，积极参与地区一体化进程，经济保持低速增长。吉布提GDP年增长率长期以来一直处于低增长，据世界银行统计，2017—2019年吉布提GDP增长率保持在5%–7%，2020年受新冠疫情影响，GDP年增长率又回落至1%，经济仍保持一定韧性，是全世界为数不多的在新冠疫情防控期间仍保持正增长的国家。疫情为吉布提的公共财政也带来了负面影响，财政收入下降率为GDP的0.8%，经常支出增长率为GDP的0.3%，公共财政状况恶化。2022年，吉布提在统计的54个非洲国家国内生产总值排第43位，人均国内生产总值排第13位。吉布提与非洲部分国家GDP及人均GDP相比如图8–1所示。

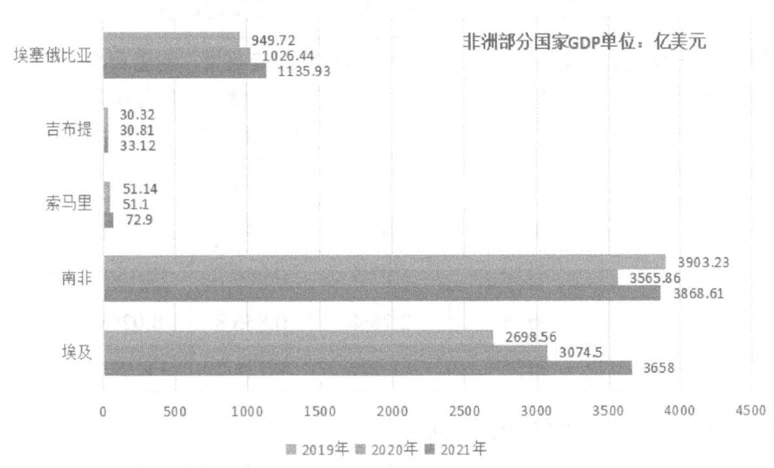

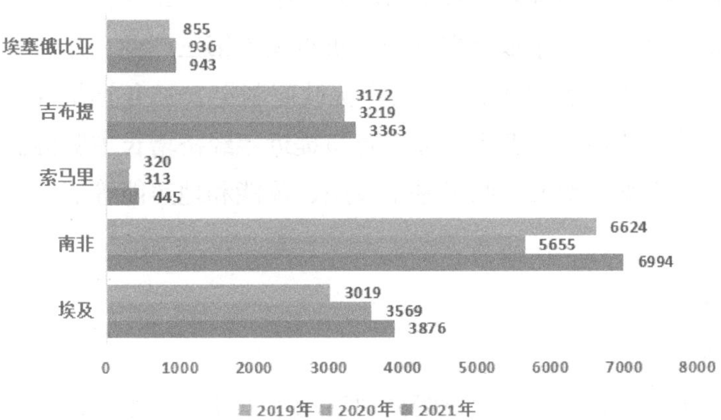

图8-1　吉布提与非洲部分国家总GDP及人均GDP比较图

2014年，吉布提政府发布了《吉布提2035发展愿景》，是吉布提共和国的长期发展规划，总体目标是在2035年将吉布提打造为区域和国际的经济、商业和金融中心，为吉布提人民谋福祉。具体目标有两个，一是到2035年，吉布提人均收入翻两番，人均国内生产总值每年增长10%；二是改善社会和人类发展指标，缓解粮食匮乏、教育不平等、医疗水平落后等社会问题，并加强社会保障体系。

8.1.2　产业环境

1.产业发展概况及政策

吉布提第一、第二产业基础薄弱，95%以上的农产品和工业品均依靠进口，第三产业在吉布提经济中占主导地位，重点发展交通运输、商业和服务业（主要是港口服务业）等第三产业，约占国内生产总值的80%。吉布提产业历年增加值及年度增长率如表8-2所示。

表8-2　吉布提产业历年增加值及年度增长率

年份	工业增加值（亿美元）	工业增加值年度增长率	农林牧渔业增加值（万美元）	农林牧渔业增加值年度增长率	制造业增加值（亿美元）	制造业增加值年度增长率	服务业增加值（亿美元）	服务业增加值年度增长率
2020	4.75	2.00%	5348	3.50%	1.41	18.69%	24.58	0.11%
2019	4.51	9.40%	4693	4.88%	1.14	10.73%	23.78	6.82%
2018	4.08	7.23%	4128	5.97%	0.966 1	13.15%	22.58	4.72%
2017	3.43	2.71%	3575	2.78%	0.856 8	8.02%	13.26	3.76%
2016	2.95	4.56%	2593	–4.36%	0.738 7	11.35%	12.66	11.02%

20世纪90年代初，吉布提经济形势趋于恶化。1996年，吉布提政府开始执行经济结构调整计划。1998年，埃塞俄比亚与厄立特里亚发生边界武装冲突后，埃塞俄比亚原经厄立特里亚转运的货物均转到吉布提港，吉港口收入大幅增加，经济有所恢复。2010年以来，吉布提政府积极调整经济政策，争取外援外资，重点发展第三产业，并加紧实施基础设施建设，积极参与地区一体化进程；2013年，吉布提政府制定2035年远景规划，着力发展交通、物流、金融、电信、旅游、渔业等行业。吉布提近年经济增长主要得益于外国直接投资，特别是外资在港口自贸区对交通物流基础设施、风能和地热能等清洁能源开发、溴化钠等化工产业的投入。

2.相关企业概况

（1）吉布提盐业公司。

2017年6月，中国交建吉布提盐业投资公司启动了工业盐试生产，被盖莱总统称赞为“一带一路”在吉布提的重要工业项目，结束了吉布提没有工业的历史。该项目生产的溴化钠也成为吉布提第一批出口海外的工业产品，有助于打造东非地区盐化工产业基地，极大程度地改变了吉布提的产业结构。一期项目创造就业岗位2000个，出口创汇1亿美元，使吉布提出口总额翻一番。

（2）吉布提国际自由贸易区。

吉布提国际自由贸易区（DIFTZ）由吉布提港口和自贸区管理局与招商局集团、大连港集团等中资企业共同投资及运营，占地48.2平方千米。截至目前，吸引了来自不同国家的165家企业入驻，仓库占用率近100%。完全建成后将产生超过40亿美元的GDP，相当于目前吉布提GDP的两倍多，可创造就业岗位逾10万个，超过吉布提可就业人口的六分之一。

（3）大马角工业区。

大马角工业区系吉规划建设的第一个重工业园区，为吉“3+1”三区一港发展战略的重要一环，即以国际自贸区、中央商务区、大马角工业区协同发展为支柱，为吉成为国际航运中心港奠定基础，对推进吉民族工业发展和经济结构转型有积极意义。工业区位于吉索边境附近，毗邻连接吉索的主要公路2号国道（N2公路），交通便利，园区占地面积约30平方千米。

8.1.3 职业教育现状

1.职业教育情况概述

吉布提教育体系分为国民素质教育和职业教育，国民素质教育包括基础教育、中等教育和高等教育，如图8-2所示。基础教育为小学5年、初中4年，对6~15岁的青少年实行免费义务教育；中等教育为高中3年，成绩优异者可进入本国的吉布提大学、吉布提医学院，或埃塞俄比亚、法国等国家大学接受高等教育。吉布提职业教育主要分为全日制职业技术教育模式和学徒制职业教育模式。前者以中等层次的职业教育为主，接受初中毕业生，进行各行业职业技能培养；后者主要由各行业协会组织，主要存在于手工行业，强调实践培训，培训地点在企业的生产场所和学徒培训学校，是一种传统的初级的双元制职业教育模式。吉布提国民教育与职业培训部是吉布提最高教育管理机构，管理着吉布提高等教育、中等教育、基础教育和职业教育学校。

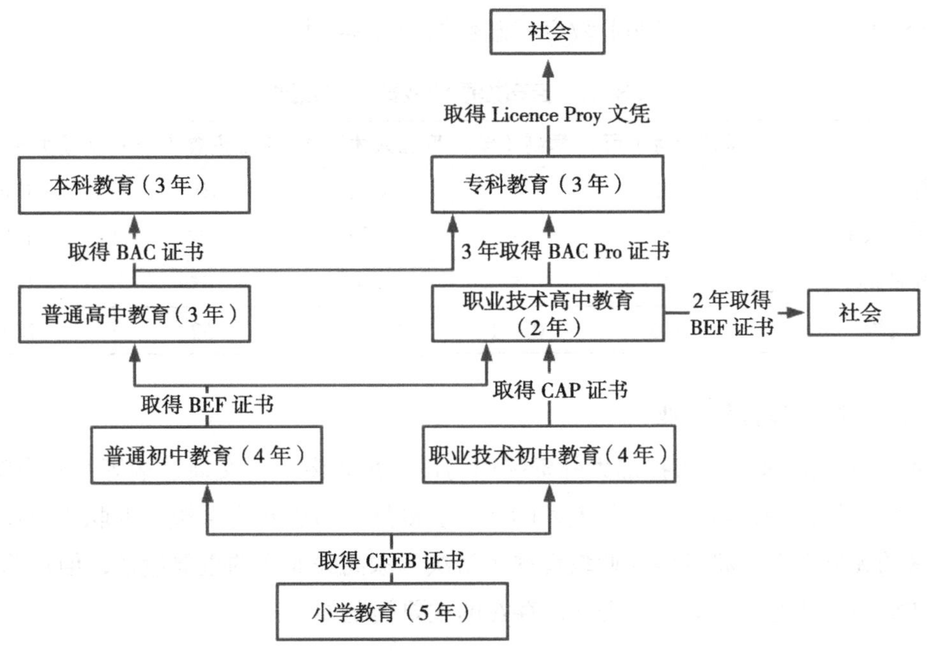

图8-2 吉布提教育体系

2.职业院校和专业设置情况

吉布提实施全日制职业技术教育的学校主要有三种：职业预备学校、中等职业技术学校、高级中等职业技术学校。

职业预备学校是为了结束义务教育的学生能够顺利适应初级工作岗位而设立，属于义务教育的形式，学制1年。设有土木工程、机械维修、办公自动化、服务业及旅游等专业，在学校的培训基地、工厂等地进行技能实践，对学生未来的职业选择起到积极的引导作用。

中等职业技术学校主要传授基础知识和职业技能，学制为4年，采用全日制教学，是吉布提主要职业技能人才培养机构。专业设置涵盖土木工程类、建筑类、机械类、计算机应用及物流管理等，学生毕业后可以取得职业执照。

高级中等职业技术学校学制为2~3年，实行全日制教学，开设了机械类、商科管理、计算机应用等高等职业技术专业。学生经过2年的学习可获得职业技术教育证书（BEP），进入社会就业，或经过3年的学习获得职业技术高中毕业文凭（BAC Pro），之后选择进入社会或继续深造。在吉布提高级中等职业技术学校中，办学规模最大的是吉布提工商学校。

除了全日制职业技术教育外，国家还设有职业培训中心，主要与吉布提各类企业合作，根据企业需求开展中、短期培训。早期培训项目有砖石建筑、酒店管理、汽车及机械维修等成人职业培训；随着经济发展和企业需要，逐渐划分为工业培训和商业培训两大类，下设汽车维修、电焊、会计、信息技术、商务英语等培训项目。

截至2022年9月，吉布提职业教育基础数据如表8-3所示。

表8-3　吉布提职业教育基础数据

	学校数量（所）	学制（年）	职业人才层次	专业设置（个）	在校生人数（人）
职业预备学校	28	1	初级	105	21 568
中等职业技术学校	6	3	中级	156	11 532
高级中等职业技术学校	4	5	高级	65	3815
成人培训机构	216	0.3~1	中、高级	52	7893

8.1.4　职业教育与产业

进入21世纪以来，吉布提加大外资吸引力度，加强港口、交通运输等基础设施建设，第三产业的持续发展，亟须本土化人才的参与。虽然吉布提政府希望实现职业教育与第三产业需求的无缝对接，将发展职业教育视为解决国家高失业率的重要途径，但目前的职业教育无法满足现代经济社会发展需求，存在的主要问题如下：

1.资金投入不足，职业教育的规模和质量有待提高

吉布提经济规模较小，发展速度较慢，且政府债务占国内生产总值比率的40%~50%。政府财政预算主要用于维持国家正常运转，用于职业教育的投入较少。近年来，吉布提积极推进办学主体和投资主体多元化，引入国外企业和职业教育资源，在提升职业教育质量和学生就业率方面取得了一定成效。但是，大规模提升职教水平，满足企业发展的需求，仍然需要政府进行持续的资金投入。

2. 吉布提职业教育基础薄弱，师资力量匮乏

近年来，随着大量国外企业进入吉布提，吉布提职业教育师资匮乏的现状凸显。由于吉布提工商业基础薄弱，人才储备不足，缺乏对各行业开展职业教育的教师。在吉布提职业教育学校，学生与教师的比例平均为70∶1，部分地区甚至高达120∶1，由于师资的匮乏难以满足学校的教学需求。同时，许多教师缺乏相关的专业技能和职业技术教育资格，专业性和技能性不强，影响了教学质量。数据显示，超过一半的教员没有从事相关技术行业的经验，约30%的教师与学院是短期合同关系，导致部分教师在技能增长和资格提升上长期投入的动力不足。

3. 吉布提职业教育实操设备匮乏，实训条件简陋

由于吉布提国家经济不发达，教育投资预算不足，职业教育实训设备较少，不利于学生专业知识的学习和技能的掌握。目前，吉布提职业院校只有60%的专业设有实训教学区，教学区的实训设备对于专业适用率不足30%。对于吉布提各类新兴的行业，现有的实训设备不足以培养企业需要的技能人才。

4. 吉布提职业院校与企业合作不畅，学生实习机会较少

吉布提职业院校与企业联系不够紧密，主要原因是吉布提企业多为外资企业，对于企业运营本土化积极性不高，企业投资方与吉布提职业院校沟通渠道较少。因此，学生进入企业进行岗位实习的机会不多，不利于学生熟悉职业技能、培养职业素质。

近五年吉布提职业教育发展变化基本数据如表8–4所示。

表8–4　2018—2022年吉布提职业教育发展变化情况

主要指标	2018年	2019年	2020年	2021年	2022年
职业预备学校毕业生数量/人	15 695	16 782	17 708	18 513	18 756
职业预备学校毕业生就业率/%	29%	28%	33%	32%	35%
职业院校毕业生数量/人	7563	7685	8978	9012	9282
职业院校毕业生就业率/%	48%	49%	53%	52%	56%
成人培训结业人数/人	7026	7936	7816	6512	6735
成人培训结业生就业率/%	70%	73%	75%	78%	76%

8.1.5　国际经济合作

吉布提80%以上的发展资金需要依靠外国援助，主要来源为非洲发展基金、阿拉伯经济发展基金、世界银行、欧盟、伊斯兰发展银行、法国、科威特、中国、美国等。其中，中国和阿拉伯国家对吉布提的援助主要体现在基础设施建设方面，美国、法国、日本等发达国家则多以物资和现汇等方式援助。

据世界贸易组织统计，吉布提前五大货物出口目的地为埃塞俄比亚（35.3%）、欧盟

（20.6%）、索马里（11.9%）、巴西（8.7%）、卡塔尔（6.3%）；前四大货物进口来源地为欧盟（36.7%）、阿联酋（18.5%）、沙特（6.0%）、日本（5.5%）。

在货物贸易中，港口转口贸易占很大比重。据吉布提央行统计，吉本国进出口量只占其港口全部进出口货物量的0.5%左右，其余均向埃塞俄比亚、索马里和其他地区转口。主要进口商品包括食品饮料、机械设备、电器产品、卡特草、运输设备、石油产品、金属制品、纺织品和鞋类等。主要出口商品包括溴化钠、食盐、牲畜、皮张等；服务贸易主要是交通服务业、旅游业。

8.2 中资企业和国际产能合作

8.2.1 合作国产业发展及其对外资输入的需求

吉布提政府鼓励外国投资，推行吸引外资、开放行业的政策，总体对外资持开放态度，旨在促进本国经济发展、促进地区经济融合。在《吉布提2035发展愿景》明确指出，“将吉布提建设成为该地区连接非亚欧三大洲的物流、信息交换平台和区域金融中心”。在水利、电力和电信三个行业，实行国有企业独家垄断经营，在港口、铁路、公路等基础设施建设及能源、盐化工等领域的项目开发运营方面，吉布提政府对外资的参股比例、开发方式、经营方式未设限。

2021年10月，吉布提总理卡米勒在施政报告中提出，将教育、卫生和第一产业作为优先事项。运输是吉经济发展的重要驱动力，将继续推动大马角港和相关基础设施的建设，同时提高工业和制造业在国内生产总值中的比例。在吉布提建设区域性银行、物流和电信中心，还将建设第二条连接埃塞的输电线路及一个新的火力发电厂，以尽快满足供电需求。2021年11月，吉布提政府正式发布“吉布提可持续发展目标”。该目标为投资者提供了政策支持和具有可持续发展潜力的8个行业、21个投资主题，如表8–5所示。

表8–5 吉布提可持续发展目标

序号	行业类别	主要内容
1	交通业	吉布提经济增长主要由海运推动，计划到2035年围绕吉港口建设多模式基础设施枢纽
2	服务业	旅游业有获得吉布提国有经济发展基金（FDED）优惠融资的资格；酒店业业主可以申请实施环境友好的可持续解决方案融资，环保旅游企业可以申请到优惠利率贷款
3	可再生能源和替代能源	政府与非洲电力公司合作，计划到2035年完全使用可再生能源实现100%的电力供应
4	金融业	小微金融可为中小微企业提供创新性融资方案
5	信息通信技术	通过投资移动互联网改善吉远程通信和网络服务受限的现状，并利用数字技术为驱动经济发展提供潜力

续表

序号	行业类别	主要内容
6	基础设施	为吉人民提供可负担的环境友好型住房
7	食品和饮料行业	促进农业发展可以创造就业机会，并帮助解决对进口食品高度依赖和农村地区荒漠化水平不断上升的粮食安全问题，吉布提2035年愿景。计划将吉布提农业对GDP的贡献从2012年的3.7%增长到2035年的5.0%
8	医疗卫生	2018—2022年国家卫生发展计划将政府总支出的6.73%分配给卫生部，以提供高质量的护理和无障碍服务，开展疾病预防运动，加强医疗卫生方面的治理和信息管理

8.2.2 中资企业现状与发展

1.驻吉中资企业发展概况

据中国驻吉布提大使馆经商处公布的数据显示，目前，驻吉中资企业的数量为19家，如表8-6所示，在基础设施建设与中非产能合作方面取得了卓越的成效。在行业属性方面，61%属于工业企业、39%属于服务业企业；在规模方面，28%为大型企业、22%为中型企业、50%为小型企业；在控股方面，39%为国有控股，61%为非国有控股，此外，80%以上的企业在吉布提注册和运营的时间都在2010年之后。中资企业先后在吉开展了吉布提老港扩能改造、多哈雷多功能码头建设、亚吉铁路、埃吉跨境供水项目、埃吉跨境石油天然气输送液化项目、国家图书档案馆等基础设施项目建设，另有吉布提国际自贸区、达之路吉布提经济特区等工业园区的建设运营项目。中资企业扎根吉布提，在降低高失业率、丰富产业结构等方面做出了一定贡献。

表8-6 驻吉中资企业名录

序号	企业名称	经营范围
1	江苏国际经济技术合作集团有限公司	国际国内工程承包、房地产开发等
2	吉富公司	建筑工业化、建筑施工和房地产开发等
3	中国建筑吉布提有限公司	建筑工程、国际工程承包、房地产开发等
4	中国土木工程集团吉布提有限公司	国内外工程总承包和项目管理业务等
5	中国港湾工程有限责任公司	港口建设等
6	香港招商局国际有限公司	港口及相关服务投资经营活动等
7	华为技术有限公司	IT、无线电、微电子、通讯、路由、程控交换机等
8	中兴通讯股份有限公司	无线、有线、核心网、路由、交换、终端等
9	中地海外建设集团吉布提有限公司	工程建设、贸易租赁、投资运营等
10	中国外运吉布提公司	综合物流和航运等
11	中国建筑有限责任公司	建筑工程承包、房地产开发等

续表

序号	企业名称	经营范围
12	保利协鑫集团驻吉布提办事处	清洁能源投资、能源信息智能化服务等
13	中交第一公路工程局	工程总承包、设计与咨询、项目管理等
14	葛洲坝集团吉布提办事处	水利、发电、道路、市政、房地产、港口承包施工、投资、外贸等
15	中国国家电网吉布提办事处	输电、供电、实业投资及经营管理等
16	吉布提渔业公司	海洋资源开发等
17	海程邦达物流公司	海上国际货物运输代理等
18	盛伦物流吉布提公司	物流规划、物流运营、物资贸易服务等
19	汉盛吉布提免税区公司	工程机械设备、车辆及相关配件进出口、物流业务等

2.驻吉中资企业面临的主要问题

“走出去”中资企业在吉布提深耕多年，利用吉布提港口，航运业发展潜力巨大、外汇兑换自由、社会稳定等优势，积极推动饮水、教育、环境保护等惠及民生福祉项目，加强了当地发展能力建设、促进了就业，高度契合吉布提经济社会发展最亟须的领域。但中资企业在吉布提发展面临着新的挑战。

（1）生产要素成本高，产业链不健全。

吉布提自然资源比较匮乏，生产要素成本高，工农业基础薄弱，同时也缺乏配套的产业链，不适合发展生产制造业和加工装配业。

（2）城镇化率上升，失业率居高不下。

吉布提城镇化率在逐年保持上升，青年占吉布提劳动力人口七成以上，但失业率一直居高不下，如图8-3所示。城镇化稳步提升的同时，对应的人口红利和生活方式的改变成效不彰。

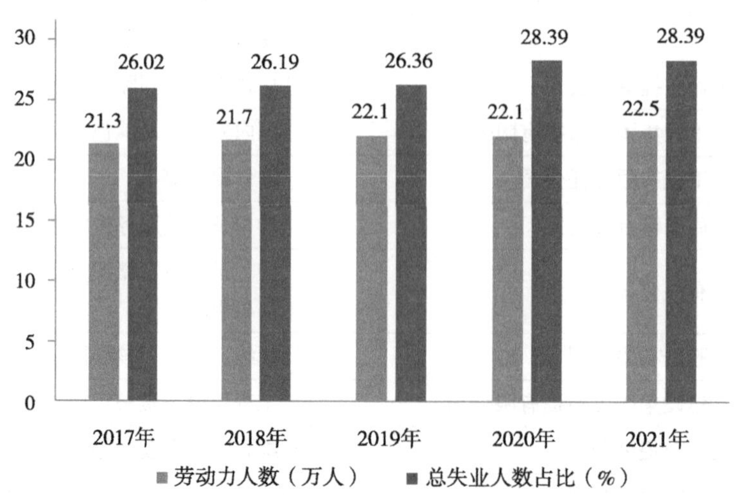

图8-3 吉布提劳动力人数和总失业人数占比

（3）基础设施建设滞后，资金短缺。

基础设施建设滞后、人才不足、资金短缺等问题仍是吉布提经济社会发展的瓶颈，如亚吉铁路的运输效率虽已大幅提高，基础设施建设和工业园区所带来的就业机会确实为脱贫和产业结构调整做出了积极贡献，但由于城市化战略或地方治理战略的缺失，在许多地方“最后一公里”问题仍有待解决。大量外资的引入未产生预期的溢出效应，工人的技术水平没有显著提升，本地投资者也未能实现资本积累。

（4）新冠疫情导致生产成本增加。

新冠疫情产生的国际履行限制、国际物流不畅、原材料价格上涨、技术工人难招等问题都导致建设运营成本增加。国内技术人员赴吉交通费用较疫情前上涨3倍，并且时常会有航班熔断（情况）造成在吉工作人员长期得不到回国休整。

8.2.3 中资企业对职业教育的需求

目前，随着驻吉中资企业数量的不断增多，企业对技术技能人才的需求愈发迫切。吉布提本土严重缺乏技术工人，但吉布提政府为了保障本国就业，制定了较为严苛的劳工政策。虽然允许外国劳务在吉布提就业，但对工种有一定限制，外籍劳务人员需获得吉布提就业和职业培训局（ANEFIP）批准后，方能驻吉工作，除高级技术类工种较容易获得批准之外，一般性劳务如力工、司机、保安等工种很难获得批准。除此之外，与中资企业相关的承包工程配套的专业技术人员来吉手续非常繁琐，且价格昂贵，外籍务工人员办理有关证件的费用就高达每人每年1300美元。

由于吉布提政府对外籍劳工的限制，中资企业在雇佣员工时需要充分考虑劳动力配比的问题，即需雇佣相当大比例的本土员工，然而，吉布提本国的职业技术教育现状无法满足企业迫切对本土化技术技能人才的需求。

例如，作为吉布提职业教育的一种形式，吉布提职业预备学校主要针对第三产业的需求，培养初级服务人才，或者为工商业进行职业基础培养，人才专业性和技能性主要对标于传统的工商行业初级需求。然而，职业预备学校培养的职业人才，由于文化基础差，技能水平不高，能顺利进入劳动力市场的仅在30%左右，与吉布提经济社会发展需求严重脱节。

再如，目前吉布提主要选用法国的职业教育教材，导致职业技能人才培养的针对性不强，企业录用人才后，需要进行二次培训，增加了企业用人成本，也降低了企业录用人才的积极性。由于吉布提本地工业发展落后，大中型企业数量少，且多为外资控股，使得校方与企业沟通较少，学生进入企业实践难度较大。同时，许多需要本土化员工的企业，由于政治制度和文化的差异，与职业院校的联系亦不畅通，也影响了企业本土人才的吸纳。

8.2.4 合作国职业教育对中资企业发展的适应性

1.高学历人才匮乏

据中国吉布提商会会长单位及云南大学海外中资企业调查项目组公布的数据显示，关于驻吉中资企业员工构成情况，在性别分布上，男性占九成，女性仅占一成；在员工年龄分布上，16~25岁占37%、26~35岁占38%、36岁及以上占25%；在员工受教育程度方面，未受过教育的占30%、小学学历占22%、中学或专科学历占34%、本科及以上学历仅占15%，不同年龄段员工受教育程度分布情况如表8-7所示。

表8-7 不同年龄员工受教育程度分布

取得最高学历	16~25岁	26~35岁	36岁及以上
未受过教育	25.78%	27.48%	40.48%
小学学历	23.44%	18.32%	23.81%
中学或专科学历	40.63%	32.82%	23.81%
本科及以上	10.16%	21.37%	11.90%

由上表可知，第一，本土化员工受教育程度普遍不高。第二，高学历人才匮乏究其原因是吉布提教育发展水平普遍落后，缺乏专业教师和实训设备，大多员工缺乏专业的职业技能，难以迎合企业发展需求，员工无法实现长期稳定就业。

2.本土化人才需求呈上升趋势

目前，中国对吉的大型投资项目包括吉布提国际自贸区、盐化工工业园项目，大型工程承包项目包括亚吉铁路吉布提段建设项目、由中地海外承建的吉埃跨境供水项目（一期）、由中建港务和中国土木联合承建的多哈雷多功能码头建设项目、由中国港湾承建的阿萨尔盐湖盐业出口码头建设项目、由招商局集团与吉布提港口和自贸区管理局共同投资建设的吉布提国际自贸区项目，以及由中交一公局、中集集团承建的东非国际商务区项目展示区。大型投资项目和大型工程承包项目投入运营后，亟须一大批本土化技术技能人才。

以亚吉铁路为例，亚吉铁路西起埃塞俄比亚首都亚的斯亚贝巴市，东到吉布提首都吉布提市，全长752.7 km，总投资约40亿美元。中国中铁所属中铁二局集团有限公司（以下简称“中铁二局”）承建亚的斯亚贝巴至米埃索段，线路全长约325 km；中国铁建所属中国土木工程集团有限公司（以下简称“中国土木”）承建埃塞俄比亚米埃索至吉布提市段，线路全长约428 km。线路设计时速120 km，全程共设立45个车站，采取“6+2”的模式，即由中土集团和中铁二局组成的联营体运营6年，再提供2年的技术服务。

自2018年正式运营以来，亚吉铁路不断开拓货运市场，丰富服务内容，运能每年提高25%至30%，货运时间由3~7天缩短至10个小时左右，运输成本降低30%。据Railjournal网站报道数据显示，2021年亚吉铁路运营收入8613万美元，较2020年增长

37.5%。该线路全年共发送客运列车449列，累计运送旅客约30万人次，货运列车1469列，运输集装箱7万余标箱。

随着亚吉铁路运能的不断提高，亚吉铁路技术技能人才本土化需求呈上升趋势，如图8-4所示，2021年较2016年本土化用工净增3.5倍。中方运营人员总人数的占比呈逐年下降趋势，如2019年中方人员80人，当地员工约2582人，本土化员工已占亚吉铁路运营人员的97%。

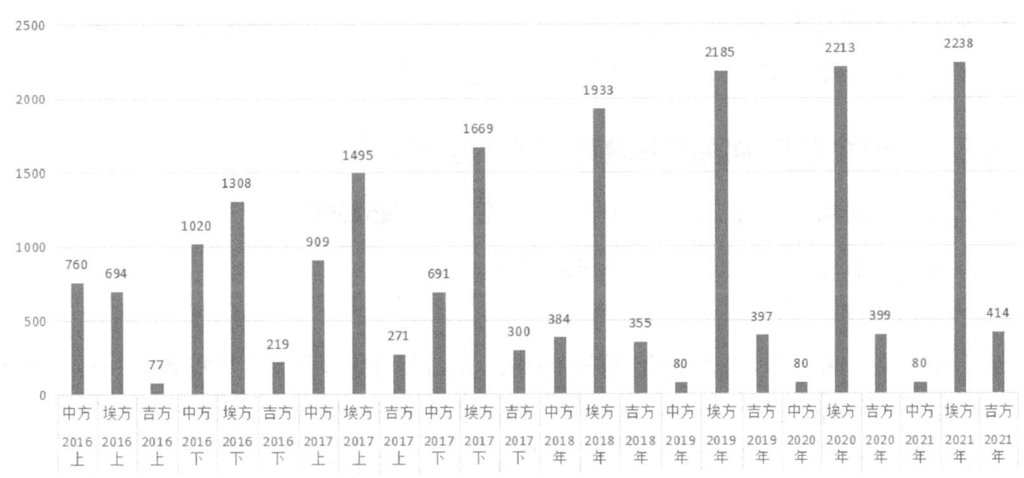

图8-4　亚吉铁路运营人员需求

3.技术技能岗位人才最为紧缺

在吉布提中资企业本土员工职业技能方面，以中国土木承建的亚吉铁路为例，2021年，需要进行职业技能提升的本土员工占比高达97%，其中吉布提段员工共411人，分布在基础设备管理部、运营管理部、人力资源管理部、预算管理部、安全质量部、能力建设部6个一级部门，涉及ET&ETS、设备维修、调车等68个岗位，需提升职业技能的本土员工岗位分布情况如图8-5所示。

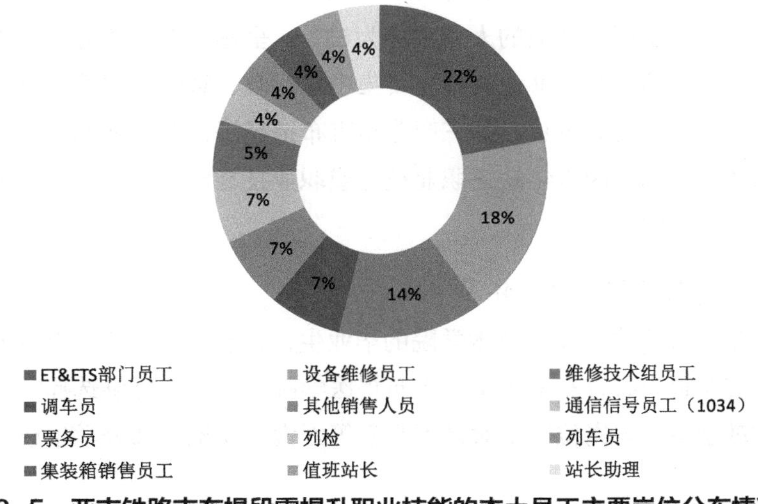

图8-5　亚吉铁路吉布提段需提升职业技能的本土员工主要岗位分布情况

4. 供需矛盾突出

一方面，企业发展需要的高端技能人才储量不足，导致无法满足现代化工商业发展的需求。此外，为各大中型企业服务的中小微企业数量较少，无法提供更多的中低端就业岗位，从而降低了低端人口就业率，形成恶性循环。另一方面，技术技能人才的契合度低。由于吉布提大多数企业是国外投资兴建，从建设之初，企业与本土职业教育的耦合度就不高，导致在企业本土化过程中，岗位所需的高技能人才和职业教育培养的人才契合度不高。因为本土技能人才的缺乏，从一定程度上影响了企业在吉布提的发展，同时，中等职业教育学校学生就业率低，“出口不畅”导致“进口不旺”。

8.3 中资企业与中国职业教育携手“走出去”

8.3.1 中国职业教育支持合作国国际产能合作的必要性

1. 由合作国社会发展面临的主要问题决定

（1）人口问题。

近十年，吉布提人口平均每年增长1.8%，人口呈现出两个主要特点，一是年轻化，虽然人口结构的年轻化是吉布提未来发展的机遇所在，但因劳动力市场就业岗位不足，无法及时兑现人口红利；二是城市化，因吉布提医疗卫生水平、教育住房条件等无法与城市人口的激增保持正相关性，使贫民窟大量涌现，矛盾激增，非均衡城市化的弊端日趋凸显。

（2）就业问题。

在失业率方面，按受教育程度划分，受过基础教育的失业率为35%，受过中等教育的失业率为27%，受过高等教育的失业率为16%；按年龄划分，15~24岁青年失业率为86%，15~34岁青年失业率为65%。由此可以看出，受教育程度是影响就业的重要因素，吉布提居高不下的失业情况严重影响了吉布提经济社会发展。

在就业人口分布方面，2021年从事第一产业和第二产业的人口分别占比25%和13%，呈逐年下降态势，从事第三产业的人口占比为62%，呈逐年上升态势。据吉布提国家统计局公布的数据显示，第三产业就业人口主要集中在行政、家政、建筑、公共工程、交通运输、通信邮电等行业。由此可见，第三产业是吉布提经济社会发展的引擎，尤其需要高水平技术技能人才。然而，因青年缺乏职业技能或职业技能水平不高，部分劳动者只能进入低端行业、非正规部门就业。

2. 由合作国缺失的职业教育体系决定

2019年之前，高级中等职业技术学院的毕业生，若想继续深造只能进入普通高等院校进行学习，而吉布提只有吉布提大学、吉布提医学院两所学校可供选择，且两所学校入学门槛高、实践教学少、与岗位需求对接不紧密等因素，使绝大部分学生放弃继续深造，直接进入社会就业。除此之外，职业院校的专业设置集中在土木工程、机械维修、办公自动化、旅游、建筑类、计算机应用等，对于第三产业中为国民生产总值做出贡献的交通运输、物流、通信邮电等行业未有涉及，导致以上行业存在人才缺口。

2019年3月28日，吉布提鲁班工坊的建成，开创了吉布提举办高等层次职业教育的先河，同时填补了吉布提没有铁道类专业的空白。吉布提鲁班工坊面向亚吉铁路和吉布提港口，培养所需的铁道类、商贸类人才，实现了“招生即招工，毕业即就业”的中国特色学徒制本土化实践。由此可见，中国职业教育在服务中吉产能合作的过程中是不可或缺的。

3. 由驻吉中资企业本土化技术技能人才需求决定

目前，由于驻吉中资企业在性质、规模、所属行业、经营方式等方面各不相同，对吉布提本土员工的培训方式也存在差异，大致包括企业自行开办培训机构或培训中心、委托国内院校对企业员工进行培训、采用学徒制对员工进行在岗培训、将员工送至中国进行培训等路径。中方为吉布提本土员工提供培训在提升就业质量、为自身提供人力资源职称、促进本土技术技能人才发展等方面做出了一定的贡献。

然而，本土化技术技能人才的培养需要院校与企业密切合作，方能发挥更大的作用。在吉开展培训的企业多采用员工在岗培训模式，培训内容关于基本职业素养的提升和基本职业技能的培养，培训时长多为短期培训，很少有较长时间的系统性培训。中国吉布提商会会长单位及云南大学海外中资企业调查项目组对驻吉中资企业本土员工培训内容和培训时长做了统计，具体数据如表8–8和表8–9所示。

表8–8　按性别划分员工接受培训的内容主要分布占比情况

培训内容	男	女
管理技能	16.67%	12.50%
人际交往技能	8.33%	37.50%
写作能力	5.00%	12.50%
职业道德	8.33%	12.50%
中文读写	33.33%	12.50%
英文读写	6.67%	12.50%
计算机技能	16.67%	25.00%
技术性技能	26.67%	37.50%
安全生产	23.33%	12.50%
其他	1.67%	12.50%
没有培训	8.33%	0

表8-9 按性别划分员工接受培训时长分布情况(单位:%)

培训时长	男	女
1~6天	23.73	62.50
7~29天	40.68	37.50
1~3个月	27.12	0
3~6个月	8.47	0
合计	100.00	100.00

8.3.2 中国职业教育在合作国的国际化办学

近年来，中吉依托中方援外人力资源培训项目、学历学位教育项目及鲁班工坊等，围绕交通物流、公共管理、农林牧渔、卫生和社会保障等多个行业，不断加强人力资源领域合作，有效提升了吉方参训人员的就业能力和就业水平。

1.中国职业教育在吉开展培训及资源建设情况

国内各职业院校在吉布提开展职业培训的过程中积累了助力国际产能合作的丰富经验，累计开展培训690天，惠及员工近3000人，部分中吉培训情况如表8-10所示。

表8-10 国内院校参与吉布提培训及资源建设情况

开班时间	培训名称	承担单位	培训人数	培训时长	培训方式
2014.5	亚吉铁路埃塞俄比亚铁路公司铁路业务知识培训	天津铁道职业技术学院	254人	6个月	天津，集中培训
2015.6	亚吉铁路吉布提铁路公司铁路业务知识培训	天津铁道职业技术学院	100人	6个月	天津，集中培训
2018.5	吉布提监控设备保养与维护技术培训班	湖南外贸职业学院	29人	7天	湖南，集中培训
2019.7	吉布提共和国IT工程师培训	北京市昌平职业学校	4人	4天	北京，集中培训
2019.10	亚吉铁路埃塞俄比亚铁路运营技术海外培训班	北京交通大学委托天津铁道职业技术学院承办	150人	40天	亚吉铁路拉布车站，集中培训
2019.10	亚吉铁路电力机车司机培训班	郑州铁路职业技术学院	200人	6个月	郑州，集中培训
2019.11	2019年吉布提桥梁与路面道路养护培训班	湖南外贸职业学院中南大学继续教育学院	18人	21天	湖南，集中培训
2019.11	2019年非洲国家首饰加工技术班	湖南外贸职业学院	24人	50天	湖南，集中培训

续表

开班时间	培训名称	承担单位	培训人数	培训时长	培训方式
2021.11	亚吉铁路工种培训资源建设（录播课程）	天津铁道职业技术学院 郑州铁路职业技术学院	2000余人	—	线上培训
2022.4	吉布提国家行政机关管理研修班	江西外语外贸职业学院	11人	21天	线上培训
2022.6	亚吉铁路铁道机车运用技术海外培训班	陕西铁路工程职业技术学院	100人	7天	线上培训
2022.9	非洲青年创新创业中心首期训练营	招商局、吉布提港口与自贸区管理局、吉布提中国商会、招商蛇口	26人	8天	吉布提，集中培训

2. 天津铁道职业技术学院在吉的国际化办学实践

天津铁道职业技术学院在吉布提开展的国际化办学形式主要分为社会培训和学历教育。在社会培训方面，2015年学院为100名吉布提铁路公司员工开展了为期6个月的技能培训，涉及铁道工程、铁道信号、铁道机车车辆、铁道运输四个专业。经过精心调研企业需求与吉布提本国社会经济发展需求，学院制定了“五段”培训法，即按照适应性学习阶段、基础知识阶段、理论学习阶段、专项现场实习阶段、专业课程学习阶段对学员开展培训。在此期间学院完成专业培训方案4个、课程大纲20余个、英文教材20余本。学员经过培训归国后，成为亚吉铁路运营的骨干力量，获得了吉布提交通部、吉布提铁路公司的高度认可。

在新冠疫情防控期间，为服务“一带一路”标志性工程——亚吉铁路，2021年7月，天津铁道职业技术学院中标亚吉铁路线上教育培训服务项目。鉴于非洲国家网络环境差、技术人员水平低、管理人员经验少等情况并结合项目具体需求，学院围绕“听得懂、用得上、学得会、干得好”的培训目标，经过探索形成了“分级、分步、分类”的培训路径，通过“实物实操+虚拟仿真”的呈现形式，采用标准化、规范化、专业化的教学资源模板，对线路工、信号工等八个工种涉及的结构认知、操作流程等内容进行深入浅出地讲解，着重加强对学员安全意识、团队协作等职业素养的提升，并构建了“三服、三化、三对接”体系，完成录播课程视频554学时，中英文对照PPT554个，教材8本，题库500题，实现了本土化人才可持续发展。

在学历教育方面，2019年学院招收4名吉布提留学生，就读于铁道工程专业，旨在为亚吉铁路运营培养所需的工务类人才。疫情防控期间，学院积极探索线上教学新思路，勾勒出“多元结合，教学相长，分类施教的教师导学、学生探究、师生互动、生生参与”的线上教学导图。此外，采用校企联合培养的双主体育人模式。学院与中国土木工程集团吉布提公司共同制定了人才培养方案，基于吉布提铁道运输类岗位需求构建了“课岗证融通”的课程体系，企业参与人才培养全过程，实现课程内容与职业标准对接、教学过程与生产过程对接。

8.3.3 国际化办学的形式与成效

关于其他国家在吉布提职业教育办学成效等事宜，在互联网上未找到相关线索。为此，项目组成员致电了吉布提国民教育与职业培训部总督学迈哈迪。他表示，吉布提与周边国家，如摩洛哥、埃塞俄比亚、索马里等国家的职业教育合作只存在于留学生培养及师资交流。除中国外，尚未有其他国家投入建设专门的职业技术教育培训中心或培训平台。

8.4 天津铁道职业技术学院支持吉布提国际产能合作

8.4.1 现状分析

1. 吉布提鲁班工坊情况概述

为服务亚吉铁路和吉布提港口发展，2017年4月，天津铁道职业技术学院提出建设吉布提鲁班工坊初步构想，同年10月，与中国土木达成共建吉布提鲁班工坊意向。2018年3月，学院与吉布提教育部签署合作备忘录。2019年3月28日，天津铁道职业技术学院、天津市第一商业学校与吉布提工商学校、中国土木工程集团吉布提公司共同建成非洲第一家鲁班工坊——吉布提鲁班工坊，开设铁道交通运营管理、铁道工程技术、商贸、物流4个专业，建筑面积1000 m^2，铁道类专业建有铁道运营沙盘教学区、机车模拟驾驶教学区等5个教学区，商科专业建有企业全景感知实训室、企业模拟经营认知实训室等5个实训区；工坊实训基地设在亚吉铁路那噶得车站。

图8-6 吉布提鲁班工坊外观

2. 建设内容

（1）教学资源建设。

按照吉布提当地经济社会发展需求，结合吉布提国家职业资格标准和中国国家教学标准，以实践创新能力培养为核心，针对吉布提本土学生及员工基础知识和操作技能薄弱的特征，对接岗位需求、提炼技能特点，注重实操技能，编写简明易懂、模块化教材，以满足学历教育和在职员工培训需求。在教材建设中，注重专业课程职业定向性，开发立体化、系列化、信息化的双语教学资源，实现了我国与吉布提专业教学的同步同质、海外课程与中国课程相互连接。

（2）师资队伍建设。

无论是学历教育还是技能培训，师资队伍建设都是职业教育服务国际产能合作可持续发展的关键一环，基于专业发展的师资培训是与吉布提院校共享中国先进的教育理念、教育模式的必要途径。师资培训始终坚持“请进来”与”走出去”相结合的思路，“线上”与“线下”相结合的方式，以及“四双、五能、四有”的培养目标。

“四双”为师资培训夯实基础，即“双讲”“双练”“双测”“双证”。“双讲”即讲专业理论知识、讲实践操作；“双练”即练习专业技能，练习教育教学技能；“双测”即测试理论知识，测试实际操作技能；“双证”即获得结业证和资格证。“五能”为师资培训助推加力，包括提升教师的专业实践能力、教学能力、资源开发能力、信息化应用能力和自我学习提升能力。“四有”为师资培训持续赋能，即培养有国际视野、国际情意、国际知识和国际能力的高素质师资队伍。

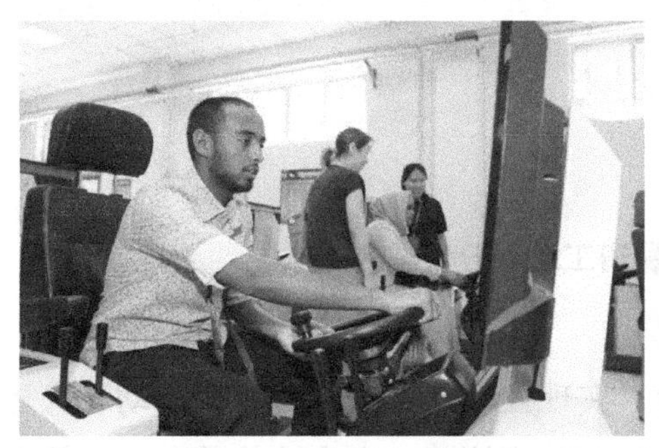

图8-7　中方院校为吉方开展铁道类、商科类师资培训

（3）场地建设。

职业院校与驻吉中资企业合作，建设集实践教学、社会培训、企业真实生产和社会技术服务于一体的国际化实习实训基地，是保障学历教育与技能培训顺利开展的基础性工程。在吉布提鲁班工坊建设过程中，中国土木工程集团吉布提公司提供一定资金用于场地装修和设备购置，并提供其投建营一体化的亚吉铁路那噶得车站作为鲁班工坊实训基地，充分满足了工坊教学实习、技能实训、岗前培训等需求。

图8-8　吉布提鲁班工坊部分教学区

（4）学历教育。

在招生方面，校企合作招生、共同培育，实现人才培养与就业有机联动、人才供需有效对接，实现了“招生即招工、毕业即就业”订单班培养。在人才培养方面，校企协同共建教学标准、开发教学资源。以吉布提鲁班工坊为例，在精心调研亚吉铁路岗位需求、吉布提自贸区岗位需求的基础上，校企以《中国高等职业教育标准专业人才培养方案》《中国高等职业教育专业教学标准》等文件为基础，从当地学生及员工的实际培养定位出发，确定人才培养目标、重构课程体系、改进教学方法，制订了本土化、实效化的国际化专业教学标准、课程标准和考核评价标准。

（5）技能培训。

职业院校与在吉中资企业协同开展员工培训的方式主要为三种。

①选派员工来华培训。驻吉中资企业在培训开展前，对国内院校和开展实训的场所进行遴选，由国内职业院校安排系统培训和相关实习。来华培训有利于将中国标准、中国技术、中国装备更直观地展现给企业员工，拓宽其国际视野，有效提升了综合素质及技能水平。不足之处在于培训成本较高。

②由国内职业院校优秀教师赴吉布提，对企业员工开展技能培训。职业院校教师在培训开展前，需围绕吉布提人文环境、法律法规、培训方式、合作项目具体内容等方面进行深入了解，以便有的放矢地开展培训。不足之处在于国内教师在吉布提开展培训的时长相对受限。

③开展企业内部培训。具体分为两个阶段，在建设阶段，企业开展短期简单技能型培训，工作中多以师带徒方式进一步提高技能水平，以满足建设阶段快速上岗的需求；在运维阶段，需要对设施设备进行精细化运营维护，对员工的业务水平和职业素养提出更高要求，此时需要与职业院校进行合作，进行系统性的员工培训，以利于企业员工能力实现可持续提升，校企协同开发适应项目需要的标准、教学资源和技能等级认证体系，采用开发数字化教学资源或录播课程的方式协同开展培训。

8.4.2 办学模式

1.合作方情况概述

（1）中方院校

天津铁道职业技术学院始建于1951年，是一所行业特色鲜明、国际交流广泛的公办高等职业院校，面向国内外铁路、城市轨道行业培养高素质技术技能人才。自2001年起，先后为坦桑尼亚、赞比亚、埃塞俄比亚、吉布提等国家培训铁路人才1100余名，先后建成了泰国鲁班工坊铁院中心、吉布提鲁班工坊和尼日利亚鲁班工坊；天津市第一商业学校是首批国办商贸类中等职业学校，被评为国家级重点中等职业学校、首批国家级示范校、全国教育系统先进集体、全国职业教育先进单位、第四届黄炎培职业教育优秀学校。现建设形成财经商贸、商用技术、机电技术、艺术设计四大专业群。2019年参与建成吉布提鲁班工坊。

（2）外方院校

吉布提工商学校位于吉布提共和国首都吉布提市，由中国土木于1993年援建，是吉布提最大的职业院校，开设40个专业，在校生1700余人。学校有十个专业教学区，包含土木工程、建筑设施、机电、电子电工、制冷、汽车驾驶与维修等区域。

按照中国高等职业教育标准，根据吉布提经济社会发展需要，结合企业岗位用人需求，开设了铁道交通运营管理、铁道工程技术、商贸和物流4个专业。吉布提鲁班工坊4个专业全部通过吉布提教育部的审批和认证，正式纳入吉布提国民教育体系。

（3）驻吉中资企业

中国土木工程集团有限公司是中国最早进入国际市场的企业之一，2003年并入中国铁道建筑总公司。目前已发展成为拥有中国铁路工程施工总承包特级资质的大型国有企业，连续19年入选全球最大250家国际承包商百强行列。中国土木工程集团吉布提公司于1981年进入吉布提市场，先后实施了吉布提外交部大楼、国家体育场、工商学校等百余个项目。

作为两届中国吉布提商会会长企业，是当地经营时间最长、最具影响力、规模最大的中资企业之一。

吉布提鲁班工坊主要服务中国土木承建的亚吉铁路和吉布提港口经济的发展，在学历教育方面，每年按需招收铁道类专业学生，招生规模为每专业10–20人，培养掌握铁路客运工作、货运工作和行车工作、铁路线路、公路、房屋建筑等施工与维护等一线岗位的高素质技术技能人才；商贸类专业每年招生规模为20人左右，培养具备市场策划与分析、商务谈判、国际贸易、仓储、运输、包装、配送等知识的高素质技术技能型人才。

2.合作模式与组织架构

（1）合作模式。

吉布提鲁班工坊采用“政政企校校”合作模式，如图8–9，该模式由天津市人民政府、吉布提教育部等中吉政府机关提供政策支持，由天津铁道职业技术学院、天津市第一商业学校两家中方职业院校提供教学资源及师资培训支持，由外方院校吉布提工商学校提供场地支持，由驻吉中资企业中国土木工程集团吉布提公司提供实训场地和中方建设人员的生活支持等。与此同时，“政企校”三方协同，共建“4+2+1+1”，“4”即4个标准包括专业标准、课程标准、大赛标准、评价标准；“2”即两支队伍，一支懂汉语、通晓中国技术和标准的师资队伍和一支团结友善的管理人才队伍；两个“1”分别代表1整套轨道交通实训基地和1套技能大赛装备研发成果。

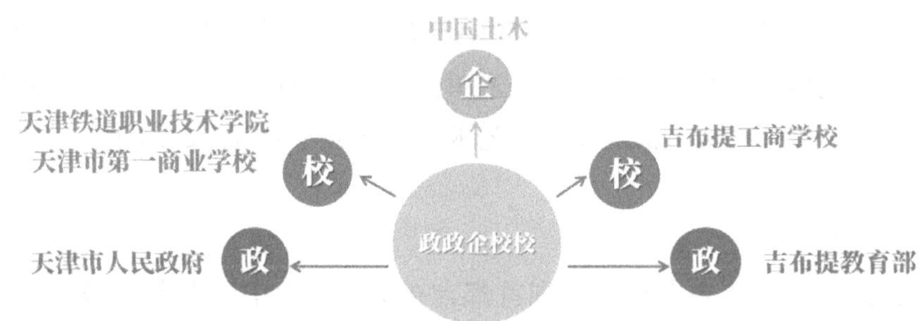

图8–9　吉布提鲁班工坊合作模式

（2）合作分工。

2019年3月，天津铁道职业技术学院、天津市第一商业学校与吉布提工商学校、中国土木工程集团吉布提公司签署《吉布提鲁班工坊四方共建协议》。校企各方以吉布提鲁班工坊为依托，探索国有大中型企业积极参与职业教育国际化办学合作之路，服务中国土木工程集团吉布提公司“1+N”发展战略，助力国际产能合作，逐步建立“全方位、深层次、多形式”的产教融合与校企合作的有效机制。

（3）组织框架。

在吉布提鲁班工坊建设运营过程中，形成了决策层—引导层—执行层的组织架构如图8–10。

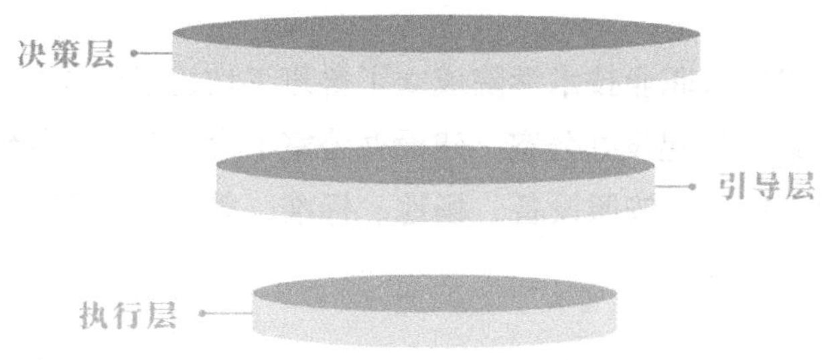

图8-10　吉布提鲁班工坊组织架构

决策层：由中外方政府，中外方职业院校负责人和企业负责人组成，负责顶层设计，确定以吉提鲁班工坊为平台，吉布提技术技能人才的培养理念、在职员工培训与青年学历培养的有机融合路径、开展海内外校企合作的方法等。

引导层：由中外方院校教学主管部门、二级学院和企业人力资源负责人组成，负责人才培养方案、课程标准、职工技术等级标准等内涵建设。

执行层：由中外方院校专业教师、企业相关重点项目负责人组成，负责校企协同内容的具体执行，包括教学资源建设、实训基地建设运营、现代学徒制本土化等。

8.4.3　体制机制

1.主要制度

随着建设任务的完成，天津铁道职业技术学院将工作重心转移到运营维护，及时新建及修订了《铁道学院鲁班工坊运营管理办法》《铁道学院鲁班工坊建设资金管理办法》等规章制度，将工作重点下移到二级学院，充分发挥二级学院的主体作用，明确校企对专业选择、教学资源开发、技能等级认证等进行全方位合作，协同开展线下培训和线上录播课程制作，不断探索实践鲁班工坊可持续发展新路径，实现社会效益和经济效益双丰收。

2.运行机制

（1）政府层面。

外方政府由吉布提教育部牵头，于2018年3月与天津铁道职业技术学院签署《谅解合作备忘录》，确定了政校双方在铁路行业相关工作和培训鉴定、鲁班工坊建设、吉布提铁路员工培训、培训课程实施、培养学历学生、交流和分享先进技术和教学设备等方面开展合作，并成立由吉布提教育部总督学、吉布提教育局局长、吉布提工商学校校长、天津铁道职业技术学院院长组成的工作推进小组，小组于每年年初召开工作会议，确定本年度工作计划和优先合作事项，并对合作领域开展的工作进行定期检查与监督；中方政府参与方面，2019年9月，天津市成立了鲁班工坊推进工作领导小组，由市领导任组长，统筹领导、加快推进工坊建设工作。天津市教委多次对鲁班工坊建设方案和建设进展给予指导性意见，保证了项目的顺利实施。

（2）院校层面。

2018年5月，天津铁道职业技术学院成立了鲁班工坊建设组织机构，成立学院鲁班工坊建设领导小组和鲁班工坊建设办公室，建设办公室下设外联、专业建设、实训基地建设、宣传、科研5个专项工作组，按照设备、场地、标准、教材、师资“五到位”的要求，推进工坊建设。

（3）企业层面。

自2017年10月起，中国土木集团有限公司与天津铁道职业技术学院达成共建吉布提鲁班工坊的合作共识，在建设过程中企业为人才培养、标准建设、实训场地建设、设备清关、住宿提供等方面给予了大力支持。

3.评价方式

由吉布提教育部总督学、中外方职业院校负责人、驻吉中资企业负责人组成吉布提鲁班工坊建设评估小组。每年年底评估小组对工坊学生满意度、受训员工满意度、受训教师满意度进行调查，总结各方意见及建议，以便进一步优化工坊运营相关工作，图8-11为评估小组调查受训教师培训质量的调查问卷。

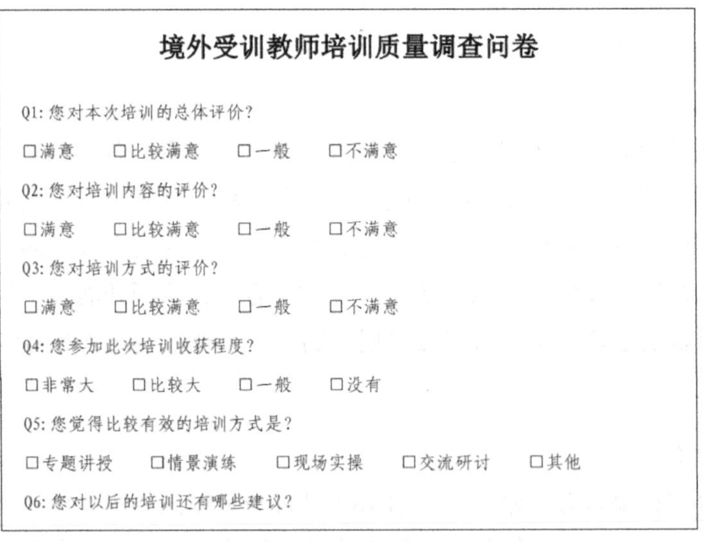
境外受训教师培训质量调查问卷

Q1：您对本次培训的总体评价？

□满意 □比较满意 □一般 □不满意

Q2：您对培训内容的评价？

□满意 □比较满意 □一般 □不满意

Q3：您对培训方式的评价？

□满意 □比较满意 □一般 □不满意

Q4：您参加此次培训收获程度？

□非常大 □比较大 □一般 □没有

Q5：您觉得比较有效的培训方式是？

□专题讲授 □情景演练 □现场实操 □交流研讨 □其他

Q6：您对以后的培训还有哪些建议？

图8-11 鲁班工坊受训教师培训质量调查问卷

8.4.4 主要成效

1.主要成效

（1）搭建了校企合作可持续发展的平台。

为深入推进鲁班工坊创新发展，丰富鲁班工坊内涵建设，2021年4月29日，鲁班工坊产教融合发展联盟成立。联盟性质是以企业为主，院校、科研机构和社会组织参与的全国性、非营利性合作组织，遵循“共同建设、共促发展、共享成果”的基本原则，探索深化

“服务‘一带一路’建设、助力企业海外发展、拓展学校合作空间”的鲁班工坊国际产教融合发展模式，为鲁班工坊的高质量可持续发展提供平台与资源支撑，为中国企业海外发展提供技能人才培养与技术创新服务。目前，联盟成员已发展为35家合作企业和21所参建鲁班工坊的职业院校。校企通过参加世界职业教育发展大会、中国国际进口博览会等国际性会议，在拓展鲁班工坊专业建设及新增鲁班工坊方面继续密切配合，联盟成员抱团出海，助力国际产能合作成为新常态。

（2）丰富了本土化技术技能人才路径。

鲁班工坊揭牌运营前，铁道工程技术、铁道交通运营与管理2个专业即获得吉布提教育部的认证，同意中国高等职业教育专科层次在吉布提举办；商贸和物流2个专业也陆续取得吉布提国民教育与职业培训部颁发中职、高职层次学历培养确认函（如图8-12），提升了吉布提工商学校学历层次，填补了吉布提国民教育的空白。

吉布提共和国
团结-平等-和平

吉布提国民教育与职业培训部

جمهورية جيبوتي

وزارة التربية الوطنية والتكوين المهني

Djibouti le 28/03/2019

部长

الوزير

N° 359 /MENFOP

至
天津市教育委员会
天津铁道职业技术学院

主题：同意天津铁道职业技术学院开设铁道类专业的确认函

吉布提国民教育与职业培训部对天津铁道职业技术学院提交的铁道工程技术、铁道交通运营管理两个专业人才培养方案进行了严肃、细致的审查，认为专业人才培养方案能够针对吉布提鲁班工坊学生实际情况，并结合相关企业就业需求。

两个专业的人才培养方案培养目标及就业岗位明确、课程体系结构合理、教学模式理念先进、专业建设及发展目标符合企业实际需求。

为满足吉布提对铁路运输方面的技术技能需求，吉布提国民教育与职业培训部认证批准举办中国高等职业教育专科层次，同意开设两个铁道类专业，学生学习期满，成绩合格，同意颁发高等职业教育（专科）毕业证书。

吉布提国民教育与职业培训部部长
穆斯塔法·默罕默德·马哈穆德
MOUSTAPHA MOHAMED MAHAMOUD

REPUBLIQUE DE DJIBOUTI
Unité – Égalité – Paix

MINISTÈRE DE L'ÉDUCATION NATIONALE
ET DE LA FORMATION PROFESSIONNELLE

جمهورية جيبوتي

وزارة التربية الوطنية والتكوين المهني

Djibouti le 28/03/2019

LE MINISTRE

الوزير

N° 359 /MENFOP

A
La commission de l'Éducation de la municipalité de Tianjin,
Université Professionnelle de Tianjin pour les Techniques Ferroviaires,

Objet : Lettre de confirmation pour la création de spécialités ferroviaires

Le Ministère de l'Éducation Nationale et de la Formation Professionnelle a procédé à un examen approfondi sur les programmes de formation des spécialités suivantes de niveau Baccalauréat professionnelle +3ans:

- Ingénierie et technique ferroviaires,
- Exploitation et gestion ferroviaires,

Soumis par l'Université Professionnelle de Tianjin pour les Techniques Ferroviaires, ces programmes de formation peuvent être enseignés dans les ateliers Luban de Djibouti (Lycée Industriel et Commercial) en partenariat avec les entreprises du secteur de transport ferroviaire.

En outre, les conditions d'enseignement et de mise en oeuvre permettent d'approuver la mise en place de ces formations.

Les objectifs de formation, les postes de travail, la structure du programme d'étude et de certification ainsi que le modèle d'enseignement répondent aux besoins réels de nos entreprises.

Afin de répondre aux besoins en compétences techniques dans le secteur de transport ferroviaire, le Ministère de l'Éducation Nationale et de la Formation Professionnelle valide et homologue le diplôme de licence professionnelle (Baccalauréat professionnelle +3ans) de l'enseignement professionnel supérieur Chinois.

Nous sommes convenus de mettre en oeuvre les deux programmes de formation des spécialités ferroviaires et de délivrer un diplôme de licence professionnelle (Bac pro+3) de l'enseignement professionnel supérieur pour les candidats qui valident les examens de fin de formation.

Le Ministre
MOUSTAPHA MOHAMED MAHAMOUD

图8-12 专业认证函

截至2023年9月，吉布提鲁班工坊已培养学生148人、教师69人次，4名吉布提留学生于2022年7月毕业，首批24名培养学生于2023年9月毕业。完成150本国际化标准、教材、实训指导书等资料的编写，正式出版教材3本，线上教学资源已达1412课时，被中央电视台《新闻联播》、新华社、吉布提《国家报》等34家中外主流媒体报道150余次。2019年在吉布提鲁班工坊的辐射影响下，受北京交通大学委托，天津铁道职业技术学院承接由商务部主办的埃塞俄比亚铁路运营技术海外培训项目，选派4名教师赴埃塞俄比亚开展为期40天的员工培训，共培训学员95名。2021年，天津铁道职业技术学院中标亚吉铁路运营与维护项目公司关于亚吉铁路当地员工的线上培训项目，教师团队完成线路工、通信工、信号工等8个工种课程教学视频的录制，累计共550余学时，惠及员工800余人，未来在提升阶段将惠及员工2000余人。

2. 主要特色

中国职业院校服务中吉国际产能合作的主要特色和创新可以概括为“八个开创”，即开创了中非职业教育合作示范引领新格局，是落实中非合作八大行动“能力建设”行动最早期标志性成果之一；开创了落实两国领导人指示，服务国家战略，推进国家间经济合作，改善民生、促进青年就业的新局面；开创了两国政府搭台、双方职业院校合作共建、中国“走出去”企业全程深度参与的新模式；开创了我国中高职院校合作共建鲁班工坊的新模式；开创了吉布提举办高等职业教育层次的先河；开创了完成落地国专业认证的新路径，填补了吉布提国民教育的空白；开创了境外办学坊内教学区与坊外实训基地相结合的新模式；开创了国际化校企合作，共同实施国家项目，把产教融合、校企合作推向了一个新高度。

8.5 存在的问题与发展建议

8.5.1 存在的问题及原因分析

1. 合作平台尚未完全搭建

中国职业教育支持中资企业在非洲的国际产能合作需要建立相对稳定和成熟的合作平台。该平台应由中国与合作国政府、职业教育院校或机构及中资企业共同搭建，在发挥平台功能和作用过程中，固化多方合作主体合作项目、内容、目标和实施途径，否则，将会形成中国职业教育资源与合作国中资企业连接纽带阻断，项目实施主体不能聚力协同发展的情况。吉布提鲁班工坊在建设初期，因存在社会、文化等诸多方面的差异，学院在直接与合作国院校联络沟通的过程中受到诸多阻力，因合作国院校对项目目标和具体实施方案不甚了解，尚未意识到项目落地后会对经济社会发展、改善民生产生积极影响，导致项目推进进度非常缓慢。随后，驻吉中资企业加入项目中，凭借在吉深耕多年而积累的产能合作方面的经验，协助中方院校联系中国驻吉大使馆、吉布提教育部等政府部门，并协助中方院校与合作国院校积极沟通，建设过程中在人才培养、标准建设、实训场地建设、设备清关、住宿提供等方面给予大力支持，形成了“政企校”三方合力，扭转了合作阻力大于动力的局面。

2. 合作机制尚未完全形成

中国职业院校与中资企业在合作国属于国际化的产教融合。产教融合的主体虽然均为中国的合作主体，但在境外也应当在合作平台基础上构建共商、共建、共管、共用、共赢的机制。中国职业教育在境外为合作国培养本土化的高技能员工尽管终极目标和根本利益是一致的，但作为校企合作的项目应当遵循合作国的产业政策环境，按照境外合作的特点，实施“大利益一致共同，各自利益你中有我、我中有你”。实践证明，境外的产教融合和校企合作依靠国内和所在国的政策和体制是不够的，应适当在境外建立“支持”和“合作”机制，如果合作内容、合作方式、合作目标和预期成效未达成共识，将会使中国职业教育在境外支持中资企业国际产能合作的效率降低。天津铁道职业技术学院携手中国土木工程集团吉布提公司，在吉布提共建鲁班工坊始终重视机制建设，校企在境外共建4个标准、2支队伍、1系列轨道交通实训基地和1套技能大赛装备研发成果。例如在共建实训基地助力技术人才培养方面，2019年3月28日下午，吉布提鲁班工坊实训基地正式揭牌，中国土木工程集团吉布提公司将其投建营一体化的亚吉铁路那噶得车站作为鲁班工坊的实训基地。吉布提鲁班工坊首届24名铁道类专业学生按照吉布提教育部认证的人才培养方案，在实训基地开展顶岗实习。在人才培养过程中，坚持“学用考”协同发力，注重现场操作和情景教学，强化实操培训和导师带徒，每天上午开展专业实践操作，下午开展理论知识讲授，周六组织一次测试和专家答疑，最后开展结业考试，探索了中国现代学徒制海外实践的路径。

3.信息沟通尚未完全通畅

在平台构建和机制作用下，校企的境外合作应当更加注重信息沟通，避免信息丢失和不对称。中国职业教育为中资企业培养本土化高技能人才，应当在培养模式、定位、服务对象等方面，通过固化的通道在中国驻外使领馆和机构支持下保持中方、中方与外方在合作办学方面的需求信息畅通，不断打通堵点，消除盲点，增强一体化协同合作效率。例如，在吉布提鲁班工坊师资培训的过程中，校企双方在中国驻吉布提大使馆及其经商处的支持下，指导当地教师构建了服务吉布提本国经济社会发展需求、服务亚吉铁路岗位技术技能人才需求、服务合作国学生综合素质提升需求的人才培养模式及定位。在师资培训方案制订前，按照因地制宜的原则，充分调研中吉企业的岗位需求，以及亚吉铁路线路、道口具体情况，考虑到吉布提终年高温、当地人安全意识亟待增强等情况，在培训中着重介绍了高温影响下线路维修、道口看守等安全方面的注意事项。考虑到无缝线路在吉布提尚未普及的情况，在培训过程中着重介绍了有缝线路养护、钢轨接头病害整治等相关内容，做到“线路有缝，对接无缝”。

4.政策支持尚未完全到位

中国职业教育支持中资企业国际产能合作是中国支持非洲国家的特色和优势，实践证明，持续建设才能做到持续发展，这需要中非合作的两国政策支持。在构建新时代中非命运共同体的大背景下，中国职业教育的持续合作建设需中国政府的政策支持，同样合作国的政策支持也是极其重要的，从而使中国职业教育支持中资企业国际产能合作置于良好的政策生态之中。例如，在吉布提鲁班工坊设备清关方面，由于吉布提仅对东南非共同市场（COMESA）的成员国有关税优惠，对鲁班工坊的设备设施都征收了一定的关税，如进口原料税率为33%，金属制品税率为33%，矿产品及玻璃制品平均税率为24%，吉布提政府缺乏对合作国相应的减免政策，使得中国职业教育“走出去”的经济成本较大。另外，缺乏有效合理的中吉国际产能合作的促进政策，驻吉中资企业在海外投资的保障措施有待加强。

8.5.2 发展建议

1.打造中非职教合作共同体

中国一直致力于推动新时代中非命运共同体建设，中非职教合作共同体建设就是其中重要部分。中国职业教育对中资企业国际产能合作的支持将从产业和职业教育两方面发挥作用。中国职业院校携手中国企业走入非洲，与非洲国家的职业院校与企业合作，在共同体机制和功能作用下使合作主体增加、合作优势互补、合作领域加宽，各方的合作收益提升，持续发展能力及前景更加符合国家战略，使中非职业教育合作站在新起点、采取新机制、迈出新步伐、实现新跨越。

2.营造中国职业教育支持中资企业国际产能合作的生态雨林

在构建中非职业教育命运共同体中，需要合作国具有适合多方主体进行合作的生态雨林，其中除了社会经济与产业及教育环境外，还包括两国间的文化相近、相融和职业教育理念的一致。中国职业教育和中资企业在非洲国家立足和发展，实现国际产教融合，应当适应合作国的生态环境，按照合作国需求和政策，使中国职业教育着力于支持中国企业，在合作国采用不同于国内校企合作的模式和机制，从产业和职教两方面为构建中非共同体做出努力。

3.不断探索和创新中国职业教育支持中资企业国际产能合作的模式

目前，中国职业院校在非洲建立的鲁班工坊，基本功能均包括支持中资企业的国际产能合作，但支持模式有区别，如埃及鲁班工坊采用在埃及设立中资企业就业园模式；乌干达鲁班工坊依国内著名企业在合作院校周边建立姆巴莱中资企业工业园，鲁班工坊已经为园区的23家中资企业培养了近300名本土员工，有力解决了区内中资企业在高技能人才方面的短缺问题，也形成了在非洲国家中国职教与中国企业合作办学的特色；吉布提鲁班工坊依托国内龙头企业协同“走出去”，创立“政政企校校”合作模式，由中吉政府提供政策支持，由中方职业院校提供教学资源及师资培训支持，由外方院校提供场地支持，由驻吉中资企业提供实训场地保障和中方建设人员的生活支持等，目前已培养学生148人，惠及亚吉铁路员工2000余人，在惠及吉布提民生福祉，助力区域经济发展方面发挥了重要作用。

第九章

职业教育合作服务中加产能合作报告

加纳，全称“加纳共和国”，位于赤道以北750千米的非洲西海岸，几内亚湾北岸，西连科特迪瓦，北接布基纳法索，东邻多哥，南濒大西洋，海岸线长度达562千米，国土面积约23.85万平方千米。加纳幅员辽阔，地理位置优越，自然资源丰富，史称“黄金海岸”。加纳共和国成立于1960年7月1日，国内政治环境和平稳定，民主政治得到了全球的认可。目前，加纳奉行务实、多元、积极中立的外交政策，并将开展经济外交放在重要位置。在与西方发达国家发展积极关系的同时，也加强与中国的互利合作。加纳与中国于1960年7月5日正式建立外交关系，1966年因发生军事政变，军政府曾单方面与中国断交。1972年与中国恢复外交关系。此后，中加两国双边关系平稳发展，在维护国际和平与地区安全等政治问题上持有诸多一致观点，共同致力于建立和平、公正、平等的国际秩序。

9.1 加纳经济、产业现状及职业教育发展情况

9.1.1 摆脱援助，探索经济独立发展之路

加纳将大力促进经济发展作为国家全面发展的重中之重。近年来，加纳政府针对国家经济发展采取了一系列有力措施：利用区位优势为投资者扩大市场，吸引外资，追求经济自由化，逐步健全法制，营造相对开放的市场环境，制定相对宽松的吸引投资的政策，以促进经济社会发展。目前，加纳政府所作的努力已初见成效，加纳经济平稳发展，民生得到有效改善。加纳已成功跻身非洲大陆经济调整和改革较好国家行列，被世界银行誉为“非洲经济复兴的中心”。

近些年，加纳GDP、人均GDP在非洲排名基本保持稳定，且位居前列。据世界银行数据库统计：2017—2021年，加纳GDP增长了171.8亿美元，人均GDP增长了371美元，加纳经济呈持续增长趋势（详见表9–1）。2020年，受新冠疫情与国际石油价格波动等影

响，加纳GDP年度增长率大幅下降，仅有0.51%，但仍是鲜有的经济保持增长趋势的国家之一。2021年，在世界经济复苏、疫情管控放宽、石油价格上升，加纳本国加速经济结构调整转型的推动下，经济开始复苏。据环球数据（Globaldata）发布的报告，加纳被列为2021年非洲经济发展最快的国家。此外，据加纳电子媒体《乐在线》报道，在服务业和出口增长的带动下，加纳未来五年经济有望平均每年增长5%。总体而言，加纳经济整体向好，有很大潜力与发展空间。

表9-1　2017—2021年加纳宏观经济数据

年份	GDP（美元）	GDP在非洲排位	人均GDP（美元）	人均GDP在非洲排位
2017	604.1亿	9	2074.3	18
2018	673亿	9	2260.9	17
2019	683.4亿	9	2246.6	18
2020	700.4亿	8	2254.2	17
2021	775.9亿	8	2445.3	18

数据来源：世界银行数据库

为推动经济发展，加纳政府先后出台了多项经济发展规划。2006年，加纳政府制订了十年经济发展规划，确定了大力发展制造业、推动农业现代化、加强交通通信基础设施建设等方向。2017年1月，纳纳·阿库福-阿多就任总统后，更是将促进经济复苏作为第一执政要务，具体措施包括大力推进经济转型和工业化进程，出台大规模减税和刺激就业政策，发行国债，整顿金融业，改善营商环境。2018年，加纳政府再次出台国家七年发展规划，加快推进"一区一厂""一村一坝""发展种植业解决粮食和就业问题"等经济发展旗舰项目；启动多个新石油区块招标，油气产量大幅上升；以建设"摆脱援助的加纳"为引领，努力改变传统受援模式，吸引外国投资，力图将加纳打造成西非经济和金融枢纽。近年来，加纳提出"超越援助"计划，目的在于使加纳从发展中国家转型为发达繁荣、充满自信的国度，不依靠援助发展自己，积极参与全球贸易投资竞争。为使"超越援助"计划落地，加纳领导人始终坚持推动非洲内部贸易，加纳已第一个签署非洲大陆自贸区协定，协定于2021年1月生效，成为自贸区秘书处所在地。

9.1.2　发展多元产业，营造开放营商环境

加纳自然资源禀赋丰厚，拥有丰富的农业、矿产、林业、和渔业资源。加之，加纳政局稳定，法律制度较为完善，政策相对开放，经济发展多样性较强，外资吸引力居非洲前列。这为加纳的产业发展创造了良好的条件。

加纳经济以农业、采矿业和服务业为主导产业，石油、黄金、可可为前三大出口创汇产业。产业现状具体如图9-1。

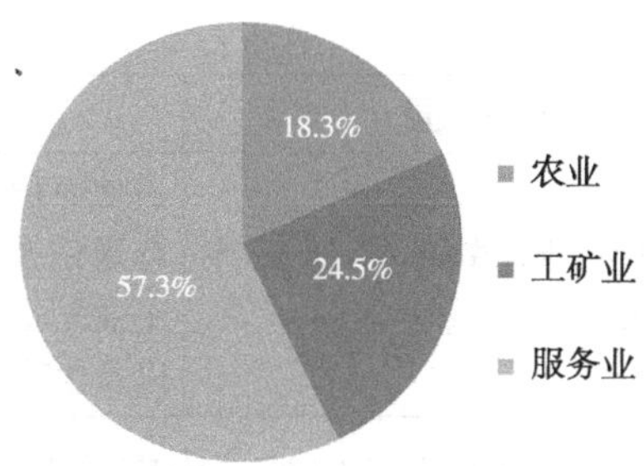

图9-1 产业现状

数据来源：CIA World Factbook

农业是加纳经济的基础，农业就业人数占全国就业人数的56.2%。加纳的农业部门分为四个子部门，即种植业、牲畜业、渔业和林业。加纳种植的经济作物主要包括可可（豆）、谷物、木薯、热带水果等。饲养的牲畜主要包括山羊、绵羊、牛、兔子、猪和家禽。渔业以捕捞金枪鱼、罗非鱼、真鲷等鱼类而闻名，其中大部分是商业性养殖，约有260万加纳人（占加纳人口的10%）依靠渔业为生。林业是继矿产、石油、可可之后的第四大出口创汇产业，加纳木材出口有近百年的历史，木材加工业的升级使木制品出口量呈增大趋势。加纳工业基础薄弱，原材料依赖进口。近年来，工业在国民经济中的地位有所上升，主要以黄金、钻石、锰和铝矾土开采为主，纺织、水泥、木材加工、电力等产业较为薄弱。加纳服务业也是国民经济重要部门，产值约占国内生产总值的一半，其中医疗保障和信息通信等行业增速较快。除此之外，因吸收外商直接投资（FDI）资金，除传统的可可、油气领域，可再生资源、金融服务、房地产等行业也迎头赶上，加纳产业结构日趋多元化。

为促进加纳工业快速发展，根据议会法案《1995年自贸区法案（504法案）》制订了加纳自贸区计划，其目的在于通过吸引外商直接投资，促进加纳货物加工制造与服务贸易出口。自贸区完全由私营机构经营，自贸区管理局只负责协调管理自贸区开发商、运营商与企业之间的关系。目前，加纳共有四大自贸区，具体情况如表9-2。

表9-2 加纳工业园区

园区	地理位置	园区介绍及产品特色
特马工业园Tema Export Processing Zone,TEPZ	大阿克拉省的特马镇，靠近加纳最大海港特马港，位于首都克拉以东25千米处	该加工区占地面积485.6公顷，着重于家用电器生产、太阳能产品、LED显示屏和霓虹灯、小型柴油发电机、小型皮卡车组装、装饰类建材生产等轻工业项目
塞康迪工业园Sekondi Industrial Park	加纳第二大港口Sekondi-Takoradi	占地面积880.3公顷，指定用于重工业、轻工业以及仓储
沙马工业园Yabiw / Shama Land Bank ）	加纳西部省沙马地区	占地面积为1133.12公顷，专用于石油石化产业的出口产业园区，主要吸引油气行业下游企业

续表

园区	地理位置	园区介绍及产品特色
阿散蒂技术园Ashanti Technology Park,ATP	加纳中部阿散蒂省博安卡（Boankra）	占地面积为444.7公顷，该园区主要吸引信息通信技术、可可加工、轻工业制造、重工业制造、仓储物流服务、社会服务中心以及生物技术研发等企业

加纳四大自贸区的成立，除了政府支持以外，中国企业也参与其中，中甘国际旗下华陇（加纳）集团总公司投资了特马工业园，中国跨国公司投资了塞康迪工业园。有了加纳政府与中资企业的支持，加纳产业获得了强大的保障，发展态势迅猛。

9.1.3 完备的教育体系与落后的职业教育

1.完备的教育体系和职业教育框架

职业教育是教育体系不可或缺的一部分。加纳教育体系由三部分组成，一是基础教育包括学前班、幼儿园和初中，二是三年高中，三是高等教育包括培训学院、技术学院、公立和私立大学。此外，公共部门设有专门教育机构。目前，基础教育分为六年基础教育和三年初中教育（统称为基础教育），所有加纳儿童免费接受义务教育直至九年级，完成基础教育后学生可以升入高中学习或者接受职业教育（TVET），高中修业年限为三年，职业教育学制分为三年制和四年制，高等教育则是标准的四年制大学课程。因此，加纳教育系统可概括为“6+3+3+4”系统。按照国际教育标准分类ISCED（International Standard Classification of Education），ISCED1级和ISCED2级涵盖非正式学徒教育。加纳教育体系见图9–2。

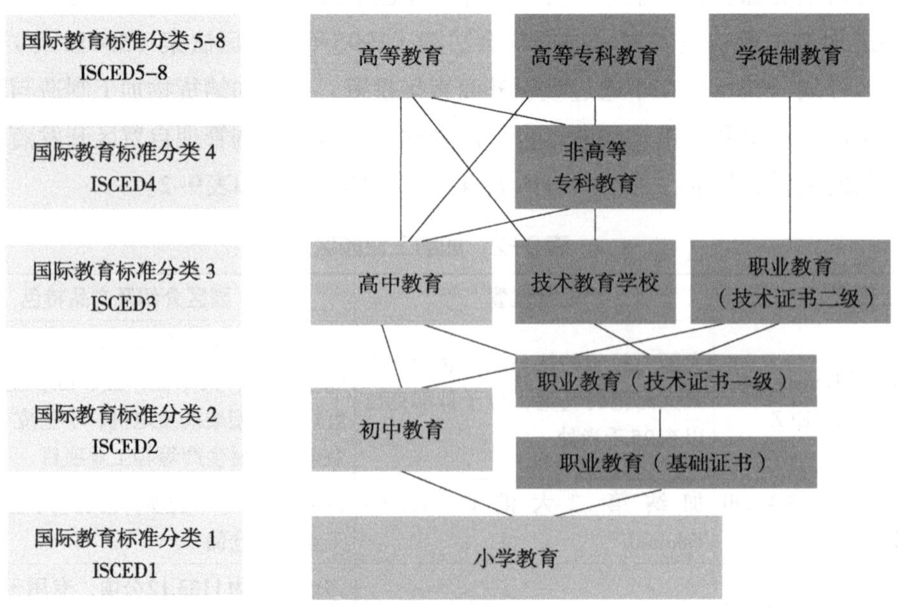

图9–2 加纳教育体系

图片来源：https://unevoc.unesco.org/

目前随着这一教育系统的运转，基础教育广泛普及，教育公共部门的管理能力得到显著提高，教育管理被视为最佳实践的典范，但是仍面临着重大的挑战。例如，女生入学率低、学生成绩差、合格教师数量不足、班级班额过大以及教学资源缺乏等。为改变上述情况，加纳政府正在采取积极措施增加女生的入学率、缩小学校之间的不平等、增强教师培训、扩大教师队伍等以实现优质教育。

加纳在2012年试行职业教育（TVET）框架体系，即国家职业技术教育及培训资格框架（NTVETQF），该框架共有八个等级，对应从中学到博士阶段的学历教育，由加纳职业技术教育及培训委员会（COTVET）管理。框架体系见表9-3。

表9-3　国家职业技术教育及培训资格框架(NTVETQF)

<table>
<tr><th>NQF等级</th><th colspan="2">普通/学术国家资格证书框架</th><th colspan="2">国家职业技术教育资格框架</th><th>NTVETQF等级</th><th>教育层次</th></tr>
<tr><td>10</td><td colspan="2">博士学位</td><td colspan="2">技术博士</td><td>8</td><td rowspan="5">高等教育</td></tr>
<tr><td>9</td><td colspan="2">硕士学位</td><td colspan="2" rowspan="2">技术硕士</td><td rowspan="2">7</td></tr>
<tr><td>8</td><td>研究生文凭/证书</td><td></td></tr>
<tr><td>7</td><td colspan="2">学士学位</td><td colspan="2">技术学士</td><td>6</td></tr>
<tr><td>6</td><td colspan="2">高等教育文凭</td><td rowspan="3">ABCE</td><td>高等国家文凭</td><td>5</td></tr>
<tr><td>5</td><td colspan="2">普通国家文凭</td><td rowspan="2">国家证书II级</td><td rowspan="2">4</td><td rowspan="3">中等教育</td></tr>
<tr><td>4</td><td>高中毕业证</td><td>高级普通教育证书</td></tr>
<tr><td>3</td><td colspan="2">普通级普通教育证书</td><td>GBCE</td><td>国家证书I级</td><td>3</td></tr>
<tr><td>2</td><td colspan="2" rowspan="2">初中毕业证</td><td rowspan="2">—</td><td>国家能力II级</td><td>2</td><td rowspan="2">基础教育</td></tr>
<tr><td>1</td><td>国家能力I级</td><td>1</td></tr>
</table>

表格来源：Ghana's NQF in the making，2020

加纳的TVET教育机构分为私立与公立。根据COTVET早期调查数据显示：职业培训机构总计578个，包括公立职业教育及培训机构223个，私立职业教育及培训机构355个。根据世界教科文组织（UNESCO）最近统计数据，加纳的职业培训机构增至795个，其中公立职业教育及培训机构395个，私立职业教育及培训机构400个。公立教育机构增加了172个，增幅达69%，由此可见政府对职业教育投资建设力度之大。加纳TVET机构和管理部门（2018年数据）见表9-4。

表9-4　加纳TVET机构和管理部门（2018年数据）

管理部门	机构类型/名称及数量（所/个）
教育部	GES技术机构，47
就业和劳动关系部	国家职业培训学院中心，34 机遇工业化中心，3 综合社区就业技能中心(ICCES)，62
青年和体育部	青年领袖培训中心，11
贸易工业部	全国小型工业委员会商业咨询中心，161 农村培训设施，15 加纳地区适宜技术产业服务(GRATIS)，9
环境、科学与技术部	Suame中间技术转换单位(ITTU)，1 Suame自动化技术研究所(SMATI)，1
食品与农业部	农业培训机构(农业学院－Adidome, Asuasi和Wenchi)，8
性别、儿童和社会保障部	社会福利培训中心及感化院，18
地方政府与农村发展部	社区发展中心，24
道路与交通部	道路与交通培训中心(Kaneshie，Accra)，1
私营部门	私人机构、非政府组织、固定运营基地、私人个体，400
旅游、艺术与文化部	加纳旅游局酒店、餐饮和培训学院(HOTCATT)，1

数据来源：UNESCO－UNEVOC https://unevoc.unesco.org/home/

公立职业院校经历了多个发展阶段。库马西技术大学的发展历程代表了加纳职业教育公立院校的改造升级过程，可分为四个阶段：该校始建于1954年，原名库马西工业学院（K.T.I.），提供技术工艺类课程；1963年，该学院由加纳教育服务处改建为非高等理工学院，并开始提供技术文凭和专业课程；1992年的《理工学院法》（PNDC L.321）将理工学院提升为高等院校，作为技术发展的催化剂，在制造业、商业、科学和技术方面培养高水平的技术人才；《2016年技术大学法案》（922法案）将库马西理工学院改制为的库马西技术大学，旨在提供工程、应用艺术、科学技术等基础学科的高等教育技术和职业培训。目前，该校已发展成为加纳乃至非洲地区的职业培训中心。库马西技术大学提供专科、学士和硕士的学历教育，同时也面向加纳和其他非洲国家提供职业技术培训。设有工程与技术、应用科学与技术、健康科学、建筑与自然环境、创意艺术与技术、商学院、企业经营发展、研究生院等9个二级学院。

2.较低的社会认可度及女性参与度

根据联合国教育、科学及文化组织（UNESCO）统计，加纳2021年度总人口数3170万，职业教育入学人数为76 800人，其中女性占比仅为26.7%；近12个月内青年和成人参加正规和非正规教育和培训的占比为1.8%，其中14~25岁参加TVET培训的人数占比为1.3%。另教育管理信息系统（EMIS）公布的2013/2014年度教育管理信息系统数据显示，职业教育与培训机构的总入学人数为41 065人。公立院校的入学人数为35 349人，私立院校的入学人数为5716人，而高中公立和私立学校的总入学人数为750 706人。因此，职业教育学生与高中学生的比例是1∶18。综上所述，虽然职业教育入学人数逐年增加，但相较于普通教育，选择接受职业教育的人数仍然较少。

根据加纳技术和职业教育培训委员会（CTVET）发布的《2021年证书Ⅱ核心、选修考试、访问课程、技术员、高级和文凭考试的临时结果的通知》，加纳总共有来自175所公立和私立技术学院的28 834名考生（73%男性和27%女性）在全国120个中心参加了考试，女性参加资格测试的比例不到男性的1/3。综合前文所述，2021年度26.7%的女性入学率，接受职业教育的女性占比较低。

根据教育管理信息系统公布的2013/2014年度教育管理信息系统数据，职业教育和培训机构的教师总数为3730人。公立机构的教师人数为3074人，私立机构的教师人数为656人。职业教育教师中受过培训的男性教师占73.3%，女性教师占26.7%。女性教师数量占比也相对较低。

3.政府推进多项改革促进职业教育发展

加纳政府正在实施的“赋能下一代”的《教育战略计划》（ESP 2018—2030）改革，该项改革强调教育公平和问责，目标确保教育制度适应环境和时代，以及科技、工业、创意和知识经济的进步。新的改革措施旨在提供明确标准，以指导针对学生的教学、学习、评估和评分，促进教学专业化，提升教学水平。该项改革在职业教育（TVET）领域体现为：聚焦促进教师能力发展，包括建立前高等教育/职业教育教师职业资格制度和以技能和能力提升为导向的职业发展框架体系。

另外，加纳教育部正在推进TVET教育管理机构的重组，并制订TVET五年战略计划，制定及实施《TVET服务条例草案》，修订TVET委员会的法例，建立国家职业培训学院（NVTI），组建全国专业技术考试委员会（NABPTEX）。

加纳教育部还实施了三项措施，一是在本国财政系统的支持下开展工业技能发展项目（DSIP），该项目致力于增加妇女平等利用公共机构的机会，提高TVET教育质量和适用性；二是举办国家技能大赛，提高大众对TVET重要性的认知，向年轻人展示各种职业技能，提高职业教育的吸引力；三是基础设施建设，政府承诺每个区域至少建立两个最先进的TVET中心，这些中心将作为技术和职业培训的总部，为所有中心配备最先进的机器和培训工具。

9.2 加纳国际产能合作现状与驻加中资企业面临的挑战

9.2.1 加纳国际产能合作现状

1.积极参与国际产能合作，努力摆脱国际援助

加纳政府注重国际经济合作，通过参加多边和区域经济合作促进经济发展，先后加入世界贸易组织、西非经济共同体（ECOWAS）、经济合作与发展组织（OECD）发展中心参与多方经济活动。非洲联盟第12次特别峰会期间决定，将非洲大陆自由贸易区（AfCFTA）秘书处设在加纳，这预示着加纳将致力于推动非洲经济发展。

在开展国际经济合作过程中，加纳主要贸易伙伴为中国、欧盟、美国、南非、英国。近年来，中国在加纳对外贸易中的地位不断上升，并于2015年超越欧盟成为加纳第一大贸易伙伴。主要出口商品是黄金、石油、可可，主要进口商品是汽车、食品（大米、小麦、冻鱼、家禽制成品）、工业制成品、水泥、化肥等。

近年来，加纳政府高度重视以扩大吸收外资促进经济社会发展。根据联合国2020世界投资报告显示，加纳2019年吸引外国投资23.2亿美元，2019年外国投资存量为384.5亿美元。目前投资加纳的大型跨国公司主要有沃达丰、Millicom、可口可乐、百事可乐、联合利华、宝洁、GOLDFIELDS、AngloGold等。投资主要集中在电信、饮料、化妆品、黄金开采、石油开发等领域。

同时，加纳经济还依靠国际援助，其中双边援助主要来自日本、美国、德国、英国、法国等国家；多边援助主要来自世界银行、欧盟及国际货币基金组织等。2012年3月，世界银行拨款1亿美元资助加纳农业贸易。2014年8月，美国和加纳在《千年挑战计划》框架内签署总额为4.982亿美元的援助协议。2015年4月，国际货币基金组织（IMF）批准向加纳发放三年期6.642亿元特别提款权（相当于9.18亿美元），加纳政府已于2019年4月退出国际货币基金组织中期信贷计划（ECF）。2020年4月，国际货币基金组织批准了快速信贷安排项下对加纳的10亿美元贷款，帮助加纳抗击疫情。加纳长期依靠国际援助，导致其无法实现独立发展，弊大于利。

2.工业化进程缓慢推进，粮食危机仍然存在

近年来，加纳政府积极加强基础设施建设，大力推进工业化进程，提高出口产品的深加工水平，力图改变原材料出口型经济，努力摆脱依赖外国援助的经济发展模式。2018年，在中非合作论坛北京峰会召开期间，加纳总统纳纳·阿库福–阿多与中国国家主席习近平会晤。习近平主席表示中国支持加纳“超越援助”的设想，鼓励中国企业赴加投资，利用

好加纳政府的旗舰项目，例如“一区一厂”“为了粮食与就业而种植”计划，以及基础设施发展倡议，尤其是针对公路、铁路和能源部门等领域的发展。

近年来，加纳失业率居高不下，并且面临严重的粮食危机。据加纳统计局和食品农业部2022年调查数据显示，2009年约有5%，即120万加纳人面临粮食问题。2020年约有11.6%，即360万加纳人缺乏足够的粮食，加纳的粮食危机正不断恶化。农业是加纳经济的基础，2019年农业占GDP比重为17.3%，农业人口占全国就业人数的56.2%。加纳土地总面积为2385.39万公顷，其中适合农业种植的土地面积为1362.8万公顷，占总土地面积的57%。而实际农业耕种面积仅为530万公顷，约为总种植土地面积的1/3。加纳粮食严重依赖进口，仅大米进口就占全部进口总量的82%，进口金额超过10亿美元。2019年加纳政府推出粮食种植和就业计划，以“建立本地生产”满足本地需求，然而效果并不理想，发展农业现代化对解决加纳粮食危机十分必要。

9.2.2 驻加中资企业的发展基础与瓶颈

1. 投资广泛，双边贸易额增长迅速

中国投资者在加纳的投资领域十分广泛，中资企业类型多样，涵盖农业、渔业、房地产、建材、家具、食品饮料、陶瓷、钢铁、农药、制鞋、木材加工、纺织服装等行业，其中航空、电力、汽车、日化、食品等是近年投资热点。

目前，大约有3~5万的中国人居住在加纳的首都阿克拉、特马和库马西。根据NIA最新数据，来自202个国家的161 007名外籍人员获得了非公民加纳卡，其中22%的持有者（约35 400人）为中国人，是持有非公民加纳卡最多的国别。有300多家中资企业在加纳注册经营，其中约有6000名员工就职于50多家加纳规模比较大的中资企业。

近年来，中资企业在加纳投资项目从微乎其微变为举足轻重，双边贸易额从2000年的不到1亿美元飙升至2019年的75亿美元。华经产业研究院数据显示：2022年1~2月，中国与加纳双边货物进出口额为149 750.63万美元，相比2021年同期增长了20 696.33万美元，同比增长15.9%，中国已成为加纳第一大进口来源地和重要的贸易伙伴。

2. 国企入驻，促进当地发展与就业

中加合作新项目不断启动，在加纳实施的援助、融资、投资、工程承包项目不胜枚举。我国数十家大型央企和国企进驻加纳，先后有中水、葛洲坝、湖南建工、深圳能源、中石化、中铁建工等企业采用两优贷款、商业贷款和PPP投资等模式成功运作并实施了布维水电站、凯蓬供水、北部电网改造、特码发电厂、塔科拉迪天然气液化中心、海岸角贸易市场等一大批项目，项目合同总金额20多亿美元。据2020年4月统计，加纳中资企业商会会员单位在建项目近60个，为加纳创造了15 000个就业岗位，有力地促进了加纳当地就业和经济发展。具有代表性的投资项目见表9–5。

表9-5 中国驻加纳代表性投资项目

领域	中方投资企业	投资项目	项目简介
铁路	中建一局集团第一建筑有限公司	加纳交通系统改善项目—1号公路（塔塔莱至延迪段）	该项目总建设长度61.6千米，包括道路设计、路基路面工程、排水工程、维修保养工程等。
水运	中国水电建设集团国际工程有限公司	加纳海岸角市道路改造	该项目2019年12月开工，于2022年9月26日宣布竣工，共对当地25条城市道路进行升级改造，合计长度22.4千米。
航空	海航集团	非洲世界航空公司（Africa World Airline，简称“AWA公司”）	执飞国内和西非区域8条航线及包机任务。
医疗	中国城市建设研究院有限公司，南通四建集团	加纳霍城医科大学二期项目	该项目于2021年9月10日正式开工。项目包括建设校级行政楼、护理与助产士学院楼、值班室及设备用房等，总施工期36个月。
资源	山东黄金	加纳的Namdini露天金矿开发项目	该项目证实+可信黄金储量157.2吨，探明+控制资源量为203.1吨。项目建设期27个月，达产后年产金8.9吨。
可再生能源	中国电建国际工程公司	中国水电—加纳政府优先基础设施项目一期	该项目是扩大再生能源投资计划（SREP-IP）的重头戏，对提升现有发电能力、提高可再生能源比重发挥重大作用

3.人才缺乏，多重瓶颈致发展受限

（1）政策方面。

从整体上看，加纳对外商投资较为友好，但有些领域仍尚未对外商开放，如：除足球外的博彩、医药品销售、美容美发等领域。外资可以独资或合资的形式成立企业。如果开办合资公司，注册资本不少于20万美金，而独资公司则不低于50万美金。除矿业和油气公司外，通常企业税率在25%，在保税区（Free Zone）的出口企业可以享受10年优惠税收政策。

（2）经商环境。

由于加纳人口基数小，销售市场不大，另外很多企业缺乏对当地市场的深入调研，导致对加纳市场认识不足，产品不适应当地需要等，造成了亏损。与此同时，非洲的欠款很难结清，需要牵扯很大的精力，而且加纳贸易诈骗频繁多发，诈骗手法多样，很多企业上当受骗。

中资企业在加纳发展要注重防控风险，审慎扩大对非贸易和投资合作。非洲市场蕴藏巨大商机，同时也包含巨大的风险。政府的工程项目，拖欠款现象比较严重，应提前做好相关防范措施。同时要规避汇率风险，贸易项下尽可能采用跨境人民币结算方式。

（3）人才缺乏。

随着中加两国经济交流的快速发展，加纳中资企业越来越多，对人才的需求也越来越大。根据2013年加纳议会审议通过的《加纳投资促进中心法案》，外国公司只能根据投资额确定的移民配额安排相应数量的外国员工。中方员工数量受限，只能雇佣加纳当地员工。

除了前文提到的政策、经商环境、人才成为限制中资企业在加发展的因素之一。通过对驻外企业的访谈了解到，第一，中资企业对懂中文的本土人才需求增加，而加纳会说汉语并且能够进行读写的专业人才还很缺乏，无法满足中资企业的职业需求。第二，加纳毕业生就业意向倾向于在公共部门，不愿到企业工作。第三，加纳生活节奏较慢，本地员工的管理是一大难题。本地人因原属英联邦国家而遗留下来习惯和国内劳动力勤奋刻苦的作风不同，当地员工将自己工作界限划分得十分清楚，超出工作范围的不干，非工作时间也不干。于此，对中方企业而言管理是一大挑战，不仅要合理细致地分配每个岗位的工作任务，还必须提前合理调配好所有人工作内容以保证日生产量。以上种种都影响了中国“走出去”企业在当地的深度可持续发展。

9.3 中资企业与中国职业教育携手服务中加产能合作

9.3.1 中资企业与中国职业教育合作的必要性

1.加纳职业教育与产业发展不协调

（1）专业设置单一，无法满足行业需求。

职业教育在发展过程中要与经济方式的转变和产业结构的调整相互适应，此外还需与新兴产业对人才需要具备的基本能力和专业知识相互匹配。加纳产业以农业、工矿业、服务业为主，通信、金融服务等产业也迅速发展。目前，加纳职业教育注重与贸易有关的课程，这在促进贸易发展方面具有重要作用，但是课程较为单一，并不能满足产业对人才的需求。

加纳职业技术教育及培训委员会（COTVET）将该国TVET的发展目标确定为：通过以质量和需求为导向的国家发展学习，培养具有全球竞争力的劳动力。根据COTVET关于加纳TVET的报告，长久以来职业教育被认为是“不协调的，供应驱动（非需求导向）及与企业和行业的联系薄弱，被忽视的非正规部门学徒，在非正规部门拥有大量未经认可、未经认证和无效的技能。”

（2）校企合作不充分，办学成果不被认可。

加纳职业教育和企业合作不充分表现在，职业教育办学成果没有得到企业的认可，学生学到的技能与企业实际需求不匹配。无论是当地企业，还是在加中资企业都饱受人才缺乏之苦。工业企业与技术和职业教育部门之间没有强有力的联系，很大比例被技术学院和理工学院录取的学生，无法在校内学习到后期工作中所需的相关实践技能。其结果是，技术和职业学院毕业生的市场化程度较低，创业技能不足，毕业生无法自主创业，就业依赖政府。

（3）就业不乐观，育人质量亟待提升。

近年来，受自身国情与世界经济环境影响，加纳就业创业市场受到不断冲击。2020年新冠疫情的爆发以及近期国际形势的变化使得国家经济发展环境的不确定因素增加，就业结构性矛盾愈发突出，从而导致加纳就业压力进一步加大，就业岗位减少，失业率上升，就业形势愈发严峻。

据加纳统计局统计，2021年加纳失业率达13.4%，15~24岁的人口中有32.8%处于失业状态，而2011年失业率仅为6%。在世界银行对加纳第六次经济审议报告《守护未来：正在上升的青年失业挑战》中，2021年加纳青年人口占全国人口的36%，但青年人的失业比例达到了75%。由此可见，加纳就业市场前景不容乐观。

可见，除国际环境因素外，加纳自身情况也不断影响着就业与失业情况。截至2021年，加纳人口已达3170万人。加纳工会（TUC）曾指出：加纳每年有40万人进入就业市场，加纳面临严峻的就业压力，其中年轻人就业压力尤为加剧，对社会稳定构成了严峻挑战。人口带来的压力与过多的劳动力供给使得就业岗位供不应求。此外，青年人口就业的结构性矛盾突出，市场对高素质技能型人才需求增加，与岗位不匹配的技能类型与技能水平使其无法满足岗位需求，导致就业质量差且稳定性低。

2. 中资企业本土人才短缺与当地青年人口就业率低

加纳青少年劳动力总数逐年扩大（如图9-3），劳动资源丰富，这对中资企业在人才本土化培养上有较大意义。华经产业研究院数据显示：2019年，加纳15岁以上的劳动力人口总数为1291.71万人，比上年同比增长了30.55万人。中资企业在本土化人才培养上应注重提升员工职业技能水平，提高企业生产效率，把职教培养重点主要集中在“质”而非“量”上。

数据来源：世界银行，华经产业研究院整理http://huaon.com/channel/distdata/639987.html

图9-3　2010—2019年加纳15岁以上人口就业率

因此，中资企业应立足加纳实际，推进人才本地化和多元化，加强加纳本土人才职业技能培训。在人才培养方面，对专业技术类人才提供针对性培训；加大语言类、社会服务类人才培训。

针对以上分析，为解决加纳本土人才短缺问题，中资企业对加纳本土人才职业培训可从以下方面着手：一是给青年人提供培训的机会。加纳职业教育存在学校提供的技能和职场需要的技能不匹配的现象，年轻人并不具备用人单位需要的职业技能。因此，中资企业要根据加纳行业企业实际情况和需求对青年人进行培训。二是提升企业自身的可持续竞争力。建议企业培训按自上而下的顺序进行，在提升管理层的跨文化管理能力、业务水平的基础上，再对员工进行培训，注重培养员工对企业的归属感和认同感。另外，丰富培训内容，除了中文，还应当包括管理、业务等相关企业通用课程的内容。三是寻找适应当地的人才培养模式，比如学徒制。由老员工带领新员工，在师傅指导下新员工习得知识或技能，节约培训成本。四是女性在加纳的就业率不高，在职业竞争上没有优势，但女性在服务、电子等行业有较大的发展潜力。因此，针对女性进行电子行业技能类的培训，并通过产业界的合作制订相应的技能培训项目，为女性就业提供机会。

3.职业教育服务中资企业与改善合作国民生

作为类型教育，职业教育在校企协同“走出去”和服务弱势群体方面具有独特的优势，能够有效缓解贫困和促进就业。职业院校以分享中国标准和技术、服务为宗旨，充分发挥专业领域培训优势，组建系统化、专业化的培训体系，通过教师境外培训或技术指导等形式，帮助“一带一路”沿线国家培养技术技能型人才。同时，职业院校以服务“走出去”企业为宗旨，与企业携手积极开展高层次的国际化职业技能培训，培养具有国际竞争力的高端技术技能人才。中国职业院校“走出去”，为“一带一路”沿线国家经济发展提供了人才支撑，为“走出去”中资企业本土化发展提供了有力支持，也为建设中国特色和世界水平职业院校奠定了良好基础。

9.3.2 中资企业与中国职业教育的两种合作模式

职业教育对接行业、促进就业，企业在职业教育国际产能合作中扮演着重要角色。中国企业“走出去”带动职业技术教育“走出去”，而职业技术教育“走出去”又对接海外中资企业的用工需求。中资企业通常直接参与到中非职业教育合作中，将企业承担的角色划分为办学主体与合作主体两种模式。

1.企业担任办学主体的模式

办学主体是指企业自主举办职业教育或培训，如职业教育、职业培训机构；产业学院、企业学院等。企业根据自身现状，以企业的业务发展为导向，自主开展职业技能培训，是企业培养人才、开发本土人才资源的重要举措。如华为公司自2013年起成立ICT学院，在全球72个国家开展培训、认证、竞赛等活动，受益学生每年达几万人。自1998年进入非洲市场以来，华为公司的业务已经覆盖非洲54个国家，服务非洲2/3的人口，累计为非洲培养超过5万名ICT人才，创造了数以万计的就业机会。

2.企业担任合作主体的模式

合作主体是指企业联合高职院校或参与举办职业教育，深度开展校企合作，参与培养过程，建设实训基地，技术技能创新，参与师资、教学建设，参与质量评价等工作。在职业教育合作中表现为两种情况，一是企业联合高职院校，支持配合高职院校国际化。其中鲁班工坊就是校企合作“走出去”的形式之一。鲁班工坊与海外企业合作，选择海外职业院校或机构共同开展职业教育，致力于培养当地企业所需的技能人才。二是职教联盟。2018年，由教育部中外人文交流中心与南非高等教育和培训部工业和制造业培训署共同发起，两国相关政府部门、院校、企业等58家单位联合成立了“中国—南非职业教育合作联盟”。2020年，湖南外贸职业学院在湖南省政府的支持下建设了包括职业院校、对非合作企业、非洲湖南商协会等在内的“中非经贸合作职业教育产教联盟”。2021年，中非职业教育联盟成立大会暨联盟第一届理事会全体会议在济南顺利召开，参会成员包括中方70多家院校、企业机构及20多家非方高教机构，此次会议进一步凝聚增强了高职院校、地方企业、地方政府对非合作的教育力量。企业联合高职院校“走出去”的实践中，中国企业不仅能从硬件设施设备、实训实习建设、技术创新、就业岗位等实际操作层面为高职院校国际化提供支持，还能为高职院校专业设置提供参考。

9.3.3 中国职业教育与加纳中资企业国际产能合作的成效

2007年，非盟出台《振兴非洲技术和职业教育与培训的战略》，职业教育成为非洲国家教育政策的重点。中国坚持“引进来”和“走出去”相结合的职业教育国际化路径，拓展职业教育平台，提升中外合作办学水平。中国与加纳的职业教育合作纵深发展，其合作方式也由单项援助向多样合作迈进，职业院校携手合作企业“走出去”是当前中非职业教育合作的重要形式，以帮助非洲培养技术技能型人才为手段，提升青年就业能力和国民经济效能为目的。中方对非援助实践形式多样，包括在非开展职业技术和专业培训、援助教学设备、选派专家教师进行专业指导、援建职业教育机构等。

1.开展非洲（加纳）的职业教育培训

河南机电职业学院携手中电基础产品装备有限公司开展“一带一路”海外职教加纳项目培训班，依托汽车工程学院专业骨干教师，以《汽车电控系统的诊断仪器及检测方法》《电控汽油发动机的各传感器及执行器工作原理和电路连接》《汽车构造及底盘系统的理论》《汽车构造及底盘系统的实操》等课程对学员进行了为期5天的集中培训，为加纳培养了职业教育技能人才。

2.线上线下教师培训或技术指导

“非洲职业院校管理人员和骨干教师培训”是首期面向非洲职业院校管理人员和

骨干教师开展的培训，由中国教育国际交流协会和非洲技术与应用型大学与学院协会（ATUPA）共同主办。潍坊职业学院承办了针对加纳库马西技术大学的一对一培训，培训分为线上线下两部分。潍坊职业学院与教育部中国教育国际交流协会、中国航空技术国际控股有限公司三方合作，派出机电专业和汽车专业的三名教师专家赴加纳为库马西技术大学等高校教师开展计算机绘图、数控车床等技术培训。

3.援建职业教育培训机构

中国帮助加纳建设教育基础设施，提供奖学金和培训名额。2014年11月15日，中国援建加纳职业技术学院扩建项目落成启用。总建筑面积4500平方米，包括职业学院教学楼和中小学教学楼两个部分。

2022年4月，中国援建加纳职业技术教育培训升级项目竣工。该项目由中国航空技术国际控股有限公司承建，2019年11月开工建设，主要包括加纳教育部一所考试中心和15所职业院校培训中心。该公司还为23所加纳职业院校提供了69套现代化职教培训设备，涵盖机械加工、电工电子、焊接、汽修和土木工程五个专业，并将为设备提供五年售后服务和辅助运营。除此之外，该公司还联合多所中国高职院校对加纳教职人员进行培训。该项目的落成将推动加纳职业技术教育的发展进程，有助于培养更多专业技术人才，促进加纳经济社会发展。

4.开展项目合作，打造中国职教国际品牌

2019年，滨州职业学院携手再制造（滨州）国际贸易有限公司拟与加纳共同实施“智能特种工程机械+鲁班工坊产业化”项目，旨在落实2018年中非合作论坛北京峰会提出的“八大行动计划”，以建设非洲、发展非洲为宗旨，计划建设滨州再制造（中国）贸易中心、中非技术技能人才成长平台和德国工匠培训平台，实施智能装备工程制造产业化计划和非洲工匠培养计划，通过鲁班工坊建设和培训计划为非洲各国建立机械行业人才梯队，推动非洲经济更好更快发展。

习近平主席在2021年中非合作论坛第八届部长级会议开幕式上提出了实施“未来非洲——中非职业教育合作计划”的倡议，该计划由中华人民共和国教育部主导，中国教育交流协会组织实施，组织形式为中方院校与非洲各国高校联合培养技术技能人才。首批试点专业为机电一体化和建筑工程，全国共计14所院校入选。项目包括两部分，一是学生联合培养项目，采取“1+2+1”（针对非洲本科学生，第一年在非洲学习，第二年和第三年在中国学习，第四年回非洲完成学业），学生获得非洲本科学历和中方院校的专科学历及相关X证书，参与院校也可根据实际情况灵活改成“1.5+1+0.5”或者其他形式。二是骨干教师培训项目，由中方院校组织对外方院校的教师一对一培训。

9.4 潍坊职业学院支持中加产能合作的实践

9.4.1 关于职业教育参与中加产能合作的背景分析

当前，中非关系处于历史最好时期，非盟“2063年愿景”和中国“一带一路”倡议的提出成为中非合作发展的强大引擎。中非合作论坛无疑是引领中非合作的顶层机制，论坛自2000年设立以来，已有成熟的运行机制和丰硕的成果，为中非合作发展提供了政策依据且指明了方向。非洲联盟提出了一些促进非洲发展的政策，如《非洲发展新伙伴计划》（2001年）、《非洲加速工业发展行动计划》（2007 年）、《非洲基础设施发展规划》和非洲“2063年愿景”（2013年），这些政策都提到了加快发展工业化是促进非洲发展的重要发展路径和关键要素。

中国政府紧扣非洲发展诉求，提出了相应的对非合作方案。2014年5月，李克强总理访问非洲埃塞俄比亚、尼日利亚、安哥拉、肯尼亚四国，提出中非合作的 四个原则、六大工程、一个平台的“461”框架。2015年1月，中国政府与非盟签署推动非洲交通和基础设施“三网一化”的备忘录。2015 年 12月，习近平主席在约翰内斯堡峰会上公布了《中非合作论坛———约翰内斯堡行动计划》，提出 2016—2018 年中非合作的“五大支柱”及“十大合作计划”。

表9-6 中非合作的重大项目

时间、事件	中非合作政策	具体内容
2014年5月，李克强访问非洲四国	“461”框架	平等、务实、真诚、守信——四个原则，产业、金融、减贫、生态环保、人文交流、和平与安全——六大工程，中非合作论坛——一个平台
2015年1月，中国政府与非盟签署备忘录	“三网一化”备忘录	建设覆盖非洲全境的高铁网、高速公路网、航空网和推进工业化
2015年12月，约翰内斯堡峰会，《中非合作论坛——约翰内斯堡行动计划》	“五大支柱” “十大合作计划”	“五大支柱”：政治上平等互信、经济上合作共赢、文明上交流互鉴、安全上守望相助、国际事务中团结协作。 “十大合作计划”：工业化、农业现代化、基础设施、金融、绿色发展、贸易和投资便利化、减贫惠民、公共卫生、人文、和平与安全。
2018年，中非合作论坛北京峰会《北京宣言》	“八大行动”	“八大行动”：产业促进行动、设施联通行动、贸易便利行动、绿色发展行动、能力建设行动、健康卫生行动、人文交流行动、和平安全行动。
2021年11月，中非合作论坛第八届部长级会议《中非合作2035年愿景》	“九项工程”	中国将同非洲国家密切配合，共同实施卫生健康、减贫惠农、贸易促进、投资驱动、数字创新、绿色发展、能力建设、人文交流、和平安全“九项工程”。

随着“一带一路”建设及构建人类命运共同体的深入推进，中非职业教育合作进入了新的发展时期。2018年，习近平主席在中非合作论坛北京峰会上明确提出未来三年中非合作将实施的“八大行动”，承诺要在非洲设立10个鲁班工坊为当地青年提供职业技能培训，提供来华教育、培训交流与奖学金等10万个名额，以增强非洲发展能力建设；2021年11月，在中非合作论坛第八届部长级会议开幕式上，习近平主席提出“未来非洲——中非职业教育合作计划”，开展“非洲留学生就业直通车”活动，继续同非洲国家合作设立“鲁班工坊”，鼓励在非中方企业为当地提供不少于80万个就业岗位，共同实施“九项工程”，中非职业教育合作面临空前的发展机遇。

9.4.2 潍坊职业学院参与中加职教合作项目的基本模式

潍坊职业学院自2021年加入“未来非洲——中非职业教育合作计划”以来，立项首批试点院校，稳步推进“中非应用型人才联合培养项目”，圆满完成“非洲职业院校师资人员和骨干教师‘一对一’培训”，派专家赴加纳开展大中专升级改造项目，分享多项专业国际化标准，开展职业教育服务国际产能合作、对非师资培训等课题研究，在服务中非职教合作和“一带一路”建设方面取得一系列积极成果。

1. 校企合作，加纳职业技术教育培训升级项目

加纳职业技术教育培训升级项目是中国政府为促进加纳经济社会发展，深化两国教育领域合作的重要举措。由中国航空技术国际控股有限公司承建，项目在加纳第二大城市库马西落地。2019年11月开工建设，2022年4月竣工，主要包括加纳教育部一所考试中心和15所职业院校培训中心。本次职业教育培训升级项目将向加纳大中专院校提供实验室设备、课程设计、教师培训、校舍建设和配套服务等，旨在提高加纳职业教育水平，为加纳培养更多具有专业技术人才，助力加纳国家建设。

加纳已连续多年成为在华留学生最多的非洲国家之一，中国也成为加纳最大的人员培训提供国。中方进一步深化人力资源领域合作，实施好职业教育培训升级项目，帮助加纳培训更多国家建设发展需要的优秀人才，助力加纳工业化发展和经济转型升级。

2. 稳数量保质量，开展技术技能人才联合培养项目

作为“未来非洲——中非职业教育合作计划”框架下子项目之一的中非应用型人才联合培养项目，潍坊职业学院、日照职业技术学院依托高水平专业与加纳库马西技术大学开展机电一体化技术专业、建筑工程技术专业“1+2+1”模式的人才联合培养项目，联合开展学历生培养。针对加纳基础建设和工业化起步阶段对人力资源的需求，结合中资企业的岗位要求，多次对接沟通，联合制定符合中国标准、满足加纳需求的人才培养方案和专业课程标准。两校共录取加纳库马西技术大学30名相关专业在校学生，该项目将为加纳培养经济社会发展亟须的机电和建筑专业高素质技术技能人才。

3. 线上线下结合，开展院校间“一对一”教师培训

“未来非洲——中非职业教育合作计划”子项目职业院校管理人员和骨干教师培训，由中国教育国际交流协会、非洲技术与应用型大学和学院协会主办，中航国际承办的非洲职业院校管理人员和骨干教师培训项目线下教学，于2022年4月在加纳库马西技术大学举办。项目由线上培训及线下教学两部分内容组成。培训对象为加纳项目院校领导、教学负责人及相关专业带头人，培训内容包括理论知识、前沿专业技术、教育理念、教学方法、课程设计和评价等。线下培训地点设在库马西技术大学新校区，包含土木工程和机电两个专业方向的技能训练项目，共培训25名学员；通过此次培训，加纳院校管理人员和教师的实操实训和专业技术能力得到了提升，加强了中非教师沟通交流，极大拓展了中非职业教育合作的广度和深度。

4. 分享国际标准，拓展中非职业教育课程开发和学术研究

通过深度参与计划，学校开发并分享机电类国际化课程标准，开展教学实训专项培训，大大提升了加纳职业院校教师设备操作能力和职业技能实训能力。针对加纳教育教学体系及中非职教合作情况，联合非方院校开展相关课题研究。立项中国教育国际交流协会“中非职业教育合作中对非洲院校教师培训模式的探索及研究”课题，以加纳库马西技术大学合作项目为试点并适时推广，提高师资培养的有效性和针对性。

9.5 存在的问题与发展建议

国际产能合作是中国政府根据全球经济发展提出的一项重要决策和倡议。早在2014年年底，李克强就已经提出“国际产能合作”的理念，中国与加纳自建交以来，双方始终保持友好的外交关系。中国在工业化进程上摸索的经验，与加纳的国际发展需求切实温和，两国合作潜力巨大。大量的产业技术人才，是两国产能合作深入发展的基础。职业教育为产能合作提供人才支撑和技术支持，是产业得以输出的重要路径。

9.5.1 全球化背景下职业教育服务国际产能合作的理论依据

随着世界经济全球化、贸易自由化的发展，教育资源在国际间进行合理分配，教育要素在国际间流动与共享，教育国际化成为全球化的重要表现。所谓教育国际化，专家学者有不同的定义，一般认为教育国际化是不同国家交流学习教育理念、教育方法、教育制度、教育模式，开展教育合作的过程，其主要目的是推动知识和人才的国际流动，提升教育水平，推动全球一体化发展。教育国际化注重过程性、国际性以及目的性或功能性，有利于政府和学校吸收国际经验，提升国际影响力。职业教育作为一种重要的教育类型，在新时代发展背景下，也肩负着应然的时代使命。联合国教科文组织先后出台多个文件，建议各国加强教育国际化，强调“职业教育要促进国际理解和包容，培养具有全球视野和责任意识的公民”，倡导加强职业教育国际合作。世界一些国际组织和国家加大对职业教育的扶

持和投入，推广数字技术，增强国际合作，改革证书制度，加强可持续发展，职业教育获得了进一步发展。

我国建成了世界规模最大的职业教育体系，中国特色职业教育发展道路和模式基本形成，职业教育吸引力、影响力、竞争力不断增强，职业教育面貌发生了历史性、格局性变化。实践探索证明，中国职业教育发展必须走国际化道路，以开放促改革发展。中国紧密结合对外开放战略部署及“一带一路”框架架构，形成区域特色职业教育国际化格局。

“一带一路”倡议提出以来，中国政府部门出台了多个加快发展职业教育的相关文件。2016年7月，教育部制定了《推进共建“一带一路”教育行动》(以下简称《教育行动》)，指出在深化与沿线国家教育合作的过程中，中国愿意在力所能及的范围内肩负更多的责任义务，体现的是一种教育担当。与此相应，尤其是面对教育发展水平相对滞后的大部分非洲国家，我国政府主动展现大国担当，为助力其人力资源开发搭建了多种形式的“顺风车”。由政府统筹开展的中非职业教育合作通常具备援助性质，是我国政府通过“授人以渔”帮助非洲国家提升自主可持续发展能力的重要途径，在促进人类命运共同体建设中发挥着越来越重要的作用。

在国际产能合作的过程中，职业教育扮演了重要的角色。职业教育协同配套重点行业国际产能合作，回应企业“走出去”，所需的中国标准、国际化人才、信息等方面的支撑。中非产能合作机遇与挑战并存，既有政治、经济、外交、舆论的问题，也要把握好中非关系的发展规律，中国职业教育服务企业走入加纳要从长远和全局利益出发，构建符合时代特征的友好关系，发挥职业教育积极能动作用。

9.5.2 中国援助非洲的合作成果与事实

当前，中非教育交流与合作已建立起多层次、多领域、多主体的格局，在政府层面高层互访、高等院校交流与合作、留学生教育、派遣援非教师和志愿者、非洲人力资源开发、职业教育合作、汉语教学与研究等方面都取得了显著成效。

1.职业教育合作方面

过去几十年中，中国为非洲培养了30多万名实用型人才，涵盖农业、林业、环境保护、公共管理、交通运输、医疗卫生等17个领域。为了更好地满足非洲国家需求，配合中国企业“走出去”和国际产能合作，一些中国职业教育机构积极尝试在海外开展职业教育，鲁班工坊就是其中的代表。至今中国已在非洲建成并运行12个鲁班工坊，开设了增材制造、新能源、机电一体化、铁路运营等7个大类23个专业的课程，促进了非洲职业教育的发展和创新。

2.驻非企业合作方面

中资企业不断开拓业务与培训，与当地政府积极合作，创立从事非洲职业教育的部门与机构，例如中航国际成套设备有限公司（以下简称“中航国际”），在非经营多年，逐渐发展为专业从事非洲本土职业教育发展的业务团队，在非洲多个国家承担了职教顶层规划、土建施工、课程体系设计、教师培训、管理咨询等业务。中航国际已经在肯尼亚、加蓬和乌干达与当地政府合作，实施了一系列职教项目。例如，2012—2018年中航国际为近150所肯尼亚学校提供课程设计、培训、运维保障等服务，培训人数2.6万人，就业率达到80%。此外，中航国际还在肯尼亚开展“非洲职业技能挑战赛”，为获奖者提供现金奖励和留学机会，为学院提供商业订单，其逐渐发展成为在非洲职业教育领域颇具影响力的中资企业。

3.留学生教育方面

中国已经超越英国和美国，成为仅次于法国的非洲留学生第二大热门留学目的地。据联合国教科文组织统计数据，美国和英国每年接收约4万名非洲留学生，中国在2014年超过了这两个国家，共接收41 677名非洲留学生，仅排在法国之后，跃升为非洲留学生第二大热门留学目的地。20年来，中国累计向非洲国家提供约12万个政府奖学金名额。据中华人民共和国教育部统计，2018年非洲留学生总数为81 562人，创历史新高，占国际来华留学生总数的16.57%。2019年这一数字增至87 409人。

9.5.3 职业院校与合作企业面临的问题与挑战

从援非实践规模发展速度来看，近年来对非职业教育援助与合作被视为帮助非洲国家提升职业教育水平、开发人力资源的有效途径，越来越受到中非两国政府的重视。但是，基于我国开展对非职业教育援助与合作实践、现状的内容梳理，当前中国职业教育国际化仍处于筚路蓝缕的开拓阶段，中国开展对非职业教育援助与合作仍面临挑战。

1.尚未形成深层次的职业教育援非机制

（1）开展职教援非的形式有待丰富。

以往，职业教育援非多以政府传统的成套对非援助项目、技术合作中的职业技术培训，以及商务部统筹的各类双边或多边培训班为主。近年来，职业院校携手企业开展境外办学及对非短期人力资源培训项目，在联合人才培养方面有所探索，短期培训通常以专家讲座、实践实习和实地考察相结合的方式开展，该方式具有灵活性、组织难度低、学习实训针对性强等优点，但短期培训难以形成系统化的学习，所学内容仅停留在入门阶段，讲座和技能培训效果有限，缺乏正规化、系统化、校园化的职业技术教育是主要问题。总体而言，院校与企业对非援助实践仍处于探索试点阶段，尚未形成可复制的实践经验。

（2）职业教育援非的规模有待扩大。

在2015年的约翰内斯堡峰会上，中方提出要为非洲国家就地培训20万名职业技术人才，提供4万个来华培训名额。但从上文职业院校主动探索对非职业教育援助与合作实践来看，全国1298所高职院校中仅有40余所参与其中，仍有一大批有实力的职业院校尚未参与。我国对非职业教育实践援助仍有很大的发展空间。

(3)职业技术教学质量有待提高。

大多数在非中企师资配备不优，职业教育教学的条件和资源有限，授课时间和师资水平的差异制约了职业教学的质量。师资、实验设备的缺乏使非洲学员的职业技术教育理论学习多于实践操作。企业以服务生产为目的开展的职业技术教育，教授内容具有明显的偏向性和选择性，以师徒制为主的教学方式也存在语言沟通障碍，以及教学能力和效果参差不齐等问题。寻找具备较高专业技术水平且能够用流利外语进行教学的职业技术教师，并吸引他们到非授课是提升职业教学质量的关键因素之一。教育质量不高致使当地青年劳动力无法满足上岗就业的技术要求，非洲地区就业率低，人力资源利用率低等问题尚未得以解决。

2. 中非职业教育交流与合作缺乏总体布局

(1) 中非合作的管理机制需要加强。

由于中非国际援助与合作长期由商务部、外交部、教育部、经济合作事务局、留学基金委等多个部门协同管理，目前尚未设立专门机构进行协调统筹，容易出现管理缺位或者多头管理的现象，不利于中非合作的整体性和连贯性。随着中国援非实践的逐步扩展，来自多个行业领域或同一领域的多个部门相继参与援非实践，对此，当前我国尚未建立起关于多方主体协同推进的合作机制，这对于充分发挥各方资源优势、形成教育合力来说是不利的。

(2)经费保障机制需要加强。

相对普通教育而言，开展对非职业教育援助更主要的是专业设备、实训场地、师资等所需要的大量且持续的资金投入。部分中非职业教育合作与以往单方面的援助不同，非方留学生依据非方相关技术培训项目出资，由中方职业院校进行培训，在合作中常常受非方资金短缺影响，出现培训项目延期的现象。如常州信息职业技术学院接收第一批南非留学生时，其定点实习单位有四家，但第二批之后仅剩余一家。除语言问题外，更主要的原因是经费不足。

非洲相关国家和地区在发展水平、法律体系、商业惯例、技术规则等方面存在差异，配套支持措施不足，能力建设机制缺失等，仍是中方企业参与非洲基础建设面临的困难。此外，对企业牵头或高职院校牵头的境外办学项目来说，战略性项目经费不足，缺少国家层面的政策支持，基础设施项目初期投资大、效益回收周期长，企业融资能力有限，面临着资金短缺问题。

9.5.4 关于职教院校服务中非产能合作建议

1. 确立“共商共建共享”的合作理念

2017年，习近平主席提出并系统阐述了“共商、共建、共享”构建人类命运共同体的理念。职业院校在服务中非产能合作的过程中也要确立“共商、共建、共享”的理念，合作的目的是服务更多人，让更多地区、国家的人民受益，实现共同发展。

首先，面对非洲不同国家的不同背景和复杂的国际形势，在与合作国开展产能合作与职业教育合作时，应通过平等、深入的交流与协商，明确各方诉求，对合作形式、内容、行为与责任等合作具体内容努力达成共识，确保在共同协商的框架内共同参与建设，实现成果共享。中国和加纳有着良好的合作基础，但在合作过程中，也因利益诉求不同，存在推进难、管理难、发展难的问题。在“共商、共建、共享”理念下，职业教育服务加纳的产能合作，院校与企业、行业、政府在项目初期通过协商达成合作意向，在运行过程中应及时发现问题，及时就争议点开展讨论协商，确保项目在良好的合作和沟通基础上开展。

另外，中国与加纳由于教育体制存在差异，在高中后教育、职业教育、专本科学历、学位互认与职业资格互认方面，还存在互认壁垒。我国职业院校在不断提升自身职业教育水平和职业资格框架建设的同时，要积极与外方协商合作，不断扩大教育成果互认与职业资格互认的范围，更好地与国际接轨。同时要加强课程标准流动和两国间师生交流，通过交流加深了解，共同培养具有国际视野和国际竞争力的技能型人才。

2.合作内容应对接国家战略，坚持需求导向

在与加纳开展产能合作的过程中，要按照“当地需要什么、我们提供什么”的基本原则，立足职业教育专业设置与当地区域产业结构深度对接。首先，产能合作与高职院校的办学方向要与合作国的优先发展诉求和目标相吻合，明晰合作的方向和专业是否为合作国优先需要发展的产能和相关专业。

2013年，由加纳议会审议通过了新的《加纳投资促进中心法案》规定，外国公司只能根据投资额确定的移民配额安排相应数量的外国员工。加纳鼓励外资进入的行业包括：信息产业、采矿业、石油等能源领域、基础设施建设、农业及农产品加工业、旅游业、服务业等。从加纳政府的发展规划来看，在与加纳开展产能合作要从当地迫切需要的基础设施建设、信息产业、产品加工等行业入手。

3.优化政府、企业、职业院校多方参与的合作方式

国际产能合作的三个主体是政府、企业和高职院校，在遵循市场规律的前提下，三者之间应该形成不可分割，且相互支持的良性关系和运行机制。

（1）政府应发挥引导、推动和协调作用。

政府是国际产能合作的倡导者和保障者。在国际产能合作中政府的角色由最初的领导者逐渐转变为倡导者，为企业、职业院校搭建平台和渠道，号召引领企业和院校参与国际产能合作。同时，政府还是保证国际产能合作正常运行的保障者，从整体上、国家层面制订合作方向和计划、出台规章制度、为国际产能合作指引方向和提供制度保障，也保障企业和高校在合作中的权利和责任。因此，政府应按照“政府引导，民间主体”的原则，充

分发挥政府的引导作用。

（2）企业是中非产能合作的具体实施者和执行者。

在中非产能合作中，企业通过合作输出产能，实现自身经济效益。企业与职业院校合作开展参与国际产能合作，高职院校可以为企业提供技术技能人才，有助于企业合作项目的实施和园区建设。企业在合作当中，需要具备良好的技术水平和国际化管理能力，在产能合作的过程中，还要与院校积极配合，在员工职业技能培训和培养职业技术人才方面充分交流，以产业对接专业，实现良好的合作。

4.职业院校应深化与企业合作，开展国际化办学

高职院校在合作当中，需要与企业构建起良好的校企合作关系，在产教融合的基础上，才能有效开展服务产能合作的国际化办学行为。这需要高职院校具备良好的办学水平，最好还具备国际化办学的经验，能够应对国际化办学中复杂、多变的情形与问题，这样才能进行有效地合作与推广。

第一，职业院校要积极配合重点行业、企业“走出去”。在国际产能合作中，职业院校应积极发挥自身特色，为“走出去”的企业提供培训、技术支持、翻译等服务。如河南机电职业学院携手中电基础产品装备有限公司，开展“一带一路”海外职教加纳项目培训班，依托汽车工程学院专业骨干教师，对海外职业教育设备集成的专业化平台相关学员进行了专业集中培训。

第二，职业教育要开发合作国适用的专业、行业和课程教学等标准。“一带一路”教育行动的重要内容——推动学历学位认证标准联通的本质在于人才培养标准的对接。职业院校要积极推进本土优质职业教育资源的国际化，重视专业、行业标准在国际范围内的推广应用。日照职业技术学院开发并分享建筑材料、工程测量等5门国际化课程标准，为加纳库马西技术大学、海岸角理工大学、苏亚尼技术大学、塔玛里技术大学和博尔加坦加技术大学5所理工技术大学教师开展教学实训专项培训。

第三，职业院校要打造“认知共同体”，形成互利共赢共识。民心相通是“一带一路”建设的关键，中国和加纳有着不同的文化背景和价值意识，职业院校要加强国际交流，开展和谐对话，增进中外行业企业及职业院校之间的深度交往，讲好中国职教故事。济南举办中国（山东）—加纳友好合作发展对话会，中国潍坊—加纳库马西建立友好合作关系，签约潍坊国家农综区深度融入“一带一路”建设与加纳农业国际合作项目。进一步推动双方务实合作，不断释放新的合作潜力，为双方人民带来切实的利益。潍坊职业学院发挥潍坊市农业发展优势和学院特色举办“相聚‘汉语桥’开启中国园艺文化之旅”项目。

5.要形成可持续发展的合作政策环境

国际产能合作对于政府、企业和职业院校来说都是一个新的合作领域。中国企业“走出去”迫切需要顶层设计，完善机制，出台政策、规则和标准。国家层面在努力为中非产

能合作创造良好的政策环境。2015年，国务院提出了《关于推进国际产能和装备制造合作的指导意见》，对行业企业提出了更高要求。仅有少数文件对职业院校服务国际产能合作的行为给予鼓励和要求，暂无对职业院校国际化办学合作进行管理和规范的文件，因此迫切需要相关政策和标准的出台，为职业院校服务产能合作提供制度保障。

同时，政府要加强管理和监督功能，避免“走出去”企业的不合适行为对中资企业在外造成不良影响。作为企业，要将国家利益放在首位，不得以损害国家利益为代价获取企业利益。政府可考虑建立“黑名单”制，被列入黑名单的企业一定时期内不得在海外开展经营合作。同时，职业院校对派出任教的教师应加强教育培训，尤其是国际理解教育，要求切实遵守当地法律，尊重当地习俗，平等友好地对待当地人，树立良好的国家形象。

第十章
职业教育合作服务中卢产能合作报告

卢旺达共和国，简称卢旺达，位于非洲中东部，属内陆国家，东邻坦桑尼亚，南接布隆迪，西接刚果（金），北连乌干达，面积26 338平方千米，人口约1296万，大部分地区属热带草原气候和热带高原气候，自然资源贫乏。以1994年为分界岭，尤其是在现任总统保罗·卡加梅的领导下，卢旺达政局长期稳定，经济快速增长，社会治安良好，国际和地区影响不断提升，给非洲乃至世界上肩负发展振兴重任的国家树立了榜样，被誉为“非洲小瑞士”“非洲新加坡”，是非洲最安全的国家，目前是撒哈拉以南非洲地区经济最开放、发展较快的国家之一。越来越多的人将卢旺达视作投资胜地，也有一些经济学家和社会学家提出了“卢旺达模式”来表达对卢旺达发展的肯定。

10.1 卢旺达基本情况

10.1.1 经济发展

卢旺达作为一个发展中国家，近年来受益于卢旺达政府有效的经济政策，正经历快速工业化的过程。2000年至今，卢旺达经历了高速的经济增长，人民生活水平大幅提高。在总统保罗·卡加梅的领导下，出台了大量获取外援、稳定政局、降低腐败和有利于投资者的政策，有力促进了卢旺达的经济增长。近30年来，卢旺达经济发展取得的成就主要体现在以下几个方面：

快速发展的服务业、工业和制造业为经济增长提供支撑。世界银行数据显示，从2001年到2015年，卢旺达国内生产总值（GDP）年均增长率达8%。除2020年受新冠疫情影响，GDP增长率为–3.4%、人均GDP为846美元以外，近27年GDP总体呈现快速上升状态。2022年6月，世界银行发布的《全球经济展望》，预测该国2022年GDP增速为6.8%，2023年将达到7.2%。

表10-1 1994，2016-2021年卢旺达主要经济指标

年份	1994	2016	2017	2018	2019	2020	2021
GDP（亿美元）	7.54	86.9	92.5	96.4	103.6	101.8	110.7
GDP实际增长率（%）	-50.2	6.0	4.0	8.6	9.5	-3.4	10.9
GDP的非洲排名	36	33	34	35	35	33	34
人均GDP（美元）	176.0	744.8	772.3	783.8	820.2	786.3	833.8
人均GDP的世界排名	185	163	188	189	186	185	191
人均GDP的非洲排名	42	37	38	39	37	38	39
人均GDP增长率（%）	-47.5	3.2	1.3	5.7	6.6	-5.8	8.2

数据来源：世界银行、卢旺达国家统计局

对外贸易总量提升。世界贸易组织数据显示，2020年卢旺达货物出口额为14.09亿美元，同比增长13.7%；进口额为31.06亿美元，同比增长15%。2021年前9个月，包括咖啡、茶叶、锡石、钨矿等在内的传统优势产品出口额增长约35%，对外贸易规模继续扩大。

接受国际援助，引进国外资本。兰德商业银行发布的2021年版非洲十大投资吸引力国家排名中，卢旺达位居第四，比2020年上升五位。随着《经济特区法》生效及基加利经济特区建成，美国、中国、德国、印度等国的80多家企业已在基加利经济特区投资创业。在加入东非共同体、东南非共同市场、中部非洲国家经济共同体和非洲大陆自由贸易区后，卢旺达投资环境得到很大改善，吸引了更多国外资本加入。

信息技术和通信业快速发展，成为非洲数字经济"领头羊"。2018年10月，在世界电子贸易平台（Electronic World Trade Platform）框架下，中国阿里巴巴集团与卢旺达政府达成共识，共同建设非洲首个EWTP试点。阿里巴巴通过数字化平台帮助当地特色产品出口，培养卢旺达农民、中小企业、妇女电商意识，增加当地就业，并协助打造数字政务，逐步提高非洲数字化发展水平。卢旺达电子商务驶上"快车道"，数字经济产业大踏步前进。

一方面，卢旺达积极推行经济转型战略，推动农业主导型经济向以发展服务业为主体的知识型经济转变，先后颁布"2020年愿景""2050年愿景"，致力于国家经济发展，旨在实现卢旺达在2020年、2035年及2050年依次迈入中低、中高及高收入国家行列。另一方面，对应发展战略，卢旺达政府推出基础设施规划、数字经济发展规划和绿色经济发展规划，促进本国经济社会发展。

10.1.2 产业环境

2020年，卢旺达农业占GDP总量的26%，对经济增长贡献率为0.2%；工业占GDP总量的19%，拉低经济增长率0.8%；服务业占GDP总量的46%，拉低经济增长率2.6%。

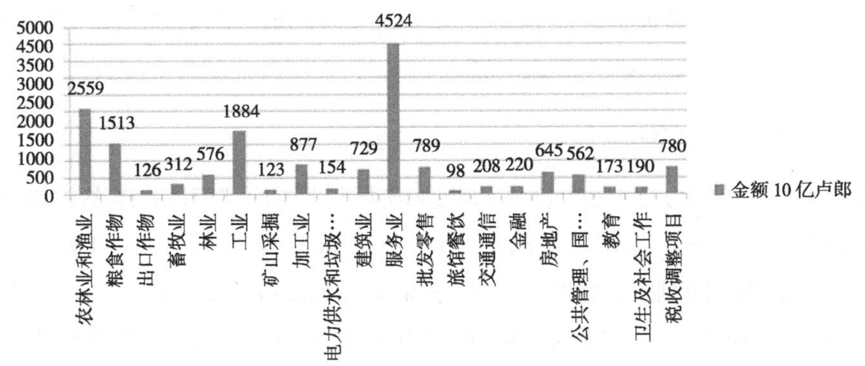

图10-1 2020年卢旺达各行业产值

卢旺达重点特色产业发展情况如下：

农业：卢旺达贸易出口以农产品为主，茶和咖啡是最主要的产品，占出口总值的80%以上。

矿业：出口的主要矿产有钨矿、锡矿和钽铌矿。卢旺达政府持续加大对石油等矿产资源的开发勘探力度，目前正在积极吸引外资参与矿产勘探开发。

旅游业：2019年，卢旺达旅游业收入为5600万美元，为全国提供了11.1%的工作岗位。目前，卢旺达旅游设施配备严重的不足。如全国250家酒店和旅馆中仅有10家为高档酒店，无法满足日益增长的外国游客的需求。卢旺达政府正在大力吸引外资投资旅游业，力图促成旅游业的多元化发展。

通信产业：卢旺达政府将通信产业确定为国家的重要产业，在特别经济区内设立了科技园，致力成为东非地区的信息产业中心区。近年来，该行业发展较快，吸引的投资额超过5亿美元。2014年11月，卢旺达与韩国电信公司在基加利开通了4G网络。截至2020年，已有70.6%的卢旺达家庭拥有手机，移动信号覆盖人口比例达到99%。

交通运输业：卢旺达政府历来重视道路交通设施建设，每年十分之一的财政预算用于基础建设领域。卢旺达拥有东非地区首屈一指的公路网络系统，全国硬化路面公路里程1145千米，非硬化路面公路3562千米，全国注册各类机动车辆超过8.8万辆。据卢旺达中央银行统计，2020年交通运输业营运总额达5560亿卢郎。

建筑和房地产业：卢旺达建筑和房地产业发展迅速。据卢旺达中央银行统计，2020年房地产业总额约为7290亿卢郎，占GDP的8%。2017年，卢旺达基础设施部宣布，将投入2060亿卢郎（约合2亿美元）用于建设经济型住房，鼓励月收入为30~70万卢郎的公民购买经济型住房。

卢旺达着力发展经济特区，但其制造业仍然没有明显发展。原因在于，该国缺乏与制造业相关的技能，制造商需要付出大量的培训成本。此外，由于需求偏低，与肯尼亚和坦桑尼亚相比，在卢旺达设立制造业中心的机会成本很高。鉴于该国人口不足1300万，国内市场规模较小，投资以出口为重点。对于卢旺达而言，区域市场（特别是布隆迪和刚果民主共和国东部）日益重要，卢旺达可充分利用《除武器外所有产品皆可》《非洲增长与机会法》等优惠贸易协定，进入全球市场。

10.1.3 职业教育现状

自2020年10月开始，卢旺达技术和职业教育与培训（TVET）体系由技术和职业教育与培训委员会（RTB）监管。目前，全国共有368所学校开展TVET教育，其中包括开展TVET 1~5级教育的职业培训中心（Vocational Training Centres，VTCs）和中专学校（Technical Secondary Schools，TSSs）344所，开展TVET 6~7级教育的综合理工区域中心（Integrated Polytechnic Regional Centers，IPRCs）8所，另有16所负责师资培训的教师培训学院（TTC）。

表10-2 卢旺达TVET学校和机构的数量统计表

学校和机构	2019	2020/2021	差异
教师培训学院（TTC）	16	16	/
TVET一级至五级（TSSs，VTCs）	331	344	+13
理工学院各区域学院（RP–IPRCs）	10	8	–2
总计	357	368	+11

2008年，卢旺达政府提出职教与普教等级水平和垂直方向融通框架，并以国家TVET资格框架（Rwanda TVET Qualifications Framework，RTQF）为根据，着力构建以产业为导向的敏捷型职教。政府为TVET不同等级水平和各TVET 项目设计了明确的入口和出口路径，所有学习者都可以选择进一步学习，TVET毕业生都有接受高等教育的权利，在确保流动性、各级技能水平发展以及为所有经济部门分类方面发挥了重要作用。

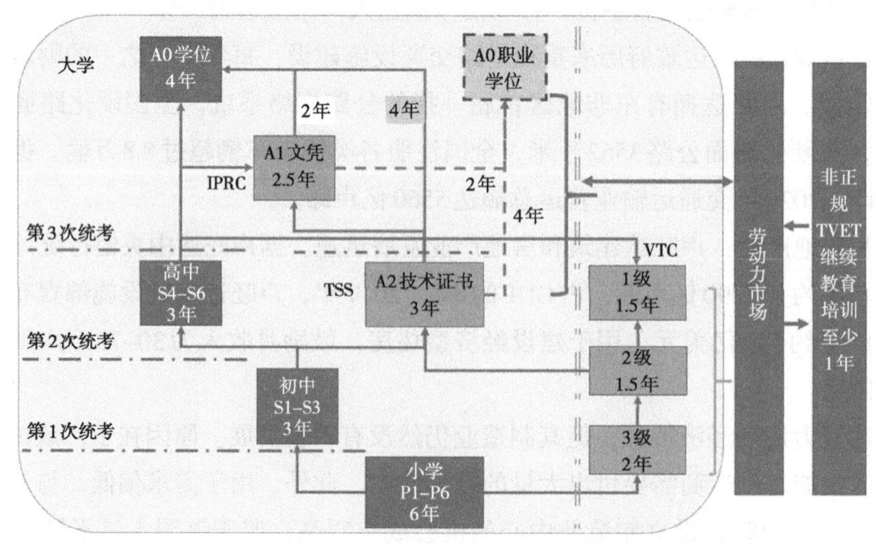

图10-2 卢旺达TVET等级与普通教育的垂直与水平融通结构图

卢旺达政府通过吸引当地和外国投资与自身投入，努力扩大TVET规模，培养了一批熟练且有能力的劳动力，培育了一支TVET教师队伍，TVET各项设施得到较大的改善。然而，卢旺达职业教育供给，在数量和质量上都明显存在不足，职业技术教育与培训发展状况不容乐观。提高职业培训供应与雇主需求之间的匹配度，是卢旺达TVET发展的一项重大挑战。由于非正规经济的盛行和劳动力市场的高度波动，劳动力所具备的可用技能与经济发展需求之间存在不匹配现象。

10.1.4 职业教育与产业

卢旺达人力资源及机构能力发展局发布的报告中提及技工短缺是卢旺达诸多行业面临的共同难题。随着地区一体化深入发展，进一步加剧劳动力在更大市场范围内的竞争。因此，大力发展职业教育，培养大量娴熟的职业技工，是卢旺达的必然选择。目前，卢旺达劳动力市场面临着巨大的技能差距，具体表现为：第一，学生就业能力与市场需求匹配度有待提高。TVET院校约50%的注册的在校学生接受的培训仅限于建筑和传统技术技能。从最新的调查显示，大多数学生更倾向于攻读建筑技术和电子与电信专业的高级文凭，其次是电气和汽车技术专业，酒店管理专业和制造技术专业。这与卢旺达贫弱的工业、农业和致力发展服务业息息相关。第二，TVET教育的社会认可度有待提高。TVET被广泛认为是一种为学术潜力不足的学生提供的培训途径，是那些渴望在接受高等教育后继续学业的人的最后手段（Maringa & Maringa，2013），因而被称为“第二选择”。TVET的潜力尚未得到充分利用，导致无法有效弥补卢旺达普遍存在的技能差距（图10–3为TVET专业学生颁布情况）。第三，TVET在教学设施、办学实力与条件、实践实训质量、人才培养质量等方面有待提高。教学设施、办学实力与办学条件等受制于贫弱的经济等因素，卢旺达有赖于更多利益相关者加入TVET教育体系，进一步提升师资水平、提高TVET教育质量，实现从本质上提升TVET社会认可度。第四，职业教育课程的内容和数量有待提高。相对于知识经济时代的迅速发展，卢旺达TVET课程内容相对陈旧。虽然课程的内容和数量有了较大的扩展，但课程的内容和深度与技术仍然无法完全匹配、与劳动力市场需求不相适应，大量的课程和项目不能及时更新。由于学生缺乏真实的生产经验和接触真实生产环境的机会，理论与实践结合度不高。此外，有些课程按照国家计划可以实施，但由于授课教师稀缺，导致培养的劳动者数量与质量均不能很好地满足企业用人需求。如野生动物管理专业与灌溉给排水专业，用人需求高但新生入学率低，原因在于野生动物管理专业只有两个级别，并且只有1位国际野生动物管理学教授；灌溉给排水专业仅仅是国际灌溉研究中心的一个新项目。近几年，卢旺达就业与失业情况见表10–3。

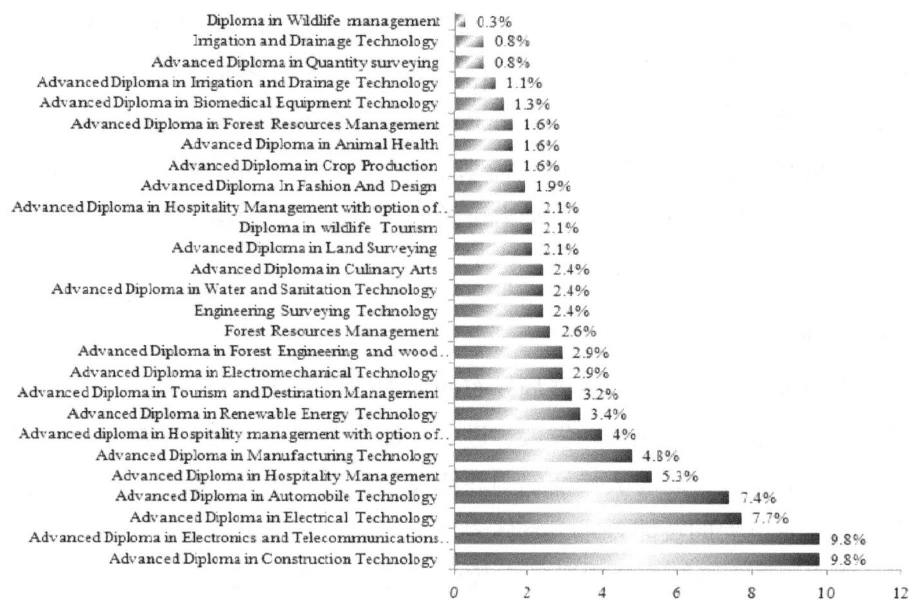

图10-3　卢旺达TVET专业学生分布图

表10-3　2016—2021年卢旺达就业与失业情况表

年份	2016	2017	2018	2019	2020	2021
劳动力参与率（%）	50.6	53.4	54.2	53.4	56.4	54.0
就业率（%）	41.1	44.2	46.0	45.3	46.3	42.6
失业率（%）	18.8	17.3	15.1	15.2	17.9	21.1
TVET毕业生失业率（%）	18.0	18.7	17.4	15.4	—	20.3
通识教育毕业生失业率（%）	20.0	18.8	17.2	16.9	—	23.2
青年失业率（%）	20.9	21.3	18.7	19.4	22.4	26.5

10.1.5　国际经济合作

卢旺达的外援主要来自世界银行、英国、欧盟、非洲开发银行、德国、荷兰、比利时等，卢旺达政府希望逐步减少对国外援助的依赖。目前，卢旺达政府财政对外国依赖程度已经由2000年的85%，降至2015年度的34%。同时，卢旺达积极鼓励吸引外资，成立投资促进机构，推行一系列引进外资的政策。2017年，卢旺达吸收外国直接投资10.4亿美元，同比增长70%。世界银行发布的《2019年营商环境报告》中，卢旺达位列营商环境排名全球第29位，在非洲仅次于毛里求斯。

目前，卢旺达政府正在积极扩大全球伙伴关系，旨在改善该国的教育体系。2020年7月1日至2021年6月30日期间，卢旺达理工学院与德国科布伦茨（Koblenz）、韩国汉东国际大学（Handong Global University）等多家企业与机构保持密切合作。尽管这些努力是不可否认的，但卢旺达在教育体系中达到标准就业技能方面还有很长的路要走。中国与卢旺达经贸合作发展顺利。中国是卢旺达第一大工程承包方、主要贸易伙伴和主要投资来源地之一。中国政府给予卢旺达绝大部分出口商品零关税待遇。

据中国海关公布的数据，2020年中国与卢旺达贸易额为3.2亿美元，同比增长6.9%，其中，中国对卢旺达出口金额达2.83亿美元，同比增长6.6%；从卢旺达进口额达0.38亿美元，同比增长9.1%（见表10–4）。卢旺达与中国贸易额位列非洲国家的第43位。2020年，中资企业在卢旺达新签承包工程合同额5.74亿美元，完成营业额3.18亿美元。截至2020年末，中国对卢旺达直接投资存量1.91亿美元。

表10–4　2016—2020年中卢双边贸易统计（单位：万美元）

年份	进出口额	同比增幅（%）	中国出口	同比增幅（%）	中国进口	同比增幅（%）
2016	1.42	–14.6	1.09	–11.2	0.33	–23.9
2017	1.57	11.0	1.28	18.3	0.29	–13.0
2018	2.05	30.1	1.66	28.7	0.39	36.2
2019	3.00	46.4	2.65	60.0	0.35	–10.8
2020	3.21	6.9	2.83	6.6	0.38	9.1

数据来源：中国海关总署

10.2　中资企业和国际产能合作

10.2.1　卢旺达产业发展及其对外资输入的需求

近年来，卢旺达加快发展现代农业，大力发展信息产业，着重发展会展旅游业，加大招商引资力度，努力缓解能源短缺困难，推动“卢旺达制造”，促进国家经济发展。由于新冠疫情的影响，卢旺达医疗卫生和社会工作行业快速发展，增幅达16%。此外，作为目前东非地区营销环境较好的国家之一，卢旺达实行开放的经济政策，绝大部分经济领域都欢迎外资注入，尤其在水利、电力、通讯、公路等基础建设领域，外资需求较大。

农业吸纳了卢旺达85%以上的就业人口，且贡献了GDP的26%（2020年）。卢旺达的气候与环境非常适合发展农业，可开发农产品包括鳄梨、菠萝、鲜花等，主要出口咖啡、茶叶、除虫菊、辣椒等初级农产品，并且其高山红茶品质优良、市场潜力巨大，亟须外资注入。

卢旺达政府将信息通信产业确定为国家重要产业。截至2020年，卢旺达网民规模达到788.6万人，互联网普及率62.3%，手机网络用户562.7万人，移动网络普及率58.2%，4G网络覆盖率达96.6%，移动电话普及率73.9%，手机用户约为969万，建成连接全国各地和周边国家的骨干光纤网络。然则，卢旺达仅有MTN、TIGO和Airtel三家通信公司开展移动通信和网络运营，并且由于卢旺达地处内陆，与外界信息交流主要通过印度洋光缆转到邻国，造成网络速度缓慢且断网情况频繁。近年来，信息通信产业每年吸引投资超过5

亿美元。

卢旺达政府历来重视道路交通设施建设，但其大部分基础设施项目资金来自世界银行、非洲发展银行、阿拉伯国家基金贷款。截至目前，卢旺达已经拥有东非地区首屈一指的公路网络系统，但是没有铁路，卢旺达计划在5年内将航空客运能力由现在的每年50万人次提高至300万人次。

随着人口的增加和城市化进程，卢旺达建筑和房地产业发展迅速，2013—2022年期间基加利市的住房需求达到460万套，为满足这一刚需，迫切需要外资注入加快开发建造。

从采矿业来看，卢旺达主要出口钨矿、锡矿、钽铌矿等，目前正在积极吸引外资勘探开发，实现出口创汇增长。

10.2.2　中资企业现状与发展

自2000年中非合作论坛成立以来，中非合作朝着全方位、多层次和宽领域的方向大步迈进。从国际发展大形势与大格局、争取非洲人口红利、抓住非洲城市化发展红利及制造业大发展的良机等角度来看，中资企业在非洲发展前景可观。据中国商务部统计，截至2020年末，中国对卢旺达直接投资存量达1.7亿美元，而中国在卢旺达开展各类业务的企业已超过30家，分别为中土、中地、北京建工、华山国际、河南国际、江西国际、商城集团、北京恒华、中水电、C&D服装厂、中辰钢构等，分布在通信电子、建筑、基础设施、数字电视、电子商务等领域，主要从事修路、建筑、农田整治、工程咨询、通信、数字电视、电子商务、手机装配等业务。卢旺达中资企业虽然还没有在卢旺达设置境外经贸合作区，但是中水电十三局、北京建工、C&D服装厂、中辰钢构等私营企业已经进驻基加利经济特区，另有部分中国民营企业已经在基加利经济特区投资建设建筑配件加工厂，总投资额约1000万美元（见表10–5）。

表10–5　2016—2020年中国对卢旺达直接投资情况（单位：万美元）

年份	2016	2017	2018	2019	2020
流量	–919	988	4542	1701	–655
存量（截至各年末）	8936	9925	14 682	16 751	17 080

数据来源：中国商务部、国家统计局和国家外汇管理局《2020年度中国对外直接投资统计公报》

目前，卢旺达中资企业获取卢旺达工程项目信息的渠道主要有卢旺达主要媒体（报纸、卢旺达电视台等）、卢旺达政府各部门官方网站和卢旺达招标局等。截至2020年底，中国援卢项目主要有：水稻种植、糖厂、基加利—鲁苏莫公路、鲁奔迪和卢瓦玛加纳稻区开发、水泥厂、体育场、两所农村小学、农业技术示范中心、基加利综合医院、穆桑泽职业技术学院等。

表10-6　在卢主要中资企业信息表

企业名称	类型	业务范围	本土人才需求
中国路桥卢旺达办事处	国企	从事国内国际道路、桥梁、港口、铁路、机场、隧道、水工、市政、疏浚等工程承包，兼具投资、实业、贸易、租赁、服务等业务	土建普工、泥水工、建筑设备操作工等
卢旺达四达传媒有限公司	民营	大型广播电视系统集成、网络投资与运营、节目集成、译制、制作与发行数字电视核心技术研发	电视网络安装、运维、广告、商务等
河南国际卢旺达经理部	国企	国际工程承包、国际工程咨询、国际劳务合作、承担国家对外经济援助项目、矿业投资与管理、农业投资与管理、国际贸易、网络信息服务等涉外业务	土建普工、泥水工、建筑设备操作工等
中土东非有限公司卢旺达经理部	国企	承包工程、设计咨询、劳务合作为主业，房地产开发、进出口贸易、实业投资、酒店管理	土建普工、泥水工、建筑设备操作工、商务、酒店管理类、工程管理、技术员等
浙江中国小商品城集团股份有限公司	国企	采购、跟单、商检、订仓、运输、报关以及进出口代理、外贸服务咨询、来料加工；货运、仓储、配送、货运信息咨询	电商、物流、ICT、仓储类人才
北京恒华伟业科技股份有限公司	民营	BIM平台软件及行业数字化应用和运营的服务商；智能电网、智慧能源、智慧水利、智慧交通。另有技能培训业务	无人机操作员、建筑机械教师、基础编码员
中地集团卢旺达公司	国企	工程建设、投资运营、农业、水务等	工程管理、技术员
中辰钢构卢旺达公司	国企	装配式钢结构民用建筑、钢结构工业建筑及钢结构桥梁等	工程管理、技术员
华为卢旺达子公司	国企	数据业务	ICT、管理人员
北京建工集团卢旺达分公司	国企	工程建设	施工管理、管理人员、技术员
华山国际工程公司卢旺达公司	国企	工程建设	施工管理、管理人员、技术员
河南国际卢旺达公司	国企	工程承包、国际工程咨询、矿业投资与管理、农业投资与管理、国际贸易、网络信息服务等	施工管理、管理人员、贸易人才、ICT等
江西国际卢旺达公司	国企	建筑、对外劳务合作、对外贸易、建筑设计等	施工管理、技术员、贸易人才等
中水电卢旺达公司	国企	水电业	技术员、管理人员
C&D服装厂	私营	服装行业	服装设计、裁缝师等

从表10–6中可以看出，卢旺达中资企业以国企为主、民营为辅，且主要为建筑施工企业，另有少量的服装企业、贸易公司、通信企业等，技术工人缺口主要集中于建筑、贸易、通信、物流等领域。与此同时，卢旺达中资企业的管理能力和施工质量得到卢旺达政府和私人业主的肯定，但存在以下发展瓶颈。

一是投资政策不稳定。近年来，卢旺达政府采取多项鼓励投资措施，投资门槛很低、程序简便。但卢旺达税收、环保等法律要求比较严格、执法力度也较强、对外国企业罚款较重，并且有关审批部门负责人更换频繁，政府政策稳定性不足，内部缺乏协调，存在一定的政策性风险。

二是贸易诚信问题。中国与卢旺达的直接贸易相对较少，两国银行之间业务联系较少，容易出现贸易信任危机、银行业务办理不畅等困难。并且，当地商人过于看重成交价格，对产品质量重视不足。因此，在贸易往来时，需要更多关注明确的产品质量条款等细节。

三是技术工人缺乏。调查显示，由于配套教学设施匮乏、教学内容与岗位实际匹配度低等问题，导致卢旺达十分依赖从周边国家引进熟练技术工人。卢旺达各项规划均以接入世界经济产业链为目标，并在其远景规划中明确提出了以高素质劳动力为基础的知识型经济转型这一长远目标。因此，卢旺达产业发展的技术工人缺乏问题亟须解决，这一问题同样也严重制约中资企业员工本土化的实现。

10.2.3 中资企业对职业教育的需求

卢旺达国内普通劳动力充足且供大于求，但其劳工素质整体较低、技术工人缺乏，并且卢旺达政府对工作签证控制较严，鼓励企业更多雇用本国人，以增加就业机会。据中国商务部统计，2020年中国企业累计派出各类劳务人员455人，年末在卢旺达劳务人员有1001人，主要从事施工现场监理、水电安装、设备安装与调试、电子商务、电视网络安装、运维、广告、商务、物流、ICT、仓储、无人机操作、建筑机械教师、基础编码等工作。中资企业需要雇佣本土员工以降低经营成本。对以上技术人才的培养成为卢旺达中资企业员工本土化的迫切需求。

此外，从卢旺达技术与职业教育体系涵盖的卢旺达职业培训中心（VTCs）、卢旺达中专学校（TSSs）和卢旺达理工学院（IPRCs）的办学专业来看，与卢旺达知识型经济转型发展匹配度低，存在专业设置不足、就业人员严重不足等问题。比如，匹配信息通信产业发展的ICT人才培养，虽然TSSs和IPRCs均开办了此专业，但实训设备严重不足、电力不稳定、网络不稳定、实训操作困难，导致学生实操能力明显不足。又如，虽然卢旺达在2018年开启了电子商务业务，但是首批电子商务专业的学生在2022年3月才入学，严重滞后于经济发展需求。再如，服务于电商业发展的物流产业，至今尚未开设与此对应的物流专业，物流人才极度匮乏。

综上所述，卢旺达TVET的发展能力无法满足卢旺达中资企业的施工现场监理、水电安装、设备安装与调试、电视网络安装、运维、广告、物流、仓储、无人机操作、建筑机械教师、基础编码等岗位人才需求，亟须中国职教援助，以满足卢旺达中资企业技术工人本土化发展需求。

10.2.4 卢旺达职业教育对中资企业发展的适应性

卢旺达教育部门政策（ESP）明确提出：将技术和职业培训列入ESP重中之重，通过获取发展技能，将卢旺达人口转变为国家发展所需的人力资本。要培养足够的、受过良好训练的毕业生，满足卢旺达发展需求。但是，卢旺达技术工人依然大量依赖于从肯尼亚、坦桑尼亚、乌干达等国进口，其职教不适应性主要表现在：

1. 社会认可度不足，严重制约技术工人数量增长

卢旺达教育部战略计划提出，卢旺达要在2024年实现60%的中学毕业生进入TVET，40%进入普通高中和大学。事实上，卢旺达年轻人更加偏爱白领工作，认为TVET教育是第二选择或二流教育。2019—2021年间，卢旺达普教和TVET教育的学生比例从3：1增长至3.46：1（见表10–7）。

表10–7 2019—2020/2021卢旺达大学在校生情况表（单位：人）

指标	2019	2020/2021	差值
TVET短期培训	9932	8561	–1371
理工学院IPRCs	14 078	13 172	–906
普通高校教育	72 128	75 276	3148

数据来源：卢旺达教育年报（2021）

2. 教学人员数量不足、质量不高，严重制约TVET培养质量

TVET教师队伍供需失衡、素质不高，成为制约培养合格劳动者的重要因素之一。随着TVET学生入学率的增长，从业教师的需求也随之增长。如表10–8所示，TVET学校和机构自2017年以来经过多次调整，从402所下降至352所，学生数不减反增3453人，但教师数只增加了449人。卢旺达TVET教育面临的重要问题，就是缺乏合格且有经验的TVET教师。根据卢旺达教育部（REB）相关数据显示，2012年只有15.4%的教师持有高级文凭，2021年拥有硕士及以上学位的教师仅占全部教学人员的5%。

表10–8 2016—2020/2021卢旺达TVET学校数及师生比情况表

指标	2017	2018	2019	2020/2021
TVET学校和机构数（单位：所）	402	360	341	352
学生数（单位：人）	107 501	102 485	107 167	110 954

续表

指标	2017	2018	2019	2020/2021
教师数（单位：人）	6929	6607	6711	7219
所有教师与学生比例	1 : 15.5	1 : 15.5	1 : 16	1 : 15.4
教学人员数（单位：人）	4807	4767	4834	5256
教学人员与学生比例	1 : 22.4	1 : 21.5	1 : 22.2	1 : 21.1

数据来源：卢旺达教育年报（2021）

3. TVET课程满意度较低，严重制约教学质量与TVET满意度

2021年，卢旺达学生满意度调查结果显示（见表10–9），大多数TVET毕业生对学习的课程、学术和社会服务、学习方式、师生互动交流等满意，并认为实验实训设备与器材、ICT基础设施、互联网、体育场馆、工业附属准则等有待提高。相对于知识型经济转型发展，卢旺达的TVET课程内容相对陈旧，与劳动力市场需求不相适应，大量的课程和项目不能及时更新迭代。

表10–9　2021年卢旺达TVET毕业生毕业能力影响因素情况表

教育质量要素	很高	高	一般	低	很低
实训设备、工具、机械	10（2.8%）	122（33.6%）	107（29.5%）	90（24.8%）	34（9.4%）
实训期间安全情况	11（3.0%）	106（29.2%）	132（36.4%）	80（22.0%）	34（9.4%）
食宿	11（3.0%）	94（25.9%）	168（46.3%）	66（18.2%）	24（6.6%）
环境与卫生设施	16（4.4%）	100（27.5%）	142（39.1%）	48（13.2%）	57（15.7%）
培训机构基础设施	22（6.1%）	109（30.0%）	112（30.9%）	80（22.0%）	40（11.0%）
讲师资格	13（3.6%）	142（39.1%）	85（23.4%）	60（16.5%）	63（17.4%）
教室及训练场所	9（2.5%）	120（33.1%）	130（35.6%）	63（17.4%）	41（11.3%）
培训成本	10（2.8%）	95（26.2%）	168（46.3%）	67（18.5%）	23（6.3%）
父母支持	30（8.3%）	79（21.8%）	107（29.5%）	91（25.1%）	56（15.4%）
文化压力	8（2.2%）	86（23.7%）	104（28.7%）	87（24.0%）	78（21.5%）
一般总计	139	931	1255	642	370
总百分比	4.2%	27.9%	37.6%	19.2%	11.1%

数据来源：卢旺达TVET毕业生就业能力与雇主满意度调查报告（2021）

4. 学生就业能力与市场需求匹配度偏低，严重制约TVET毕业生就业质量

从2021年卢旺达TVET毕业生就业能力与雇主满意度调查结果来看（见表10–10），TVET毕业生对于理工学院IPRCs提供的学术和社会服务表示满意，但对沟通能力、抗压能力、谈判能力和领导能力方面的教育表示不满。用人单位任职调查结果显示，TVET毕业生普遍存在沟通能力、实践、创新文化等方面能力较弱的问题。

表10-10 2021年卢旺达TVET毕业生对教育质量满意度情况表

教育质量要素	非常满意（人数/占比）	满意（人数/占比）	一般（人数/占比）	不满意（人数/占比）	非常不满意（人数/占比）
劳动力市场相关性	69（19%）	171（47.1%）	86（23.7%）	37（10.2%）	—
教师与教学方法	25（6.9%）	244（67.2%）	83（22.9%）	11（3.0%）	—
教学内容	32（8.8%）	241（66.4%）	77（21.2%）	13（3.6%）	—
学习环境	34（9.4%）	219（60.3%）	101（27.8%）	9（2.5%）	—
学生集中学习	13（3.6%）	230（63.4%）	117（32.2%）	3（0.8%）	—
学生工作负载	29（8.0%）	229（63.1%）	96（26.4%）	9（2.5%）	—
机构管理	57（15.7%）	220（60.6%）	75（20.7%）	11（3.0%）	—
实验实训	33（9.1%）	167（46.0%）	107（29.5%）	20（13.8%）	6（1.7%）
学生应有的或期望的条件	15（4.1%）	196（54.0%）	140（38.6%）	12（3.3%）	—
一般总计	307	1917	882	155	6
总百分比	9.4%	58.7%	27.0%	4.7%	0.2%

数据来源：卢旺达TVET毕业生就业能力与雇主满意度调查报告（2021）

从TVET的社会认可度、师资水平、课程与教育质量满意度、学生就业能力、雇主满意度等调查结果分析显示，卢旺达TVET教育进入迅速发展时期，学生数、合格教师数、教育质量、毕业生就业能力、雇主满意度等均有明显上升，但相较于追求快速发展的卢旺达政府来讲，TVET教育质量有待在教学设施、办学实力与条件、实践实训质量、人才培养质量等方面进一步提高。要解决这一问题，亟须更多利益相关者加入TVET教育体系，进一步提升师资水平、提高TVET教育质量，从而从本质上提升TVET的社会认可度与满意度。如卢旺达政府致力于发展知识型经济，期望配套数字经济发展的电子商务人才数量能够得到迅速增长。恰逢其时，金华职业技术学院协同卢旺达理工学院合作研制了电子商务专业教学标准（6~7级），成功纳入卢旺达教育资格框架体系（REQF），首批招生计划为30名，实际录取60人，已经于2022年3月开学。

10.3 中资企业与中国职业教育携手“走出去”

10.3.1 中国职业教育支持合作国国际产能合作的必要性

囿于薄弱的基础和贫弱的经济，卢旺达依然是世界不发达国家之一。截至2020年底，卢旺达公共债务为69 531亿卢郎，占GDP的71.3%，中央政府外债余额为51 144亿卢郎（占GDP的52.5%、占公共债务余额的73.6%），公共内债13 388亿卢郎（占GDP的13.7%）。从卢旺达政府每年十分之一的财政预算用于基础设施建设，每年超过5亿美元投入通信产业及各项致力发展的产业都亟须外资注入等举措来看，卢旺达要实现知识型经济转型亟须外企进入、外资注入。

以卢旺达通信产业发展来看，从前文数据可知，卢旺达ICT基础设施发展迅速，与其他服务行业乃至农业、工业部门的结合较为紧密，对相关行业的发展起到了积极的推动作用；从行业的地区竞争力来看，卢旺达ICT行业的综合发展指数已达到非洲中等水平，在东非地区落后于肯尼亚、赞比亚和乌干达。2019年，卢旺达本土企业玛哈集团（Mara Group）首次推出非洲制造的两款智能手机。但是，这一切仍然无法改变卢旺达通信产业由外企把持的格局，即卢旺达通信产业主要公司为6家：分别为MTN（南非投资，无线通信市场份额超占比为70%）、BSC、INCH OF GOLD INTERNATION、Liquid Telecom（肯尼亚投资，主营固定通信和宽带业务）、TIGO（卢森堡投资）和Airtel（印度投资，无线通信市场份额占比为10%）。由此看出，外企在卢旺达通信产业中占据了主要份额，而中资企业华为占据市场份额很小，并且严重缺乏通信产业企业发展需求的技术工人。

以卢旺达旅游业与电商业发展来看，近年来赴卢旺达旅游的客人呈现持续增长趋势。但是，卢旺达酒店数量从2011年的360家调整为2020年的250家（其中高档酒店10家）。对国民经济的影响而言，2019年卢旺达旅游业收入为5600万美元，提供了全国11.1%的工作岗位。在地区竞争力方面，2019年卢旺达的旅游业竞争力综合指数评分为3.2，其中环境及政策条件方面得分较高，高于非洲平均水平。其中，卢旺达地面及港口基础设施明显优于非洲平均水平。从会展旅游业（MICE）的表现来看，2018年卢旺达承办国际会议26场，首都基加利成为非洲第二大国际会议承办城市。旅游业是卢旺达发展速度最快的产业之一，但是其产业链尚未形成。

从卢旺达劳动力质量来看，截至2019年，卢旺达的工作年龄人口（16岁以上）为720万，仅45%有工作。根据卢旺达国家统计局相关数据显示（如图10-4），2020年，卢旺达农业人口占比为85%，农业占全国国内生产总值的27%。

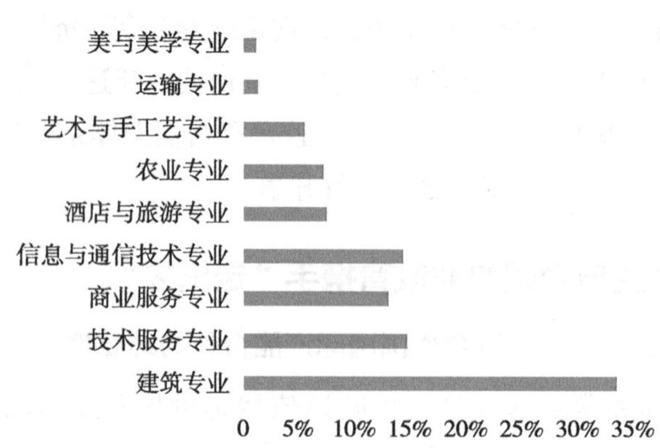

数据来源：卢旺达国家统计局（NISR）(2019)

图10-4 卢旺达TVET分专业学生注册比率

由上述数据可知，通过更新TVET课程内容，提高农民的技能可以产生巨大的经济影响，显著提高农业产量（Ngatia & Rigolini，2019）。尽管信息通信技术部门取得了重大进展，但是因为TVET课程覆盖不足，卢旺达的数字技能明显存在差距，并且TVET机构主要向学习者提供建筑方面的技术技能，对当前技术进步趋势的关注不足，卢旺达就业部门的技能供应和技能需求之间存在不匹配问题。

卢旺达的TVET课程，除了与其经济结构不匹配之外，教育质量也令人担忧。根据Rukundo（2015）信息显示，卢旺达大多数非农业工作集中在非正式部门，卢旺达官方经济统计数据也没有完全记录该部门的贸易与就业等情况。截至目前，非正式部门在大多数经济部门中占主导地位，特别是在制造业、商业和金融业，也是卢旺达雇佣工作人员数量最多的部门，占工业总产值的64%。与贸易相关的职业，如街头贩卖和微型零售等，也是非正式部门中最为常见的活动，绝大多数非正式部门工人在其从事的行业中几乎没有接受过正式或职业培训（Procknow，2017）。因此，卢旺达迫切需要大批的相关技术工人以及强大的技术支撑。

从中国职业教育办学实力与发展路径来看，在过去的几十年中，中国为非洲培养了30多万名实用型人才，涵盖农业、林业、环境保护、公共管理、交通运输、医疗卫生等17个领域。这类短期培训通常以专家讲座、实践操作和实地考察相结合的方式进行，程序灵活、组织难度相对较低、学习内容针对性强、效果良好。在非中资企业员工培训是当前中非职业技术教育合作的又一主要路径。具体而言，主要有：企业自办培训机构、委托当地高校进行员工培训、中非员工师徒制在岗培训、选拔优秀员工赴华培训等，此类培训实现了企业与员工的双赢，即中资企业为非洲当地员工提供培训，不仅可以为其自身提供强有力的人力资源，同时帮助非洲培养更多的技术技能人才，提升就业质量。非洲国家选派学生赴中国职业教育机构留学，也是双方职教合作的重要组成部分。从2017—2021年间，南非已选送1200多名学生到中国20多所职业院校学习。

《关于卢旺达经济发展和消除贫困的2020远景规划》指出：良政和有能力的政府、人力资源开发和知识经济、私营经济为导向的发展、基础设施建设、以市场为导向的高产、高效农业、区域和国际一体化是政府应该努力的方向。卢旺达政府希望通过大力发展信息通信产业，使整个国家由农业型经济转变为知识型经济。综上所述，卢旺达经济社会发展迫切需要外资、外企进入，对于在卢旺达的中资企业来说，企业的迅速发展迫切需要中国职业教育“走出去”，为企业可持续发展提供人才支持与智力支撑。

10.3.2 中国职业教育在卢旺达的国际化办学

为服务“一带一路”建设，中国优秀企业积极“走出去”服务国际产能合作，作为崛起的中国高职理应有所担当、有所作为，主动“走出去”，服务中资企业、服务国际产能合作。

1.卢旺达教育领域的中国职教声音

早在2008年，中国土木工程集团有限公司就在卢旺达北方省鲁林多区援建了希望小学，旨在为当地适龄儿童提供学习场所。此后，又从卢旺达教育部争取资金，专门修建学生宿舍楼和食堂，并将其升级为高等女子职业技术学校。

2016年，北京恒华伟业科技股份有限公司承建卢旺达“国家电力几何网络建模”项目，受委托为当地培养一批电网技术人员，以满足未来持续维护系统的需求。恒华职业技术学院（Forever TVET Institute）应运而生。2021年，通过卢旺达技能发展基金（SDF）设立的卢旺达职业技能培训项目遴选，为卢旺达校外青年提供首期六个月的技能培训。此后，与陕西铁路工程职业技术学院、德国BILDUNGSWERK DER BADEN-WÜTTEMBERGISCHEN WIRTSCHAFT E.V INTIONAL（BIWE）等合作，积极开展信息化教学、国际化人才培养、BIM技术应用培训与工程机械师培训等。

2021年11月，卢旺达大学与卢旺达理工学院在首都基加利分别和华为公司签署合作谅解备忘录，联合成立卢旺达华为信息与通信（ICT）学院，为卢旺达的数字化转型开展定期人才培训。

2.金华职业技术学院在卢旺达办学实践

2013年，受卢旺达政府委托，金华职业技术学院（以下简称“金职院”）开始卢旺达政府委培班学历留学生培养工作。截至目前，对接卢旺达亟须的通信网络与设备、物联网应用技术、汽车检测与维修技术、旅游与酒店管理等专业领域、采取“1+3”（一年学语言，三年学技能）同地两段人才培养模式，已培养四届共计99人。2017年7月，受卢旺达教育部邀请，在卢旺达穆桑泽职业技术学院合作成立卢旺达穆桑泽国际学院（以下简称“国际学院”）。

开办至今，金职院等已成为中非合作论坛框架下相关行动的主要参与者和坚定践行者之一。但是仍然面临以下新情况、新问题、新挑战，亟须政府层面研究解决。主要有：一是保障不足，强化政策支持。建议对高职教育“走出去”在全球范围进行科学合理布点，制定系列配套政策，在伴随企业“走出去”办学、教学相关设备“走出去”支撑办学、“走出去”办学示范项目评选等管理层面出台相关办法，提升高职教育国际化水平与实效；二是资金不足，加大经费投入。建议适时将高职院校海外办学纳入国家对外援助资金计划，同时地方政府配套财政支持，确保高职教育“走出去”资金充裕；三是资源不足，强化平台支撑。建议政府支持，甚至是分层分类向相关高职院校主动导入平台，提高高职院校在相关平台的参与度，促进海外办学优质高效发展。

10.3.3 国际化办学的形式与成效

为吸引更多利益相关者加入体系，卢旺达TVET做了前所未有的努力。以卢旺达理工学院（QP）为例，2020年7月1日至2021年6月30日期间，RP与德国科布伦茨（Koblenz）、韩国汉东国际大学（Handong Global University）等多家企业与机构保持密切合作。（详见表10–11）

表10–11　RP合作对象一览表

序号	项目名称	资助来源	合作领域/项目	TVET合作单位	合作成果
1	发展优先技能项目	卢旺达财政部、世界银行	发展优先技能项目/技术发展基金 1.能源 2.农产品加工 3.物流与运输	RP与RTB联合项目	1.学生录取：RP在3个学习项目中提高了学生录取人数，从143人增加到200人。具体如下： （1）胡耶职业技术学院（IPRC Huye）：动物健康专业54人，农产品加工专业38人。 （2）穆桑泽职业技术学院：食品加工专业54人，农产品加工专业54人。 2.机场管理、铁路工程、飞机维修、物流与供应链运营、食品加工、农产品加工等7个专业的最初目标是录取295名学生。这个目标还没有实现，是因为RP尚未引入部分项目。
2	莱茵河法尔茨地区科布伦茨（Koblenz）	德国	1.双重培训项目 2.能力建设 3.专家互访 4.执行工坊学习政策	RP与RTB联合项目	1.在太阳能领域训练20人。 2.125人通过双重训练项目在恩格玛职业技术学院接受裁剪与绘画实习技能培训。
3	韩国项目	韩国	通过能力建设加强和发展卢旺达TVET系统	RP与RTB联合项目	1.2281人受训并获得证书。 2.制订卢旺达TVET资格框架（RTQF）训练手册（3~5级）。
4	瑞士发展合作	瑞士	1.支持在西部省5个区建立5个职业培训中心 2.为RTB提供能力建设提供支持 3.实施基于工业的双重培训	RTB	1.为卡隆基职业技术学院（IPRC Karongi）尼亚米沙巴（Nyamishaba）校区翻新提供支持。目前可行性研究已完成。 2.双重培训的先期阶段已开展。
5	EDC–AKAZI KANOZE	美国	1.为岗前课程开发和整合提供支持 2.为创业课程开发与整合提供支持 3.促进创业与青年就业	RP与RTB联合项目	1.为卢旺达TVET资格框架体系（2级）提供岗前课程和训练手册。 2.为制订RP战略计划提供支持。

续表

序号	项目名称	资助来源	合作领域/项目	TVET合作单位	合作成果
6	IOM TVET项目	英国	促进技能和知识的转移，让有技能的卢旺达侨民参与进来，成为技能发展议程的一部分	RP与RTB联合项目	1.为学生创新项目提供支持。 2.为流散人口提供技术发展。
7	AFD TVET项目	法国	1.援建图恩巴职业技术学院（IPRC Tumba）和其他鲁林多（Rulindo）地区的4所TVET学校 2.修缮现存的设施并提供设备	RP与RTB联合项目	1.制订项目实施手册。 2.已为鲁林多（Rulindo）地区的4所TVET学校和图恩巴职业技术学院（IPRC Tumba）的机电一体化学院建设项目招标。
8	Strengthen Education for Agriculture Development（SEAD）项目	荷兰	在农业领域提供技能发展和能力建设	RP与RTB联合项目	1.已为RP制定8项政策，待生效。 2.为RP中层提供领导力与管理培训和认证。 3.为制定园艺学课程大纲提供支持，待认证。 4.搭建种薯倍增温室。 5.在胡耶职业技术学院（IPRC Huye）搭建豆科植物和水果温室。 6.搭建土豆仓库。 7.提供并安装设备。 8.建设家禽工坊并提供相关设备。
9	中国TVET援建项目	中国	扩建穆桑泽职业技术学院（IPRC Musanze）	RP	1.扩建并为穆桑泽职业技术学院提供设备达到90%。 2.合作共建鲁班工坊。 3.合作共建电气自动化技术、电子商务专业已经开展，首批招生124人。 4.培育师资已开展。 5.援建5个实训室。

数据来源：卢旺达理工学院教育年报（2021）

从上表可看出，卢旺达RP的主要合作国有德国、韩国、瑞士、美国、英国、法国、荷兰和中国。从合作历史、合作模式来看，欧美等发达国家占据发达程度高、宗主国或是国家机构牵头等主要优势。比如德国、法国为宗主国，占据天然优势；英国的优势在于卢旺达采用的英联邦体系，分享更有优势；韩国、日本两国的职教援外则是由企业牵头，操作层面更为灵活；中国的职教援助，在基础设施建设方面是由国家牵头但为独立进行，没有后期软件建设跟进规划，中国职教援助更多为院校自主行为，可依赖性弱，并且囿于在卢中资企业普遍规模偏小等原因，中国职教在卢发展障碍重重，迫切需要更多的国家政策、经费等支持与帮助。

10.4 金华职业技术学院支持卢旺达国际产能合作

中非合作论坛为深化中非教育合作提供了机遇，中国高职院校在非洲办学也由此踏上发展快车道。随着高职院校“走出去”办学数量不断增加，办学类型更加多元，在服务“一带一路”建设、促进中非人文交流、培养技能型人才等方面作出了贡献。金华职业技术学院积极响应“一带一路”倡议和中非命运共同体理念，积极参与中非合作论坛行动计划，以服务在卢中资企业发展、卢旺达知识型经济转型与重点产业发展需求为己任，通过专业共建、建设鲁班工坊、师资培育、资源建设、技能培训等积极举措，培养卢旺达本土技能型人才，积极探索政校企协同职教援外模式，推动中卢职教合作走深走实。

10.4.1 办学模式:“政校—校企—校校”协同“走出去”

穆桑泽职业技术学校是卢旺达理工学院下辖的八所院校之一，是卢旺达北方省最大的职业技术教育与培训中心，是我国在卢旺达的教育援外工程。该工程于2015年3月完成第一期工程建设并开始招生（可容纳1200名学生），2021年完成第二期建设，可容纳在校生4000人。2017年，国际学院在穆桑泽职业技术学校正式挂牌。国际学院的成立，标志着金职院推动职业教育“走出去”，服务非洲技能型人才培养、服务中非命运共同体建设、服务国家战略迈出了坚实步伐。聚焦国家援外教育工程，开展职业教育国际合作，国际学院的建设与发展得到了中卢两国政府的高度重视和支持。同时，学校携手在卢中资企业开展校企合作，既培养了卢方急需人才，又服务了中资企业走稳走好。（详见图10–5）

2020年，金职院又与卢旺达理工学院签署全面合作协议，将合作从穆桑泽辐射到卢旺达理工学院下辖的全国八所院校。国际学院的建设发展，探索了“政校—校企—校校”协同的职业教育国际合作的金职样本。

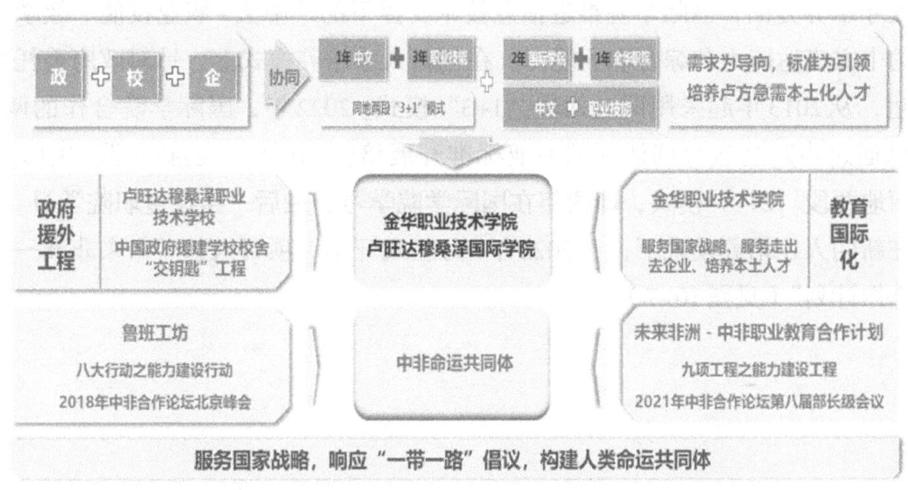

图10–5 “政校—校校—校企”协同职教援外模式

10.4.2 办学路径：需求导向+标准引领

在推进国际学院内涵建设中，我们始终坚持“需求导向、标准引领”的实践路径。

需求导向：就是面向卢旺达重点发展的产业布局、培养产业亟须的技能人才作为国际学院内涵建设的逻辑起点。创办初期，金职院选派教师赴卢旺达开展产业发展与劳动力市场调研，了解技能人才需求状况。数字经济是卢旺达政府面向2030经济规划的战略性新兴产业，也是浙江省经济发展的“一号工程”、金华市经济发展的“一号产业”，浙江中国小商品城集团股份有限公司在卢旺达设有海外仓、阿里巴巴设有跨境电商eWTP。所以，国际学院选取电子商务、自动化两个专业率先合作，在合作领域、功能定位、运行机制和标准分享等方面对国际学院进行系统规划。

标准引领：在需求导向基础上，以专业课程标准分享为引领，推进课程资源、教学团队、实训基地等专业内涵建设。经过近一年时间，协同合作校，完成近40万字的《电子商务专业教学标准》《电气自动化技术专业教学标准》的研制。2021年，两项标准通过卢旺达教育部劳动资源发展署（WDA）和高等教育委员会（HEC）认证，正式纳入卢旺达教育资格框架体系（REQF），真正意义上实现了专业教学标准“走出去”的目标（见图10–6）。

图10–6 合作研制的两个专业教学标准

在人才培养方面，国际学院推进信息技术支撑下的“中文+职业技能”教学改革，提高学生的中文表达能力和综合职业能力。在创新人才培养模式上，针对政府委托培养的学历留学生，从2013年起采用同地两段“1+3”模式；2022年，国际学院合作的两个专业，在基于已通过卢旺达教育部认证的专业标准开展培养的同时，创新实践“中文+职业技能”的两地两段“2+1”模式，即两年在国际学院学习、最后一年在金职院学习。首批124名学生在新的人才培养模式下，于2022年3月正式开学。项目入选“未来非洲——中非职业教育合作计划”（见图10–7）。

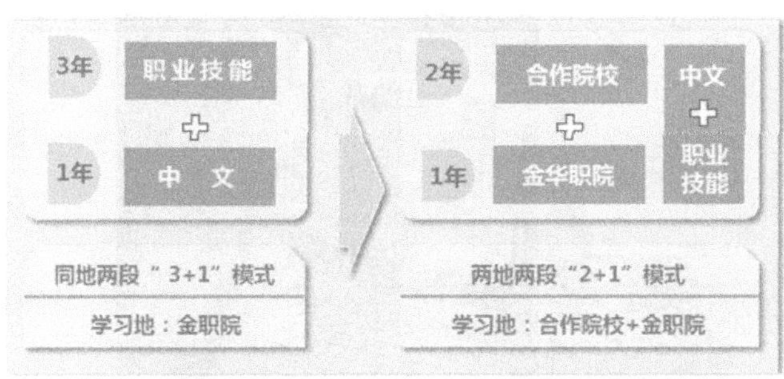

图10-7 探索基于“中文+职业技能”的人才培养模式创新

在课程资源开发上，围绕专业教学标准，组织团队开发网络学习平台，完成了一批双语课程、双语教材、技能培训包的开发；同时传承卢旺达原有体系特点，融入学校“双高”建设的优质资源，开发系列化教学资源。在实训条件建设上，为服务在卢中资企业，培养本土化技能人才，根据专业教学标准，先后携手华为、浙江中国小商品城集团股份有限公司等民族品牌（企业）共建华为ICT认证、自动化、直播电商、中文语言训练等实训室，合作研制系列实训教学标准。金职院组织专业团队利用现代通信网络技术，开发基于远程实境的实验平台。该平台能够实现远程的编程与建模，在我国境内的真实设备上开展在线实境实训，创新了实践教学模式（见图10-8）。

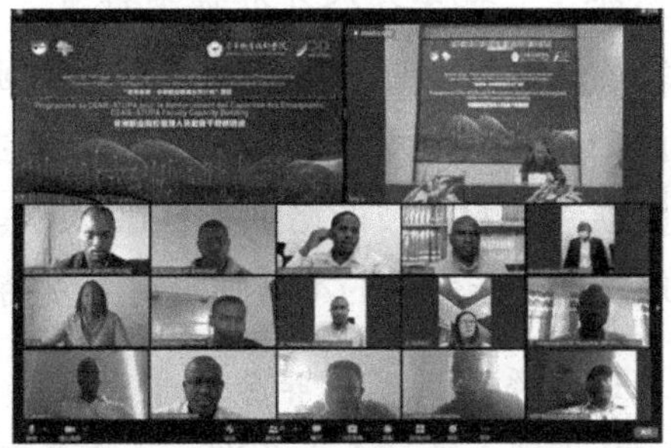

图10-8 开发的系列化教学资源和远程实境实训平台

在师资队伍建设上，我们秉持“授人以渔”的理念，重视卢旺达本土师资能力培养，努力让本土师资尽快胜任合作专业教学标准的教学组织实施。为此，我们通过三种方式来培养。首先，通过选派骨干教师赴卢旺达常驻，手把手培养卢方教师；其次，每年接收卢旺达专业骨干教师来华跟岗学习；第三，学校利用网络学习平台，开展一对一结对师资培训。通过上述多种形式，不断提高本土师资的执教理念、实践能力和教学水平（见图10-9）。

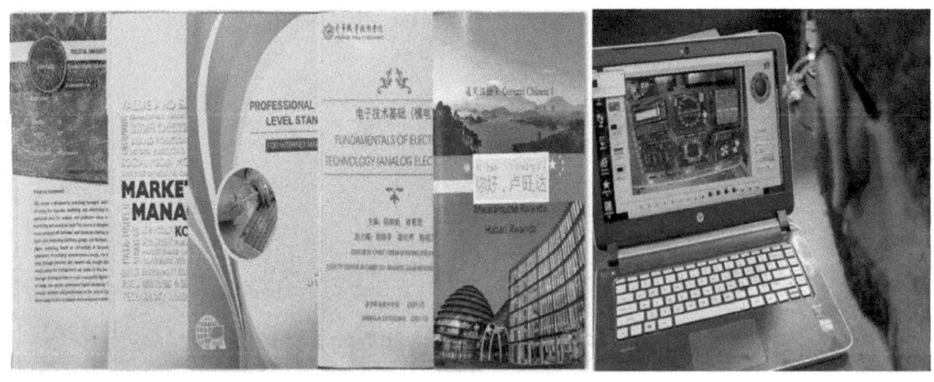

图10-9 秉承授人以渔为理念培养卢方师资

10.4.3 主要成效

1. 分享了一批标准和优质教学资源

合作研制两个专业的6、7两个级别的专业教学标准，正式纳入卢旺达教育资格框架体系（REQF）。建成Moodle课程学习平台，在“畅学金职”开辟专用学习空间服务国际学院学生。此外，还开发了双语课程36门、双语教材讲义16部、技能培训包9个等资源。

2. 培养了一批亟须人才和优质师资

围绕酒店管理、通信网络与设备等专业同地两段“3+1”模式培养学历留学生4届共99人，两个专业两地两段“2+1”模式的首批124名学生于今年3月在卢旺达开学，还为当地开展亟须领域职业技能培训近5000人次。以多种形式为卢方培养骨干教师共43人，一批教学理念新、能力强的本土师资有力支持分享专业教学标准的落地。

3. 入选了系列国家对非合作平台

金职院先后入选“未来非洲——中非职业教育合作计划”和鲁班工坊建设联盟副理事长单位；2019年起，金职院作为承办单位参与举办中国（浙江）中非经贸论坛暨中非文化合作交流周，负责承办系列平行论坛之中非职业教育论坛；融合校企资源和驻非中资企业发起成立中非数字经济职业教育产教协作联盟等。2022年，金职院获批全国首批鲁班工坊运营项目（海外仅5项）、浙江省首批一带一路“丝路学院”、浙江省标准国际化培育基地、“汉语桥”线上团组交流项目1项。

4. 得到了双方领导与媒体高度赞誉

国际学院办学一直得到了中国驻卢旺达使馆的大力支持和高度赞赏。时任驻卢大使饶宏伟每年莅临国际学院，看望在岗教师，也对双方合作给予很多指导。2019年3月，饶宏伟大使在二期工程启动期间来校考察，用四个“Right”（Right Time，Right Partner，Right Person，Right Place），高度肯定国际学院的办学成效。时任浙江省省长袁家军于2019年访问非洲三国，到访卢旺达时率团参观由浙江省科技厅、阿里巴巴和金职院联合举办的援卢成果展览，对金职院在卢旺达办学取得的成果给予高度评价。通过职教国际合作，增进了城市之间的友谊和联系，推进了中卢友好城市的对接。2019年，在第三届浙江（金华）中非文化合作交流周暨中非经贸论坛上，金华市和穆桑泽市签订了友好城市意向书。同年，新任卢旺达驻华大使詹姆斯·基莫尼奥，上任刚一个月便马不停蹄地来到金华职业技术学院，看望卢旺达政府委托培养班的学生，对留学生的培养质量给予高度肯定。此外，国际学院办学还获得中外主流媒体深度报道30余次。

10.4.4 发展愿景:“11131”发展工程

为实现共筑中非命运共同体的美好愿景，未来金职院将推进“一计划一平台一工坊三联盟一中心”工程（简称“11131”发展工程）。“一计划”，是指认真实施“未来非洲-中非职业教育合作计划”；“一工坊”，是指借助于入选和建设鲁班工坊，迭代升级“中文+职业技能”的丝路学院；“一平台”，是指基于2021年升格为国家级论坛的中国（浙江）中非经贸论坛暨中非文化合作交流周，金职院将每年在这个平台上承办中非职业教育论坛，分享和借鉴职业教育走进非洲的办学经验；“三联盟”，是指通过加入鲁班工坊联盟、非洲国际中文教育联盟以及中非数字经济职业教育产教协作联盟，吸收和融入各联盟的优质资源，持续深化中非职业教育合作；“一中心”，是指借助浙江省现代职教研究中心和浙江师范大学非洲研究院的研究力量和研究资源，成立中非职业教育研究中心，聚焦中非产业与职业教育的发展和合作，开展学术研究，深化国际学院建设（见图10-10）。

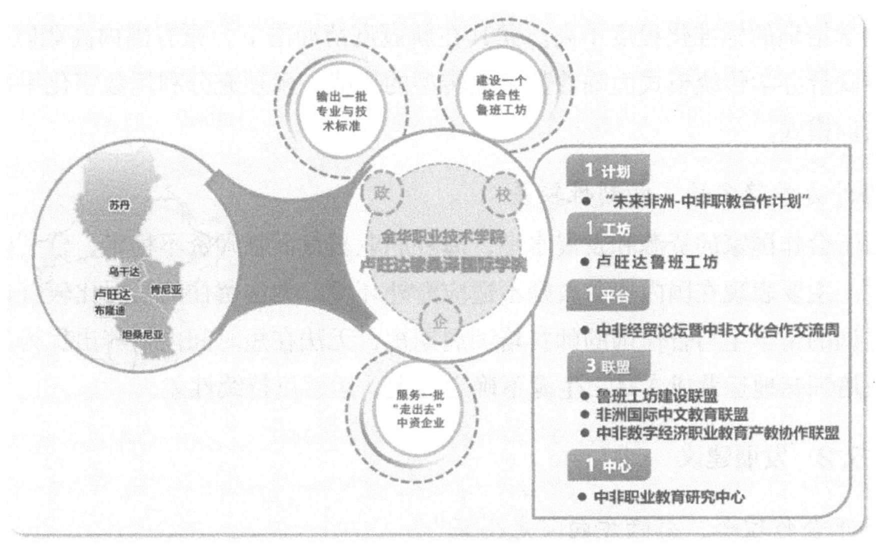

图10-10 “11131”发展工程

10.5 存在的问题与发展建议

10.5.1 存在的问题与原因分析

1. 政策制度和国别研究不足

我国职业教育起步较晚，探索实践经验少，“走出去”的相关政策法规不完善。2010年以来，我国先后出台《关于加快发展现代职业教育的决定》等30余项与教育国际化相关的政策，但是多数仅停留在理论层面。一方面，国家在教育、商业、外交、文化等领域缺乏全方位、多层次的规划；另一方面，专项政策法规少，缺乏配套操作实施细则。“走出去”办学仍然面临诸多挑战，如不同的教育环境和背景，不同的教育教学体系，现有的区域和国别研究基地大多分散在高校，尚未形成合力。

2. 国际化师资队伍建设迟缓

目前，专业院校国际化师资队伍建设水平与发展还存在差距。首先，在语言方面，缺乏能够从事双语教学的专业教师，尤其是精通“一带一路”沿线国家和地区小语种的教师。其次，在国际职业资格证书方面，我国拥有国际专业组织认可的职业资格证书的专任教师仅占21%。专业教师的业务水平得不到国际认可，国际化教学发展受到影响。

3. 海外教学数字技能相对落后

与国内广泛开展的线上线下数字化融合技能培训相比，我国职业院校现有的海外教育培训方式数字化程度较低，教学计划、课程标准、考试评估等环节缺乏必要的数字化技术支持，教学培训的标准化程度不高。尤其在新冠疫情冲击下，原有国内高职院校+海外当地院校的联合办学传统模式面临着数字化转型的挑战，亟须充分利用数字化手段建立便捷的技能培训模式。

4. 海外办学稳定性、营利性较差

受限于合作国家的资源和发展水平，海外职业教育面临师资不稳定、营利能力差等各方面问题。主要表现在国内优秀教师不适应海外环境，无法留住的情况比较普遍；来华参加职业培训的留学生与合作国的师资培训周期短，无法在短时间内培养出优秀的教师；海外学校或培训基地运营成本高，生源不确定性大，运营可持续性差。

10.5.2 发展建议

1. 筑牢合作理念，引领方向“走得正”

（1）要突出思想引领。要以习近平外交思想为指导，以历届中非合作论坛行动计划、产教融合、教育开放等为原则，引领中非职业教育合作的正确方向。习近平主席关于中非关系的重要判断和对非洲外交的政策理念，契合中非友好的核心要义和国际关系的基本准则，是中非团结坚如磐石的真实写照，是中非友谊薪火相传的根本遵循。

（2）要优化顶层设计。职业教育“走出去”是一项系统工程，将成为当前和未来职业教育发展的关键内容和重要举措。在国家层面，要对职业院校服务企业“走出去”进行系统规划，加强政策引导和资金投入，加强过程管理和监控，成立“一带一路”职业教育研究中心，出台服务企业“走出去”办学指导政策，明确“走出去”战略定位和作用，规范性质、宗旨和经营范围。对参与职业教育的企业制订“走出去”优惠措施，鼓励“走出去”企业将部分投资或经营资金用于职业教育。

（3）要深化融合发展。坚持以诚为本、以诚相待、合作共赢，更好地与产业输出相结合，与非洲国家的需求相结合。通过中非各专业之间、专业群与产业链之间的融合发展，更好地适应新技术带来的职业快速迭代，提升职业教育服务发展的能力。

（4）要整合资源平台。我国职业教育的推进面临如何统筹、优化、协调和整合不同学科之间的资源互通性的问题。解决好这个问题，不仅有利于更好地推进任务，更有利于搭建资源共享平台，优化和整合各方面资源，从而减少职业教育在推进过程中的困难。

比如，可考虑成立高职院校对非职业教育合作联盟，有助于优化办学模式，拓宽办学思路，实现资源优势互补，提升人才培养、教学研究等教育合作空间。发挥职业院校“成团走出去”，增强办学优势。也可考虑成立对非职业教育产教联盟，能有效打造企业“走出去”的产教服务平台，更好地探索产教深度融合的职业教育人才培养模式，更好地助力政、校、企、行之间合作与交流，促进科研与教学开发，经费融合等，实现资源统合优势。

2. 创新国际化路径，拓展领域“走得稳”

（1）要积极推进深度合作。深化与国际组织、专业机构在职业教育领域的交流与合作，建设职业教育相关智库、联盟、论坛和研究基地。积极参与非洲职业教育治理，深入参与非洲职业教育规则、标准、评价体系的制订。

（2）要积极探索海外办学。新修订的《职业教育法》指出，国家鼓励职业教育领域的对外交流与合作，支持引进境外优质资源发展职业教育，鼓励有条件的职业教育机构赴境外办学，支持开展多种形式的职业教育学习成果互认。中非职业教育应在学历（学位）互认、标准互通、经验互鉴上加强合作与交流，建立人才培养（培训）基地，重点破解人才不够用、不适用、不被用等问题。

（3）要积极创新合作模式。孔子学院是对外推广汉语言和中国文化的重要载体，在非洲，“语言文化+职业技术教育”特色化办学是孔子学院提高办学层次和水平的有效模式。

3. 深化内涵建设，重品重质“走得好”

（1）要坚持需求导向。立足中非区域经济发展和产业转型升级的需求导向，遵循“当地人想要什么，我们做什么”的原则，深化专业设置与当地区域产业结构的衔接。根据中资企业需求，有针对性地支持非洲职业教育开设相关培训课程，打造特色服务平台和品牌，最大限度优化人员配置，创造更高的经济效益和社会效益。

（2）要接轨国际标准。建立职业教育“走出去”标准体系，彰显中国职业教育品牌。中国职业教育“走进非洲”的目的，不只是为了解决在非中资企业和当地企业技术人才不足的现状，更重要的是在人才培养过程中能够将我国的职教标准、职教工艺、职教文化等传入非洲，打造中国职教发展品牌。

（3）要加强师资队伍建设。教师是对非职业教育培训的实施者，只有具备“走出去”能力的教师，中国职业教育“走进非洲”才能更好地蓬勃发展。

（4）要牢固树立质量意识。构建完善的对非职业教育合作质量保障机制。借鉴发达国家职业教育国际化发展的成功经验，在办学过程中实施相关监督措施，如组织专门的办学质量审核监督部门，定期对办学质量进行审核，以确保我国职业院校办学质量符合东道主国家发展要求。

4.构建协同格局，强化保障“走得远”。

（1）要强化政策牵引。发挥政策杠杆作用，强化产业和教育政策牵引，支持有条件的学校和企业与非洲国家相关职业教育机构合作，探索建立体现产教融合国际合作发展导向的教育评价体系，鼓励高职院校积极服务、深度融入国际区域合作和产业发展，推进产教融合创新。

（2）要完善协作机制。完善由教育部、外交部、商务部、国家发展改革委、财政部、国家汉语国际推广办公室等相关部门和国家行业组织参与的跨部门协调机制，通过多种渠道筹集教育资源，共同布局“走出去”战略。

（3）要凝聚多方合力。发挥青年、妇女、华人华侨等其他社团、群体的作用，重点关注非洲青年的职业技术教育培训，帮助他们拓展就业创业平台，为中资企业、当地政府和医院提供职业技能和医学汉语等培训。

（4）要提高“走出去”内驱力。指导和推动职业院校形成“企业走到哪里，职业教育就办到哪里”的模式。通过精简外派审批流程，给予外派教师职称评定的“绿色通道”和薪酬上的“优待”，提升职业院校“走出去”的积极性。

第十一章

职业教育合作服务中塞产能合作报告

塞内加尔共和国（The Republic of Senegal，La République du Sénégal）位于非洲西部，国土面积19.67万平方千米，西濒大西洋，海岸线长约700千米，属热带草原气候。全国共有14个大区，下设45个省，人口1630万（2020年），首都达喀尔（Dakar）。

1971年12月，中国与塞内加尔正式建交，但自1996年1月起，因塞内加尔政府与“台湾当局”“复交”而导致两国外交关系一度中止，直到2005年10月两国恢复大使级外交关系。近年来，两国双边关系发展顺利。2016年9月，中塞建立全面战略合作伙伴关系。中塞保持外交关系期间，中国为塞内加尔援建了友谊体育场、阿菲尼亚姆水坝、国家大剧院等项目。

11.1 塞内加尔经济、产业及教育概况

11.1.1 经济现状

塞内加尔属最不发达国家之一。2014年，塞内加尔政府推出振兴计划（PSE），致力于改善投资环境和营商环境，提出要加强基础设施建设、促进中小企业发展、鼓励发展高附加值及劳动密集型、外向型经济等。近年来，受投资拉动和农业增产影响，塞内加尔的经济表现出一定的韧性。2021年，塞内加尔国内生产总值（GDP）约为276.25亿美元，同比增长6.06%。[①]2022年GDP总量284.35亿美元（世界排名第111名），人均4092美元（第158名）[②]（见表11-1）。

① https://www.imf.org/en/Publications/WEO/weo-database/2022/April

② 商务部对外投资和经济合作司.(2022).商务部对外投资合作国别（地区）指南：塞内加尔（2021年版）.

表11-1 塞内加尔2020、2021、2022三年GDP总值（单位值：10亿美元）

年份	2020	2021	2022
按平均汇率	24.534	27.640	28.435
按购买力	58.665	64.810	72.341

来源：国际基金货币组织

目前看，农业仍然是塞内加尔的基础性产业，服务业是拉动经济增长最有潜力的引擎。矿产资源开发方面，由于受新冠疫情影响，该国的石油和天然气开发项目被一再推迟，预计2035年之前不会产生任何经济效果①。

11.1.2 产业发展环境

1. 产业状况

塞内加尔是联合国公布的最不发达国家之一，56%的人口从事农业生产，具备一定的工业基础，第三产业发展较快。2020年，塞内加尔GDP总量中，第一产业占比16.2%，第二产业占比22.2%，第三产业占比50.7%（见表11-2）。农业生产以种植水稻、花生为主，粮食尚不能自给自足。渔业、磷酸盐出口和旅游是传统创汇产业。萨勒总统执政后，优先发展高附加值、劳动密集的外向型经济，促进中小企业发展，吸引外资投资，同时重视基础设施建设。国际货币基金组织认为，塞内加尔政府的振兴发展计划有效推动了经济发展②。

表11-2 2016-2020年塞内加尔国内生产总值及各产业比重

年份	2016	2017	2018	2019	2020
国内生产总值（亿西非法郎）	112 830	122 720	134 090	143 340	139 328
第一产业比重	16.1%	17.9%	18.5%	18.6%	16.2%
第二产业比重	26.0%	25.2%	25.4%	25.2%	22.2%
第三产业比重	57.9%	56.9%	56.2%	56.2%	50.7%
年增长率	6.4%	7.1%	6.8%	6.6%	0.7%

来源：塞内加尔国家统计局（ANSD）

2. 产业分布

（1）第一产业。

农业仍是塞内加尔的主要经济支柱，约60%的人口生活在农村地区。全国可耕地面积380万公顷，谷类作物播种面积占比41%，稻米是塞内加尔人的主粮，其他粮食作物还有小米、玉米、高粱等。稻米和小米占谷物总产量的2/3以上（见表11-3）。主要经济作物有花生、棉花、芝麻以及热带水果、蔬菜和花卉等，播种面积为92万公顷，占农耕总面

① https://www.worldbank.org/en/country/senegal/overview

② 商务部对外投资和经济合作司.(2022).商务部对外投资合作国别（地区）指南：塞内加尔（2021年版）.

积的47%。农业生产主要以家庭农业和非正规部门为主，极易受到降雨条件和土地土壤等因素的影响，粮食自主仍存在挑战。

表11-3　2020年塞内加尔主要谷物产量情况

	产量（万吨）	占比
稻米	134.97	37.1%
小米	114.48	31.4%
玉米	76.18	20.9%
高粱	37.73	10.4%
福尼奥米	0.67	0.1%

来源：联合国粮农组织

畜牧业以饲养牛羊为主（见表11-4），生产方式包括现代畜牧业、定居畜牧业与粗放型的迁徙畜牧业。其中，乳制品在塞内加尔的饮食占据主导地位，为国家提供了数百万就业岗位。①

表11-4　2020年塞内加尔主要畜牧产品存栏（单位：万头）

绵羊	山羊	牛	猪	马	家禽
742.63	640.52	371.27	47.81	57.88	8.84

来源:联合国粮农组织

渔业是塞内加尔的另一经济支柱，也是第一大创汇产业，占出口总额的16%。塞内加尔海岸线长达718千米，海洋渔业资源丰富，但仍以传统的捕捞方式为主，机械水平低，因此对海洋环境的污染也比较轻，促进了渔业的可持续发展。全国有近120家水产品加工企业，约60万人从事渔业捕捞、加工、销售、贸易等相关职业。中国水产公司在塞内加尔建有捕捞公司和加工厂，是当地该行业的龙头企业。

总体看来，塞内加尔第一产业自20世纪80年代以来，呈现出快速增长趋势（见图11-1）。

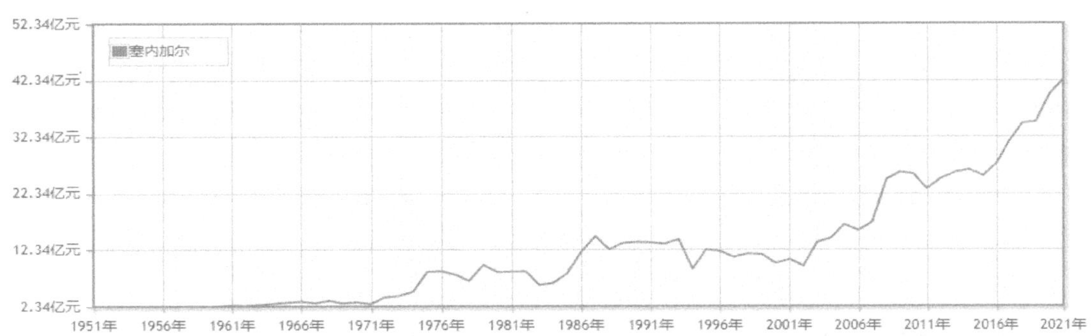

图11-1　塞内加尔农林牧渔增加值走势图（单位：美元）

① 徐冠男，王战.塞内加尔农业投资视野分析[J]投资非洲.2022.9.

（2）第二产业。

塞内加尔第二产业主要集中在农产品加工、食品、化工、纺织、皮革、炼油、建材及基建等领域。工业产值约占国内生产总值的22%，全国有500多家企业，85%的工厂企业集中在首都达喀尔。食品加工业是最主要的工业部门，约占每年工业增加值的40%。化工业在每年工业增加值中所占比重为12%，主要生产磷酸盐和化肥等。近年来，塞内加尔大力推动能矿业尤其是油气产业发展，预计未来油气产业将成为塞内加尔经济发展的新增长点①。

交通运输业。公路：塞内加尔的公路总长16 495千米，其中沥青路5956千米，土路10 539千米。83%的沥青路和57%的土路处于状态良好。此外有高速公路216千米。铁路：铁路总长1300千米，主干线总长905千米。但由于年久失修，运力不足，安全事故时有发生。航空：塞内加尔是非洲民航总部所在地，也是西非重要的航空枢纽，有28家航空公司在此运营，连接欧洲、美洲及非洲其他地区约20多个国家。此外，济金绍尔、圣路易等二线机场也在政府的规划中。

房地产业。近年来，塞内加尔的房建市场较为火热，但由于新城迪亚姆尼亚久建设，多以私人业主房地产开发为主，政府招投标类项目少，房地产业的规范性问题较为突出。此外，银行房贷过程复杂，外资进场成本高，限制了房地产业的发展速度。塞内加尔政府推动的10万套社会住房项目，因售价受限，潜在风险较大。

总体来说，塞内加尔基建市场体量较小，制约性因素较多，发展存在多重不确定性。一方面，受多边债务等因素的影响，政府预算投入十分有限，不得不鼓励公私合作伙伴（PPP）模式来发展基础设施；另一方面，塞内加尔因其独特的地理位置，吸引了大量中资、外资基建企业的入驻，基建市场竞争激烈（见图11–2）。

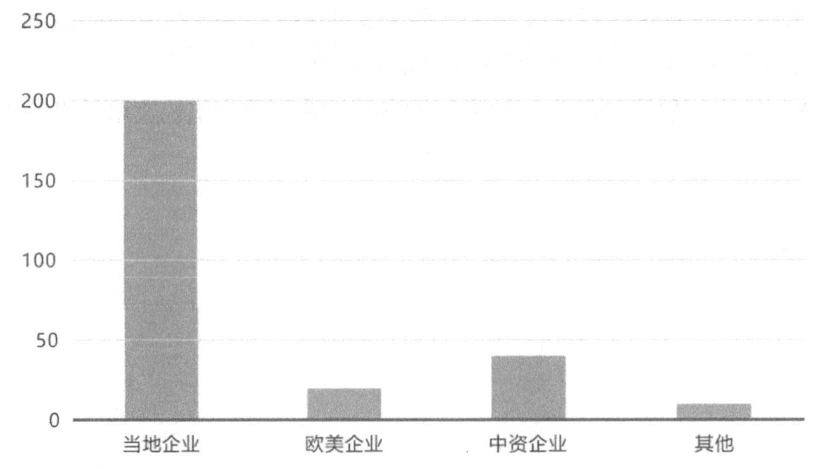

来源：研究项目自制

图11–2　塞内加尔基建企业分布情况

① 中非发展基金研究发展部.塞内加尔［J］中国投资.2020.9.

(3)第三产业。

旅游业是塞内加尔经济的四大支柱之一。优越的地理位置、丰富的旅游资源、便利的旅游交通，使塞内加尔成为西非乃至非洲旅游业最发达的国家之一。塞内加尔旅游业的发展，不仅受惠于丰富的旅游资源，更得力于灵活的旅游业发展战略。例如，多中心开发海滨度假旅游，积极发展乡村旅游，充分利用国家公园发展观光旅游[①]。游客主要来自欧美发达国家，其中法国、意大利、西班牙三国游客数量占游客总数的50%以上。旅游点主要集中在达喀尔、捷斯、圣路易地区。[②]

3. 教育体制

塞内加尔在独立初期，教育曾获得较快发展，但教育体制基本上还是沿用前宗主国法国的教育，分为学前教育、初等教育、中等教育和高等教育四个学段，学生所获文凭同时也被法国认可。

2013年，塞内加尔小学入学率为93%，初中入学率为89%，高中入学率为29%[③]。在读大学生11.2万人。全国有公立大学5所，高等专业院校10余所，私立各类高校80余所。其中达喀尔大学创立于1957年，是历史悠久的高等学府之一，下设21个院所，目前在校学生超过7万人。

从2014年起，该国学前总入学率、中小学入学率和接受高等教育的比例均有所增长。在职业技术培训方面，入学率从2012年的3.15%上升到2017年的13%。年轻毕业生在职业生涯中所占比例从2013年的29%上升到2017年的36%。同时，政府在农业、家禽、旅游部门建立了职业培训集群以及专门从事建筑和机械行业的培训中心。塞内加尔教育体系主要分为：学前教育、初等教育、中等教育和高等教育。职业技术培训主要分布在中等教育和高等教育（图11-3）。全国各级教育由国民教育部和高等教育部负责，职业技术教育由职业与技术教育培训部（MFPAI）负责。教育经费一般由国家拨款、地方基金和外国资助等构成。

---

① 章金罗.塞内加尔迅速发展的旅游业[J] 中国地理教学参考.2000(03)：19-20.

② 中非发展基金研究发展部.塞内加尔[J] 中国投资（中英文）.2020(Z8)：92-94.

③ 商务部对外投资和经济合作司.(2022).商务部对外投资合作国别（地区）指南：塞内加尔（2021年版）.

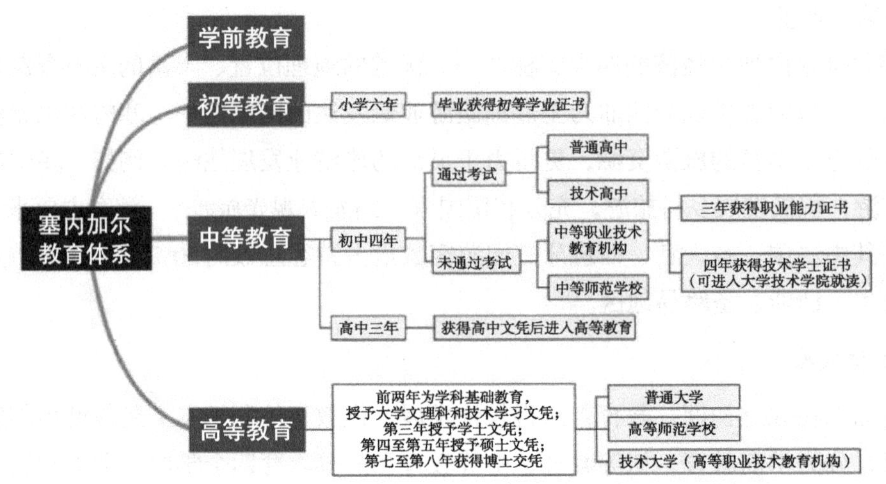

图11-3　塞内加尔国家教育体系

20世纪90年代，塞内加尔开始提高职业培训的质量以加强所有年轻人的就业能力。继1998年法语国家国际组织在巴马科开展的职业培训评估之后，塞内加尔于2001年组织了一次全国技术教育和职业培训评估会议。在参考巴马科评估会议建议的基础之上，该评估是对本国的技术和职业教育培训系统的一次深入改革。此后，在2002年成立了职业教育部。在法国合作署和世界银行的支持下，塞内加尔的职教改革也促进了职业培训发展基金会的成立。

鉴于经济和社会发展的需求，教育部在2003年强调技术教育与职业培训同基础教育一样，是塞内加尔政府教育政策的重点，并强调加强校企合作的重要性。职业与技术教育培训部（MFPAI）在2006年指出，应将技术教育和职业培训发展作为塞内加尔经济增长的主要竞争力。

塞内加尔职业培训的主要目的是让学生获得特定领域理论知识和实操技能。塞内加尔的职业院校提供初始或继续职业教育，在不同领域提供固定期限的课程，且职业院校的数量与日俱增。学生可以根据自己的实际情况，选择相应年限的培训课程，不论何种类型的课程，在授课结束通过考核后都会获得相应文凭。

在塞内加尔，国家高等教育、研究和创新质量保障局（ANAQ-Sup）考察培训学校的教学质量；非洲和马达加斯加高等教育理事会（CAMES）负责认证成员国高等教育机构颁发的文凭[①]。

---

① https://senegalndiaye.com/les-ecoles-de-formations-professionnelles-au-senegal/

4. 职教与产业

据统计数据[①]，塞内加尔教育体系内各级学校和培训机构共计约380所，其中有126所涉及职业技术培训的院校和机构。本研究就塞内加尔职业教育开设专业和国家产业的匹配度进行了分析：其中仅有6所院校和机构开设关于农牧渔业等专业；21所开设工业、交通及基建等专业；99所开设商贸、金融、旅游业、语言培训等专业。总的来说，塞内加尔职业院校开设专业的整体情况与各产业GDP占比基本吻合。但是，存在开设第一产业相关专业的职业院校数量明显不足，开设第三产业相关专业的职业院校数量过剩的现象。因此，塞内加尔存在职业教育专业开设现状与产业结构不尽匹配、专业类型单一、专业布局不合理等问题（见图11-4）。

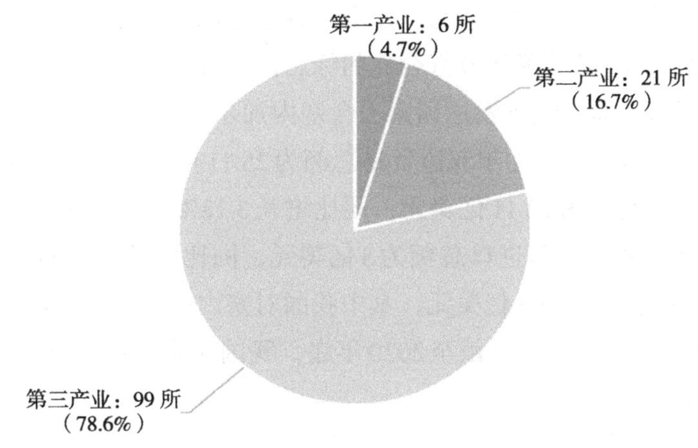

图11-4　职业院校开设专业与产业的匹配图

5. 国际经贸合作

法国一直都是塞内加尔最大的进口来源国[②]。以2017年为例，塞内加尔从法国的进口额达到其对法出口额的1294%。劳务输出方面，法国是塞内加尔海外劳务输出的主要目的地，塞内加尔侨民带来的侨汇收入占该国GDP的10%，远超其从外来直接投资、国家债务和发展援助所获得的资金。

2019年以来，塞内加尔主要进口来源国为法国、中国、尼日利亚、印度和荷兰，主要出口目的地为瑞士、马里、西班牙、科特迪瓦、中国、意大利。法国、中国、印度为塞内加尔前三大贸易伙伴。主要出口非货币黄金、海产品、水泥、磷酸盐等，主要进口石油精炼产品、机电设备、药品和日常消费品等。据塞内加尔统计局数据，2019年，塞内加尔出口约33.09亿美元；进口约70.49亿美元；贸易逆差约37.4亿美元[③]。

① https://academie-plus.com/Liste-des-ecoles-du-senegal

② 陈丽娟.当代非洲国家自主发展面临的阻碍——以塞内加尔为例［J］，法语国家与地区研究，2020（03）：1-10+91.

③ 商务部对外投资和经济合作司.（2022）.商务部对外投资合作国别（地区）指南：塞内加尔（2021年版）.

塞内加尔是世界贸易组织于1995年1月1日创建时的正式成员、西非国家经济共同体（CEDEAO）15个成员国之一、西非经济货币联盟（UEMOA）成员国，也是科托努协定成员国。塞内加尔还是欧盟提供关税优惠的受惠国。

11.2 中资企业和国际产能合作

11.2.1 塞内加尔对外资输入的需求

塞内加尔每年接受外国援助约10亿美元，主要来自法国、美国、欧盟、中国、日本、加拿大，以及世界银行、非洲开发银行、国际货币基金组织等国际组织[①]。主要援助方式包括项目援助、预算援助、行业预算援助、技术合作。援助类型包括无偿援助、优惠贷款，援助领域主要集中于农业、卫生、教育、水利、绿色能源、基础设施。中方在塞内加尔援建的多个社会民生工程，成为两国友好合作的标志性项目。

2008年，中国给予非洲最不发达国家（含塞内加尔）近500个零关税待遇。[②]据中国海关统计，2019年中国和塞内加尔双边贸易总额为25.11亿美元，同比增长10.58%，其中中国对塞内加尔出口总额为22.11亿美元，同比增长3.18%，中国已成为塞内加尔第二大进口来源国；中国从塞内加尔进口总额为3亿美元，同比增长133.9%。据中国商务部统计，2020年两国贸易总额为28.8亿美元，其中我国对塞内加尔出口总额为25.6亿美元，自塞内加尔进口总额为3.2亿美元；截至2020年底，我国对塞内加尔直接投资存量为4.3亿美元（见表11-5）。

表11-5 塞内加尔与中国进出口额统计表（单位：亿美元）

年份	贸易总额	中国对塞内加尔出口	中国自塞内加尔进口
2016	23.56	21.94	1.62
2017	21.90	20.41	1.50
2018	22.71	21.43	1.29
2019	25.11	22.11	3.00

来源：海关数据网

中国对塞内加尔出口商品主要类别：①机电产品，包括机械设备、电器及电子产品、家用电器（冰箱、空调、洗衣机、电扇、微波炉等）；②运输工具，包括摩托车及零配件、货车、汽车、自行车；③服装及衣着附件；④金属制品，主要包括钢材、铝材；⑤陶瓷产品，主要包括建筑用陶瓷；⑥鞋制品；⑦家具及其零件；⑧食品；⑨箱包；⑩眼镜。

中国从塞内加尔进口商品主要类别：①花生及花生油；②水海产品，主要是冻鱼；③锆矿、钛矿砂。此外，还少量进口芝麻、原木等。

---

① 中华人民共和国商务部. 各国、国际和地区组织对塞内加尔援助情况. 2013.

② 中华人民共和国中央人民政府. 中国给予非洲最不发达国家的部分产品零关税待遇. 2009.

11.2.2 中资企业发展及产能合作

在“一带一路”建设、服务国际产能合作、中国企业“走出去”的大背景下，中塞两国在2016年建立全面战略合作伙伴关系并签署了“一带一路”建设的谅解备忘录。除此以外，两国还签署了基础设施领域合作谅解备忘录、成立双边经贸混委会等双边协定，确认了优惠贸易安排及文化合作机制等。目前，中国是塞内加尔第二大贸易伙伴和最大融资来源国。

其中，中国四川省与塞内加尔政府于2018年9月签署了促进川塞产能合作协议，成功搭建了“一省对接一国”的国际产能合作新模式，四川铁投、四川能投、华西能源等企业参与了交通能源、环境保护等建设项目。

中资企业在塞内加尔主要从事海产品加工、花生加工出口、零售业和基础设施建设等行业。据中国驻塞内加尔使馆统计，在塞中资企业员工和华侨华人约有8000人，主要集中于首都达喀尔市，多从事承包工程、商品贸易、加工制造、渔业捕捞、清关物流、餐饮旅游等。据中国商务部统计，2019年中资企业在塞内加尔新签承包工程合同35份，新签合同额10.25亿美元，完成营业额8.84亿美元。累计派出各类劳务人员705人，2019年末在塞内加尔劳务人员2967人。新签大型承包工程项目包括中国路桥工程有限责任公司承建达喀尔BRT项目；威海国际经济技术合作有限公司承建恩沃之城项目；中国海外经济合作有限公司承建塞内加尔GRAND SICAP房建项目等。2020年中资企业在塞内加尔新签承包工程合同35份，新签合同额14.89 亿美元，完成营业额5.21亿美元，累计派出各类劳务人员392人,2020年末在塞内加尔劳务人员1105人①。目前，我国在塞内加尔已成立两个华人商会和社团，有63家主要中资企业和机构在塞内加尔发展（表11-6、表11-7）。

表11-6 塞内加尔主要中资企业所从事产业涉及领域统计

序号	产业类型	涉及领域	中资企业数量	主要中资企业名称
1	第一产业	渔业领域	5	中国水产有限公司
2	第二产业	工程领域	36	中国路桥工程有限责任公司
3		机械领域	4	中国机械进出口（集团）有限公司
4		制造领域	2	广州森大国际集团投资
5		能源领域	2	葛洲坝集团公司
6		航空领域	2	中国航天建设集团有限公司
7		建材领域	1	南京大西洋建材有限公司
8		农产品加工领域	1	SSJ花生加工厂

① 中华人民共和国商务部.［R］. 对外投资合作国别（地区）指南——塞内加尔，2021.

续表

序号	产业类型	涉及领域	中资企业数量	主要中资企业名称
9	第三产业	通信领域	2	华为技术有限公司
10		物流领域	2	格林福德物流
11		科技领域	2	中安技术有限公司
12		交通领域	1	中国重型汽车集团有限公司
13		媒体领域	1	中国四达时代集团有限公司
14		外贸领域	1	华非国际商贸有限公司
15		金融领域	1	中国进出口银行

表11-7　2016-2020年中国在塞内加尔承包工程额（单位：亿美元）

年份	新签合同额	完成营业额
2016	10.41	6.00
2017	7.45	9.48
2018	4.04	11.43
2019	10.25	8.84
2020	14.89	5.21

来源：中华人民共和国商务部网站

中资企业在塞内加尔重点产业介绍：

在渔业领域，中国水产总公司未来计划在圣路易斯、卡萨芒斯等重要渔港新建渔产品加工厂，帮助当地渔民扩大产品销路，增加就业，实现当地渔业加工的现代化，促进塞内加尔经济社会全面发展，为当地渔民提供稳定的收入来源（见表11-8）。

表11-8　塞内加尔水产业主要中资企业国际产能合作项目情况

中资企业名称	项目名称	合作方	建设时间	规模
中国水产总公司	成立塞内加尔渔业公司	非洲海产公司	1994年	收购非洲海产公司，成为在塞渔业加工的龙头企业

在工程领域方面，中国基建企业为当地员工搭建不同的职业发展通道，使其拥有稳定的收入来源，员工们在每一个岗位都能够发挥潜能、成就事业，不少当地工人还成长为基建技术专家。建成的项目极大地促进了当地的社会、经济、文化发展（见表11-9）。

表11-9　塞内加尔基础设施建设主要中资企业国际产能合作项目情况

中资企业名称	项目名称	合作方	建设时间	规模
中铁七局武汉公司	方久尼大桥	方久尼市	2019年	1600米
湖南建工集团	塞内加尔竞技摔跤场项目	达喀尔市	2021年	1.8万平方米，可容纳2万人，是非洲首座现代化摔跤场

双燃料电站项目是塞内加尔最大的水泥生产企业——萨赫勒水泥公司第三条生产线扩建项目最重要的配套工程，采用全欧标设计建造，并配置可改造为双燃料模式的重油发电机组。建成后，将满足萨赫勒水泥公司所需全部电力，提升塞内加尔国家装机容量约5%，助力该国基础设施建设发展（见表11-10）。

表11-10 塞内加尔能源产业主要中资企业国际产能合作项目情况

中资企业名称	项目名称	合作方	建设时间	规模
中国能建葛洲坝集团	萨赫勒水泥公司双燃料电站项目	萨赫勒水泥公司	2020年	55 MW

在通信领域方面，华为技术有限公司的“智慧塞内加尔”项目得到塞内加尔政府高度评价，认为其有助于政府以更高效率和更及时地协调应对疫情；国际数据中心的成立意味着塞内加尔将拥有数据主权。中兴通讯股份有限公司的“推进塞偏远地区数字信息化”项目将为生活在偏远地区的人们提供一个平台，让他们有机会使用互联网，享受到电子信息服务（见表11-11）。

表11-11 塞内加尔通信产业主要中资企业国际产能合作项目情况

中资企业名称	项目名称	合作方	建设时间	规模
华为技术有限公司	国家数据中心和“智慧塞内加尔”项目	塞内加尔信息局	2020年	建成本国境内的数据中心
中兴通讯股份有限公司	“推进塞偏远地区数字信息化”项目	塞内加尔邮政与电信部	2016年	到2025年实现全国数字化的目标

中国援助非洲“万村通”卫星电视项目惠及塞内加尔共600个村庄，旨在为当地偏远乡村的民众提供免费的卫星电视接收设备，帮助他们看上电视，更为便捷地接收来自外界的信息。四达时代集团塞内加尔子公司的成立不仅对“万村通”项目长期运营维护有利，也为当地观众提供新的电视服务选项，有助于当地数字电视业务长足发展（见表11-12）。

表11-12 塞内加尔媒体产业主要中资企业国际产能合作项目情况

中资企业名称	项目名称	合作方	建设时间	规模
中国四达时代集团有限公司	“万村通”塞内加尔二期项目	塞内加尔文化和新闻部新闻司	2021年	塞内加尔300个村落的公共区域和家庭安装太阳能电视机、太阳能投影设备、数字机顶盒等
	成立四达时代集团塞内加尔子公司		2022年	180条电视频道服务

陶瓷生产线落成是中塞全面战略伙伴关系高水平高质量发展的又一见证。作为在塞首家陶瓷企业，该厂直接雇用了1000多名员工，还间接带动2000多人就业，生产原料95%来自塞内加尔。产品将销往毛里塔尼亚、马里、几内亚、冈比亚等邻国，大大促进了本国陶瓷产业发展（见表11-13）。

表11-13　塞内加尔制造领域主要中资企业国际产能合作项目情况

中资企业名称	项目名称	合作方	建设时间	规模
广东科达洁能股份有限公司和广州森大国际集团投资	特福陶瓷厂项目	森蒂亚市	2020年	日产超过5万平方米陶瓷产品、每年纳税预计600万美元

中国进出口银行四川省分行在项目启动初期，向施工企业四川公路桥梁建设集团有限公司提供对外承包工程贷款，并及时开具保函，满足商务条款要求以及解决承包商的资金缺口问题，切实发挥好职能作用，积极参与“一带一路”重大项目，助力“一带一路”建设工作取得更大成效（见表11-14）。

表11-14　塞内加尔金融领域主要中资企业国际产能合作项目情况

中资企业名称	项目名称	合作方	建设时间	规模
中国进出口银行四川分行	塞内加尔加姆尼亚久综合工业园二期项目	加姆尼亚久市	2021年	30.63万平方米

11.2.3　中资企业人才需求及产教合作

2015年，国家发改委、外交部、商务部联合发布了《推动共建丝绸之路经济带和21世纪海上丝绸之路的愿景与行动》，提出基础设施互联互动是“一带一路”建设的优先领域，并强调了我国与合作国间实行政策沟通、设施联通、贸易畅通、资金融通、民心相通（“五通”）的必要性。2021年底，教育部发布《关于政协第十三届全国委员会第四次会议第2624号（教育类091号）提案答复的函》，该函鼓励了中资企业携手职业教育“走出去”，以“中文+职业技能”为基点服务“一带一路”沿线国家。在政策的鼓励与支持下，中资企业“走出去”是实现国际产能合作的前提，与职业院校合作是优化国际产能合作的重要途径。

上文中提到，中资企业在塞内加尔投资领域覆盖较广，虽发展总体趋于良好，但仍面临困境。例如，塞内加尔国内市场体量小、竞争激烈，塞内加尔消费水平较低，导致基础设施和工程配套能力较差，缺少熟练技术工人，中资企业需从国内引进技术型人才，中资企业里中国员工与当地员工的占比约为7∶3（图11-5），故运营成本增长。

图11-5　海外机构员工主要来源占比图

《国有企业国际化与多元化人才策略调研报告》中也提到中资企业在服务“一带一路”建设时的痛点为难以触及高级别人才，同时缺乏寻找候选人的渠道。《“一带一路”人才白皮书》中对服务“一带一路”沿线国家的中资企业进行了调研，其中66%的企业认为高级别人才在当地很难找到，职位匹配度较低。中资企业在当地的竞争力也较低，体现在薪酬福利竞争力不足（42%），缺乏找到合适候选人的渠道等（36%）（如图11-6）。

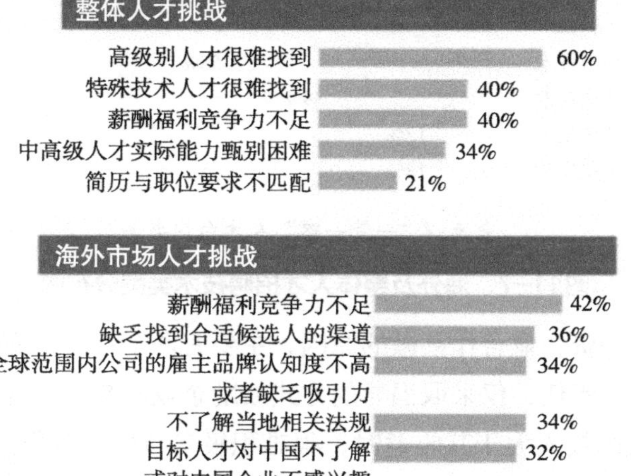

图11-6 海外机构整体人才及海外市场人才挑战占比图

来源：《“一带一路”白皮书》

为进一步证实中资企业在塞内加尔发展时对于人才需求的痛点，本小组根据学院专业特色，选取在塞内加尔的建筑类主要中资企业进行了调研，调研结果显示，目前职业院校与中资企业的合作尚不乐观，所有受访企业都未与国内的职业院校开展过校企合作项目。

基于对中地海外集团的访谈内容，该企业认为与当地员工文化差异大沟通难、施工规范及标准差别大，难以形成统一的管理机制。该企业在调研中也提及塞方政府对企业雇佣的外方人员有比例限制，大量中国技能型人才赴塞工作会大大增长企业的成本压力，即使员工属地化是所有当地中资企业的理想化结果，但是依然困难重重。工程行业是个劳动密集型行业，人员流动大，当地雇员的归属感也很难建立。

再以迪亚姆尼亚久工业园为例，该工业园由塞内加尔政府出资、中国中地海外公司承建，首都达喀尔以东30多千米处，是《振兴塞内加尔计划》的亮点工程。工业园的兴建旨在通过引进外国资本和技术，快速发展出口型工业。园区建设资金得到中国融资支持，项目由中国企业承建，园区运营借鉴中国模式。在二期园区中设立了职业培训技术中心，由此可见本地高素质技能型人才在塞的急需性。[①]根据《“一带一路”人才白皮书》，中资企业海外人才招聘中对于高级技术人才的需求位列第一（44%）（图11-7）。

① 陈湛．塞内加尔工业园借鉴中国经验［CP/OL］.2021-07-22.

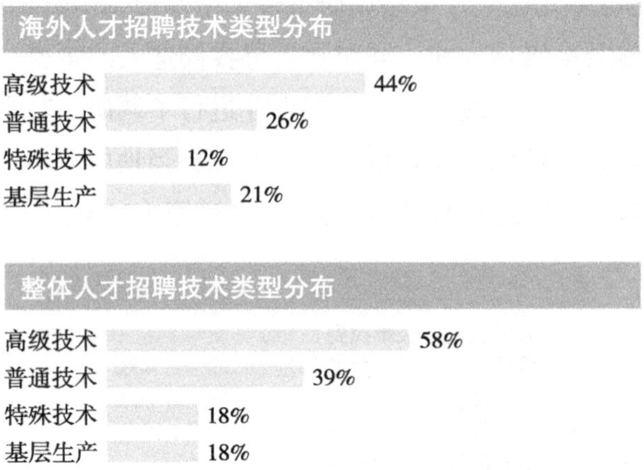

海外人才招聘技术类型分布

类型	比例
高级技术	44%
普通技术	26%
特殊技术	12%
基层生产	21%

整体人才招聘技术类型分布

类型	比例
高级技术	58%
普通技术	39%
特殊技术	18%
基层生产	18%

来源:《“一带一路”人才白皮书》

图11-7 海外及整体人才招聘技术类型分布图

中国职业院校与中资企业合作甚微的原因，主要有两个：一方面是高职院校认为校企合作是企业应尽的社会责任，仅采取倡导的方式鼓励企业参与校企合作。实践表明，作为企业，它对高职院校的投入大于其收益时，很难积极参与校企合作。“一带一路”沿线国家企业更是如此，需要通过校企合作促进自身发展，获得“一带一路”发展成果，所以倡导式的校企合作模式难以吸引这类企业深入参与。另一方面，“一带一路”沿线国家众多，发展阶段不同，利益诉求不同，矛盾问题也复杂交错，形成一套有效的服务国际产能的校企合作机制较为困难。

在此背景下，中塞双方政府应该进一步鼓励中资企业与职业院校携手增加海外人才联合培养的项目，通过“政—校—企”合作模式培养当地高素质技能型人才，减少中塞文化差异，帮助本地人才更好地适应中资企业，推动国际产能合作。

11.2.4 技能型人才供需矛盾

除上文分析的中方职业院校和在塞中资企业缺乏合作原因之外，塞内加尔当地的职业技能教育与中资企业对于人才需求依然具有不对称性。

根据《职业培训领域质量、公平性和透明度的改善计划（2013—2025）》，塞内加尔在职业教育方面还面临着诸多挑战，如职业院校缺乏与当地商会、企业之间的联系，传统的学徒制仍未得到改善，接受职业教育技术与培训的基础教育毕业生仍然低于30%等。以传统学徒制为例，在塞内加尔非正规部门提供的传统学徒制依然是获得就业技能的最重要途径。同时，在塞内加尔的中资企业缺乏高素质技能型人才，非正规部门提供的教学无法满足企业需求，这是塞内加尔职业教育人才供给与中资企业人才需求不匹配的原因之一。其次，塞内加尔职业院校与当地企业缺乏合作。例如，“行业订立标准、校企共同培养、政府充分保证”应当是培养高质量劳动者的保障，但当地校企之间缺乏合作，导致职业院校制订的教学内容与人才培养模式无法从劳动力市场真正的需求出发实现供给平衡。

在塞内加尔，地区、经济和性别不平等问题依然突出，部分贫困地区的学生、女性无法参与技能培训并获得相应资格认证，进一步导致塞内加尔技能型人才短缺。由于经济问题，塞内加尔职业培训和教师培训也无法大量推行，教师教学能力不能持续提升，职业教育成果无法保障。除此以外，非洲的人才外流还导致了塞内加尔职业教育与中资企业需求的不对称性。为了填补人才外流的空缺，非洲国家每年需要聘用15万名外国专家，年支出达40亿美元，投向非洲的国际发展援助中35%用于支付外国专家费用[①]。面对当今的国际人才流动浪潮，非洲面临着人才内外流动失衡的困扰。国外更好的生活及工资待遇、失业、缺少社会保障、裙带关系、部族主义等均是非洲人才外流的主要因素。在此背景下，塞内加尔本土高素质技能型人才的数量无法与中资企业的需求相匹配。

虽然非洲各国政府越来越重视职业教育的发展，并于2007年非洲联盟颁布的《非洲职业技术教育和培训振兴战略》，但塞内加尔的职业教育政策、体系、模式等还需大量时间改善，以满足当地劳动力市场的需求。

11.3 职业院校与企业携手“走出去”的实践探索

11.3.1 国际援助视野下塞内加尔职业教育发展

1. 中国对塞内加尔的职业教育援助

当前，中国对塞内加尔的职业教育援助方式有招收来华留学生、提供政府奖学金、支持教师及专家对塞内加尔职业学院师生进行线上或线下教学培训。如在2022年，由中国教育国际交流协会和非洲技术与应用型大学与学院协会共同主办的“未来非洲—中非职业教育合作项目”中，邀请中方专家刘育峰、陈明昆教授等共10人、全国14所高职院校对非洲职业院校师生进行培训，其中包含塞内加尔圣路易斯理工学院的教职工3名、学生6名。除以上常规援助模式以外，中国政府还鼓励中国职业院校携手当地企业“走出去”，与塞内加尔当地职业院校以“校—校—企”的方式共同服务国际产能合作。中国对塞内加尔职业教育援建主要集中在基建行业、农业和水产业，为塞内加尔提供资金和技术支持的同时，也为塞内加尔培养了一批亟须人才，一定程度上推动了塞内加尔经济和社会的可持续性发展。

2. 日本在塞内加尔的职业教育援助

日本援助塞内加尔始于1991年，围绕“千年发展目标”和“可持续发展”两条主线进行援助，主要援助项目包括基础教育、医疗卫生、农村饮用水及技术培训等。在第五届东京会议上，日本承诺在2013年至2017年期间在非洲大陆培训3万名非洲人，帮助他们找到工作。为此，日本政府承诺在10个地点设立东京会议工商界人力资源开发中心，并

① 李志伟. 人才流失，非洲社会发展的羁绊[CP/OL]，人民日报. 2016-08-23.

向10个非洲国家派遣就业培训专家。日本在职业教育领域的援建，主要以向受援国提供设备、帮助建立培训职业中心为主。

日本指定塞内加尔—日本职业培训中心为教育援塞的榜样，该中心由日塞两国于1984年共同成立，旨在培养中高级技术人员，日方向该中心提供培训教材、专家、接收赴日受训人员。目前，该中心提供的课程有电子技术、电机工程和汽车机械等，为塞内加尔等西非国家培养了大量技术型人才[①]。该中心的学员不仅来自塞内加尔本土，还有来自官方语言为法语的其他非洲国家，该中心被认为是西非最好的技术培训中心之一。寻找外交战略与经济发展战略的最佳利益均衡点是日本对外教育援助的主要特点。

3. 法国在塞内加尔的职业教育援助

法国是塞内加尔最大的双边援助国，援塞的战略目标为增加塞内加尔经济竞争力，推动塞内加尔国民经济持久均衡增长。作为塞内加尔教育领域的出资牵头人，法国也支持塞内加尔的《十年教育计划》，计划在达喀尔市郊援建各类学校，并帮助塞内加尔成为《人人受教育》国际基金受益者[②]。2006年，两国政府签订了《伙伴合作框架文件》，在职业教育方面，法国将扶持生产性企业的技术改造，尤其是私营企业，并建立培训中心以加强各类职业培训。

法国对塞内加尔的职业教育援助成效除了体现在职业技能培训中心的建立，还包含了对于塞内加尔职业教育长期发展的体系建设、能力建设和本土人才培养体系的帮助。例如，参与职业教育政策的制定，并帮助建立职业教育治理系统，提高决策质量、效率及治理水平等。法国还接受塞内加尔学生赴法国留学或接受培训，并派专家赴塞内加尔进行技术指导。不同于日本的对外教育援助特点，法国以传播“软文化”为基点进行对外援助，旨在扩大法语适用范围、传播法国文化、提升法国思想文化的影响力，使得法国教育援助获得更长久的效益。

4. 德国在塞内加尔的职业教育援助

目前，德国对塞内加尔的职业教育援助方式主要依据来源于德国联邦经济合作与发展部（BMZ）发布的《支持塞内加尔职业教育与培训的改革》[③]项目计划：德国将在2020年至2024年期间帮助塞内加尔当地年轻人提供职业教育和培训的机会，以便于协调职业教育与劳动力市场的需求，促进可持续经济增长和良好的就业前景。计划提出，德国对塞内加尔的职业教育援助主要体现在三方面：第一是为塞内加尔政府提供战略咨询支持，确保塞内加尔职业教育能迎合市场劳动力需求，并且提升女性参加职业培训的机会；第二是帮助加强政府与私营部门的合作关系；第三是在塞内加尔发展德国“双元制”培训模式。

---

① 中华人民共和国驻塞内加尔共和国大使馆经济商务处. 日本援助塞内加尔情况. 2013.

② 中华人民共和国驻塞内加尔共和国大使馆经济商务处. 法国发展署与塞内加尔的合作情况. 2008.

③ Bintou, D.（2022）. Support to the reform of TVET in Senegal. Toward Towards a technical and vocational.

2005年，德国对非洲的教育援助投入2480万欧元，到2013年，投入高达5080万欧元。2010—2012年，德国援助非洲职业教育发展的金额从5600万欧元增长到1.1亿欧元[①]。由此可见，德国对非洲的职业教育援助重视程度不断增长。德国对非教育援助的特点体现在平等和公平，强调非洲的自主权，构建非洲、德国及整个欧盟之间的平等关系。

11.3.2　中国职教助力塞内加尔产业发展的必要性

高等教育担负着为国家发展战略提供人才和智力支撑的使命，建设与现代化经济体系相适应的现代化教育体系，积极参加全球教育治理，实现教育强国目标，是我国高等教育在新的历史时期的职责担当与使命。作为我国高等教育的一种类型教育，高等职业教育必须抓住新发展格局下“一带一路”高质量建设的契机，对接国际产能合作需求，扩大对外开放合作，丰富人才培养层次与结构，培养国际化技术技能人才。《中国教育现代化2035》提出“总体实现教育现代化，迈入教育强国行列，推动我国成为学习大国、人力资源强国和人才强国”。

塞内加尔作为产业发展与职业教育匹配程度不高的非洲国家，产业要得到发展，重要的还是要有高素质技能型人才支撑。实施职业教育国际化发展战略，培养国际化技术技能人才，是我国提升国际人力资本投入的发展要求。需要我国加快现代职业教育体系建设，提升参与全球职业教育治理体系的能力，其重点就是要加大职业教育国际化发展。依托国际产能合作，培养国际化技术技能人才，是高等职业教育国际化的时代之需。

11.3.3　四川建筑职业技术学院在塞内加尔的合作办学实践

四川建筑职业技术学院（以下简称四川建院）是公办全日制高等院校，隶属于四川省住房和城乡建设厅。2019年，学院获批国家“双高计划”高水平专业群建设立项，开启了学院高质量发展新征程。学院依托65年土建类专业职教办学经验及10余年国际交流与合作、中外合作办学项目实践，以培养服务国际产能合作土建领域高素质技术技能人才为理念，从课程体系、教学资源、师资队伍、质量保障等方面入手，构建了“境内外协同，校—校—企共育”的高职土建类国际化人才培养体系，为高职土建类国际化人才的培养提供方案并开展实施，成效显著。

四川建院与加斯通·伯杰大学圣路易斯理工学院于2022年5月11日签订了《中非应用型人才联合培养项目》合作协议。该项目是2021年习近平主席在中非合作论坛第八届部长级会议开幕式主旨演讲中宣布的“未来非洲—中非职业教育合作计划”的子项目。旨在通过中非高校及中资企业联合定向培养不同专业领域的应用型人才，帮助非洲青年掌握以通用产业标准为基础的职业技能，扩大就业，培养非洲经济社会发展需要的青年劳动力和领军技术人才。

---

① 胡怡，姚莉娜. 德国的教育援助以及启示——以对非洲国家的教育援助为例. 2018(01): 69-73.

双方院校前期积极协商，合作专业确定为建筑工程技术大类（主要为给排水方向，同时提供土木工程专业的实践类选修课程）。留学生按要求完成规定课程并通过考试，所获学分将受到中国和塞内加尔学校的双向认可，并将获得两校文凭。在“1+1.5+0.5”联合定向培养模式中，四川建院组织高水平双语师资队伍为入选联合培养项目的15名塞内加尔留学生量身定制专业基础课程、专业核心课程和汉语及文化课程。截止到2022年10月，项目组全体师生已经顺利完成第一阶段线上培训课程。

11.3.4 四川建筑职业技术学院与塞内加尔开展职教合作的经验和成效

1. 现状分析

2022年5月，四川建筑职业技术学院与塞内加尔达喀尔大学和加斯通·伯杰大学圣路易斯理工学院签订了国际化办学合作协议，随即展开学历留学生培养课程。

为积极落实《国务院办公厅关于深化产教融合的若干意见》《国家职业教育改革实施方案》等相关精神，大力推动中国企业海外项目人才培养工程建设，提高建筑企业核心竞争力，提升学校的育人质量和育人水平，基于四川建院土建类优势专业背景，学院积极联系中国驻塞内加尔大使馆与在塞内加尔的土建类中资企业，成功对接在塞内加尔的中地海外集团并开展校企合作的前期调研。

中地海外集团有限公司自2006年进入塞市场以来，先后完成了国家水利公司达喀尔首都的城市供水管网改造项目；乡村水利局近100眼深井及30多个水塔的施工及所在村庄约800 km配水管网敷设工程；在塞内加尔河流域完成超过3000公顷的农田整治项目和两个泵站的设计和土建施工。

2. 办学模式

办学模式拟基于四川建院、塞方院校和跨国企业三方，以跨国协同为主要方式，多方共赢为最终目标，并且具备丰富的教学资源、完整的教学内容以及完善的管理制度和评价方式，共同培养“精技术、通语言、懂文化”的技术技能型人才。

目前，“校—校”办学模式已建立，聚焦对留学生职业核心能力、综合文化素养和跨文化交际意识的培养。激发留学生的学习兴趣、提高自主学习能力，使其掌握有效的学习方法和学习策略，为提升留学生就业竞争力及未来的可持续发展打下必要的基础。

下一步，四川建院拟与中地海外集团公司开展合作，双方将在人才培养方面相互支持，共同商议制订适合企业需求的人才培养方案，聘请企业相关管理和技术人员到学校开展教学活动，企业根据需要，可以在学校开展“订单班”“定向生”等定制培养，优先挑选优秀毕业生到企业工作。

3. 项目机制

在“一带一路”建设和扩大国际产能合作的背景下，高等职业教育必须强化使命担当、大胆创新，重点破解“走出去”办学的产教融合、校企合作机制障碍、创新产教融合模式，强化政策指引，发挥企业领头作用，创新多元化校企合作机制，利用产能合作项目共建产教融合实训基地。另外，中非院校之间的学历学位互认也是国际产能合作的重要一环，建立具有国际可比性的中国职业教育海外合作办学质量认证标准和机制，对推动我国职业教育资源、模式、经验的分享与人力资源共享有着重要意义①。

（1）项目运营机制。

以四川建院“境内外协同、校—校—企共育”高职土建类国际化技术技能人才培养新模式为项目品牌，开展四川建院与塞内加尔职业院校和中地海外集团“校—校—企”合作模式：

①场地建设标准化。拟在中地海外集团塞内加尔综合工业园中修建场地以满足教育教学活动，包含实训教学和理论教学双用途。

②实训装备标准化。合作项目中所应用的实训装备根据中塞国际合作专业的建设需要而配备。

③国际化师资培训系统化。四川建院专业教师对塞内加尔合作院校的教师进行专业综合培训，包括理论教学及实训教学以及中国企业文化等多项内容，并应用于本土专业教育。

④专业标准国际化。四川建院以土建类专业为优势主干专业，在标准设计上对标行业的国际前沿技术标准，在教学组织实施上对标先进的教育理念与教学模式。

⑤依托四川建院现有的澳大利亚墨尔本理工学院合作共建国家级装配式建筑虚拟仿真实训基地、省级 BIM+VR 虚拟仿真实训中心、探究性智慧实训室、信息化实训室等实践平台资源，针对塞内加尔技术技能型人才培养需求搭建具有国际水准的教学资源与实践平台。

（2）项目工作机制。

四川建院将组建项目运营团队，全面负责项目的管理、运营和监督等工作。

① 建立常规工作制度，由学院外事办公室负责。负责项目日常管理和常规工作，协调、总汇相关信息。

②建立专项议事制度，针对项目进展过程中的具体问题进行专项调查研究，召开专题会议讨论，由相关工作小组负责。

③建立项目监督制度，对合作项目进行定期督察调研，可纳入年度评估考核。

④建立风险预警制度，由领导小组负责，外事办公室负责实施执行。编制风险预警方案，按年度或项目实施进程开展项目风险评估。

（3）政策措施。

为更好地服务国际产能合作项目，四川建院积极推动在塞内加尔实习实训基地的建

---

① 钟富强，高瑜. 国际产能合作视角下国际化技术技能人才培养的战略要义与实施路径［J］. 中国职业技术教育，2021(07)：58-65.

设。新时代教育对外开放，是职业教育发展的需要，也是国家现代化建设的需要。学院要提高对海外实习基地建设的重视，要把海外实习基地建设与国家发展战略紧密联系起来。

加大投入是加快海外实习基地建设最直接高效的措施。首先是人力的投入，高校和企业要有专人负责海外实习项目，协调和沟通海外实习过程中遇到的各种问题，并且要加强实习导师队伍建设，提高海外实习管理水平。在选拔实习导师的过程中，不仅要重点考核教师的知识储备、专业素养和教学能力，同时教师外语能力、跨文化交际能力、海外工作生活的适应能力及应变能力也是非常重要的考核指标。其次是物力和财力的投入，主要用作实习项目的宣传、招生的实施，同时也对参与海外实习基地的教师建立激励措施，包括绩效奖励、职称评审的加分奖励以及到海外进修学习的机会。

另外，针对海外员工开展“中文+技能”培训课程是服务国际产能的必要措施。随着中资企业在塞内加尔数目的不断增加，中方员工和塞方员工的沟通交流的诉求不断增强，塞方员工学习中文及了解中国文化的必要性也随之加强，为塞方员工开展中文及中国文化通识课程，有助于塞内加尔的当地员工更好地融入中资企业，提高塞方员工与中方员工之间的沟通效率。中方汉语老师在对塞方员工进行汉语培训的过程中，不仅涉及日常生活用语，同时也要建立专业汉语的课程体系，以便塞方员工在实际工作中能更加快捷地学以致用。

对于参与海外实习实训基地建设及“中文+技能”线上培训课程的教师，要建立相应的激励措施，同时也要建立完善的保障政策。保障政策可分两种方式：一种是内部保障，在学院内部建立监管机制，学院的质量控制部门应对海外实习导师制订绩效量化考核方案，定期进行考核，对参与“中文+技能”线上培训课程的教师进行听课检验，并定期对受训的塞方员工进行满意度调查，针对问题及时整改培训方案。另一种是引入第三方机构进行监管，积极发挥第三方的专业性，提升专业能力和指导质量，切实反映该国际产能项目的实际效益、以提高结果应用的准确性。

4.主要成效

在经济全球化和“一带一路”建设大背景下，四川建院拟与中地海外集团有限公司展开合作。国有大型建筑企业国际工程业务数量不断增加，在“走出去”过程中面临人力资源管理问题时，双方分别从履行中央企业社会责任和发挥行业“双高”职业院校产业服务能力引领作用出发，在互惠互利、共同发展的原则上建立并深化校企技能人才培养合作关系。校企双方将结合塞内加尔地区的实际情况，更广泛地开展属地化劳务技能和海外工程项目管理人员业务培训。另外，双方还将继续推动国际化技能人才培养标准、认证标准和课程体系的建设，整合双方优质资源、助力企业转型升级，切实提高人才培养质量和技术研发水平，对中资企业在非洲承担更重要角色提供全方位协助。同时，提高四川建院国际影响力，为世界职教发展贡献“建院”方案。

11.5 存在的问题与发展建议

11.5.1 存在的问题

中国职业院校服务塞内加尔国际产能合作的模式尚未健全，职业教育服务国际产能合作的能力不均衡，存在职业教育国际化发展水平不高、发展速度偏慢，国际化规模与职业院校规模不相适应，开放性办学水平不高、发展不均衡不健全等很明显的现象。职业教育服务国际产能合作的方式较单一，主要有境外办学、专业教学标准分享到对象国、缺乏国（境）外技能大赛、国际合作科研平台建设。职业教育服务国际产能合作的深度不够，鲁班工坊项目这种校企合作助力企业“走出去”的模式不多，大多数还停留在学校与学校、学校与教育机构或培训机构、学校与政府机构等之间的合作。职业教育服务国际产能合作的机制体制不健全，缺乏专门针对塞内加尔国际化办学方面的规划、实施意见和支持政策，亟须探索构建一个由政府机构、境内外企业、职业院校和行业协会等多元主体、多方合作、协同运作的职教教育合作机制，消除因国内外信息不对称而给企业“走出去”带来的问题和成本。

11.5.2 发展建议

1. 职业院校服务中资企业方式建议

通过研究表明，我国高职院校以人才培养为核心，以塞内加尔中资企业的服务外包需求为导向，以服务者角色与塞内加尔中资企业建立合作关系。因此，就职业院校与中资企业的合作提出以下建议：第一，高职院校要对服务外包的实际工作量和自身的专业化程度、技术研发设施、人力资源短期储备等服务能力进行充分评估。第二，需制订服务外包合同，涵盖服务外包质量标准与合作规范等内容。第三，以塞内加尔产业需求为导向执行服务外包项目，完成人才培养过程，为塞内加尔中资企业提供可交付的服务外包成果。第四，对服务外包成果进行评价与反馈，促进校企合作的可持续发展（图11–8）。

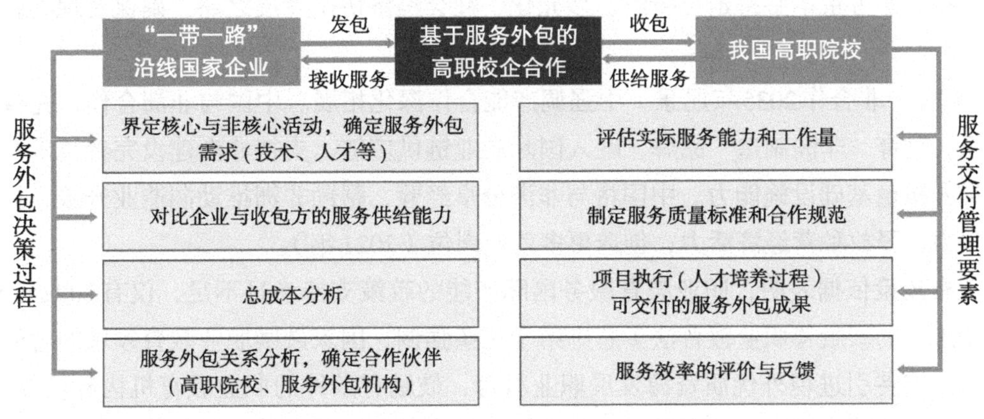

图11–8 “一带一路”建设下基于服务外包的高职校企合作模式构建（王岚 等，2020）

从我国高职院校的角度看，高职校企合作模式：一是可以通过服务外包项目参与非洲国家中资企业的生产服务经营活动、融入企业发展过程，成为企业的服务供给方，为企业差异化发展供给以技术和智力为主的有效服务。我国高职院校通过参与服务外包活动，从非洲国家中资企业获得人才培养资源。企业为了获得高质量的服务外包成果，会向高职院校投入以实习实训基地为主的资源，促进教学过程与工作过程对接，提升实践教学效果，提高人才培养质量。二是教师培训资源的获取。在基于服务外包的高职校企合作过程中，高职教师是负责服务外包任务的关键力量。企业指派负责人辅助高职院校完成服务外包项目，为高职教师提供培训机会。三是资金资源的获取。尽管高职院校不是以盈利为目的，但是通过服务外包项目的顺利开展和最终交付，我国高职院校会收益合作利润。

2. 职业教育服务国际产能合作建议

本研究就2000年至2022年间中非合作出台的政策进行了统计，涉及国际产能合作的主要政策如下：

（1）《中非合作论坛北京峰会宣言》中强调应加强互利合作，拓展合作领域，鼓励和促进相互贸易和投资，探索新的合作方式，重点加强在农业、基础设施建设、工业、渔业、信息、医疗卫生和人力资源培训等领域合作，实现优势互补，造福双方人民（2006年）。

（2）《中非合作论坛约翰内斯堡峰会宣言》中强调积极开展产业对接和产能合作，共同推动非洲工业化和农业现代化进程。认识到深化资源深加工合作与提高技术和智力能力同等重要。建立工业园、科技园区、经济特区以及培训工程技术和管理人员的工程中心，加强工业生产领域合作，提高附加值（2015年）。

（3）《关于构建更加紧密的中非命运共同体的北京宣言》中强调中方愿继续秉持互利共赢原则，以支持非洲培育不依赖原材料出口的内生增长能力为切入点，增强非洲第二、三产业生产能力，推动中非经贸合作转型升级，为非洲发展提供不附加政治条件的各类帮助和支持。非方重申坚持走可持续、多元化、社会经济协调发展之路，确保实现共赢结果（2018年）。

（4）《中非合作2035年愿景》中强调产能合作深化拓展。中国与非洲合作，完善制造业体系，培育“非洲制造”品牌，融入国际产业链供应链。支持非洲建设完善技术标准体系，提升质量基础设施能力。中国将与非洲分享经验，帮助非洲推动制造业升级，提升产业竞争力，释放私营经济活力，创造更多就业岗位（2021年）。

现有政策依据表明，职业教育服务国际产能的政策支持尚且不足，仅有2022年5月1日开始施行的新版《职业教育法》总则第十三条强调，国家鼓励职业教育领域的对外交流与合作，支持引进境外优质资源发展职业教育，鼓励有条件的职业教育机构赴境外办学，支持开展多种形式的职业教育学习成果互认。故本研究就职业教育服务国际产能合作提出以下建议：

（1）出台引导职业教育服务国际产能合作的专项规划。政府相关部门需进一步规划职业教育国际化方案，提高职业院校对开展国际交流与合作重要性的认识，引导职业教育服务企业“走出去”，助力国际产能合作。

（2）制定职业教育服务国际产能合作的扶持政策。设立服务国际产能合作的工作领导小组，协同财政、税务、发改、工信、金融等部门，综合运用财税、土地、信贷等手段，鼓励和支持行业企业以及社会资金积极参与职业教育国际化，为“一带一路”沿线国家培养技术技能型人才，助推国际产能合作。

（3）设立职业教育服务国际产能合作专项资金。为职业院校、科研院所人才培养、专业群建设等提供资金支持，为留学生、教师出国访学、学生出国交换学习、境外教师引进等提供奖助贷帮扶，为国际化办学打造一个良好的环境。

（4）整合各方优势资源，搭建服务国际产能合作大平台。整合职业教育的各方优势资源，并借助侨亲侨商优势，助力企业“走出去”，服务国际产能合作。探索构建一个由政府机构、企业、职业院校、行业协会、境外工业（产业）园区、华侨华人组织等多元主体、多方合作、协同运作的职教教育国际合作大平台，秉持共商共建共享的理念，在优势专业对接、课程标准制定、特色课程定制、教师访学交流、科研合作、留学生培养、技能训练、资格证书认定等方面进行资源整合提升，形成一个可复制、可推广的职业教育国际化办学模式。

（5）创新国际产能合作模式与内容，彰显特色。职业教育服务国际产能合作的形式可以从“1+1”合作模式（“本校+海外院校”“本校+侨团侨社”“本校+中资企业”）向“1+N”合作模式（校+政府机构+行业协会+社团+企业+研究机构等）转变。

每个合作对象国在经济、政治上有明显差异，对于职教服务走入非洲企业还是要注意研究对象国的相关情况，不可一以概之。建议推进所对应国别的校企合作实施路径与质量保证，让中国的职业院校真正能实现国际产能合作，为对象国培养出适应本国发展的高素质技能型人才。

第十二章

职业教育合作服务中乌产能合作报告

乌干达位于非洲东部，首都坎帕拉，是横跨赤道的内陆国家，东邻肯尼亚，南与坦桑尼亚和卢旺达交界，西与刚果民主共和国接壤，北与南苏丹毗连。国土面积24.155万平方千米，境内多为海拔1200米的高原，森林覆盖率12%。乌干达气候温和、雨水充沛，拥有非洲第三高峰鲁文佐里，以及非洲最大湖、世界第二淡水湖维多利亚湖，矿产资源较丰富，同时有丰富的水产、石油资源，旅游资源丰富。

1962年，中国与乌干达正式建立外交关系。2019年，中乌关系提升为全面合作伙伴关系。在"一带一路"倡议和中非合作论坛北京峰会"八大行动"框架下，中乌关系持续稳定发展，政治互信日益加深；贸易投资互利互惠，合作水平不断提高。乌干达是中国对非洲投资第四大目的地，中国是乌干达第三大贸易伙伴。

12.1 乌干达基本情况

12.1.1 经济发展

乌干达采取经济自由化政策，经济一直保持较快增长。近五年乌干达GDP年平均增长率约为4%，2017—2021年乌干达GDP增长情况见表12-1，2021年非洲国家GDP排名如图12-1。

表12-1 2017—2021年乌干达GDP增长情况

年份	GDP（亿美元）	GDP增长率	GDP非洲排位
2017	307.44	3.1%	17
2018	329.27	6.3%	16
2019	353.53	6.4%	16
2020	376.00	3.0%	16
2021	404.30	3.4%	16

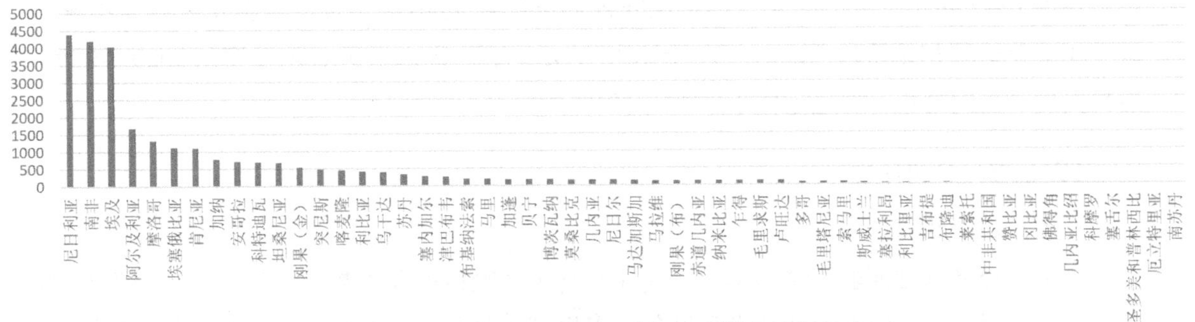

图12-1　2021年非洲国家GDP排名（亿元）

数据来源：世界银行数据库

https://data.worldbank.org.cn/indicator/NY.GDP.MKTP.CD?view=chart&locations=UG

由表12-1可见，2019年，乌干达经济实现了较强劲增长，增速高达6.4%；2020年初，新冠疫情在全球多点暴发、迅速蔓延，乌干达经济社会受到巨大冲击，增速仅有3%，是乌干达近30年来的最低增速；2021年，乌干达经济总量升至404.3亿美元，增长率为3.4%。在非洲，乌干达为经济不发达国家，近五年乌干达GDP排在非洲中上的位置，经济总量缓慢上升。

2017—2021年乌干达人均GDP增长情况见表12-2，2021年非洲国家人均GDP排名情况如图12-2。

表12-2　2017-2021年乌干达人均GDP增长情况

年份	人均GDP（美元）	人均GDP增长率	人均GDP非洲排位
2017年	746.8	–0.7%	38
2018年	770.6	2.4%	40
2019年	798.6	2.7%	37
2020年	822.0	–0.4%	37
2021年	858.1	0.3%	37

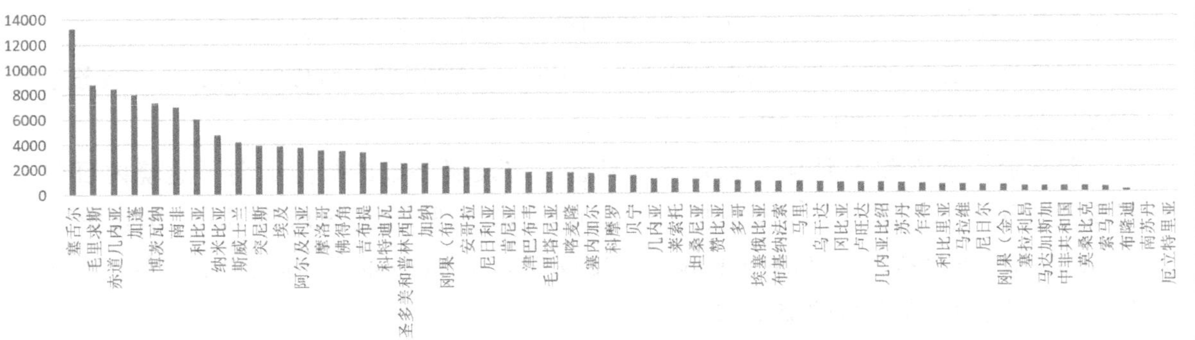

图12-2　2021年非洲国家人均GDP排名

数据来源：世界银行数据库

由表12–2可见，乌干达人均GDP在非洲始终排在近40位，属于社会发展较慢国家，处于工业化进程初始阶段。2021年乌干达人均GDP升至858.1美元，增长率从2020年的负增长实现了正向增长，但也远低于2019年的2.7%。

12.1.2 产业环境

1. 产业发展概况

乌干达经济基础薄弱，结构单一。农业是乌干达吸纳就业人数最多的行业，但生产力落后，亟须引进先进农业生产技术和设备，以提高产量和生产效率。工业处于起步发展阶段，以制造业和建筑业为主。服务业占GDP比重较大，以贸易、旅游、修理、教育为主。

2020年，乌干达第一、二、三产业的占比分别为24.0%、26.2%和43.0%。2016—2020年各产业占GDP比例见表12–3。

表12–3 2016—2020年乌干各产业占GDP比例

年份	2016	2017	2018	2019	2020
农林渔业	22.8%	23.5%	23.2%	23.1%	24.0%
工业	26.3%	26.0%	26.1%	26.3%	26.2%
服务业	44.2%	43.5%	43.5%	43.2%	43.0%

数据来源：乌干达统计局

由表12–3可见，2020年因新冠疫情影响，农业为最不受影响产业，是唯一正向增长的产业，服务业影响损失较大。乌干达新一届政府表示，将继续为经济和社会转型奠定坚实基础，完善各关键领域基础设施建设，大力发展农业，推动以农业为基础的工业化，保持当前稳定的经济形势。

2. 重点特色产业

农业：2019/2020财年增长放缓，增长主要依靠粮食丰收和畜牧业。

工业：近十年，工业稳步发展，制造业中钢铁和水泥是目前国家主导产业。2019/2020财年，增速较上年大幅放缓，主要由制造业和采矿采石业的发展减慢导致。

服务业：2019/2020财年，增速同样放缓。其中，信息通信业增长34.3%，公共服务业增长13.0%，科技行业增长4.4%。

制造业：钢铁和水泥是目前乌干达具备一定发展基础的行业。乌干达境内目前投资设立了11家钢铁厂，主要包括Roofingsteel（印度投资）、天唐集团（中国投资）、Ugandabaati（印度投资）、Steelandtube（印度投资）、Primukesteel（印度投资）等，上述厂商约占乌干达市场份额的65%~75%。

旅游业：乌干达境内的野生动物保护区为游客的主要目的地。但受新冠疫情影响，乌干达旅游业跌入谷底，预计至少需要两年方可恢复至疫情前水平。

12.1.3 职业教育现状

1.职业教育体系

乌干达职业技术教育分初级、中级和高级三个层次。职业技术教育机构包括社区工艺学校、职业教育与培训学校、商学院、技术学院等类型，这些学校统称为BTVET（商业、技术、职业教育、培训）。

初级技工学校主要招收小学毕业生，学制3年，基础课占40%，专业课占60%，通过毕业考试可获得初级技术证书。

中级技术学院主要招收初中毕业生和初级技术学校毕业生，学制2年，英语与文科知识学习占10%，专业理论学习和实际操作占90%，通过毕业考试可获得技工证书。

高级职业学院分为2年制职业学院和高等职业学院两种，主要招收高中毕业生和中级技术学院毕业生。毕业后获取国家文凭证书的可直接进入大学二年级及以下继续学习，获取国家高级文凭的可以直接进入大学三年级及以下继续学习。

职业教育培训领域，技术学院会提供模块化短期课程（1~6个月）、非正规技能培训（几周），并收取一定的培训费和外部考试评估费用。职业教育培训的领域从传统的农业、手工业技术领域向通信信息技术、建筑、能源、管理等领域拓展。

乌干达教育体系见图12–3。

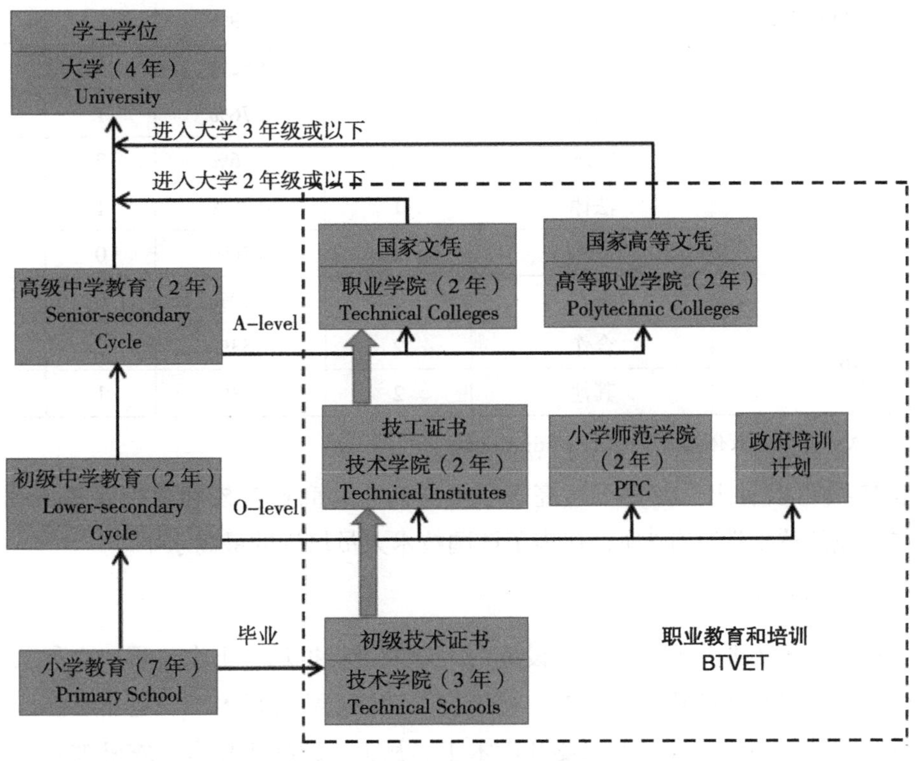

图12–3 乌干达教育体系

由图12–3可以看出，乌干达教育体系体现了纵向普通教育和横向职业教育体系互通的重要特点，乌干达职业教育支持小学、初中、高中毕业生升入相应级别的职业学校进行学习。同时，获得国家文凭和国家高级文凭的毕业生可进入大学继续学习，获得学士学位，体现了乌干达普通高等教育对职业教育的接纳与肯定。

2. 乌干达高等职业院校设置

乌干达高等职业院校及高等学位、证书授予机构共313所，其中公立占32.06%，学校分布数量见表12–4。

表12–4　乌干达高等职业学院各领域、产业分布情况

所属产业	学院类型	数量	占比	公立	私立
第一产业（2.29%）	农业、渔业和林业	3	2.29%	3	0
第二产业（4.58%）	技术	5	3.82%	5	0
第三产业（81.67%）	测绘与土地	1	0.76%	1	0
	商业	58	44.27%	5	53
	卫生机构	21	16.03%	13	8
	气象	1	0.76%	1	0
	传媒	4	3.05%	0	4
	旅游	3	2.29%	2	1
	师范	5	3.82%	5	0
	航空	1	0.76%	1	0
	管理	12	9.16%	2	10
	法律	1	0.76%	1	0
	艺术	1	0.76%	0	1
其他（11.46%）	宗教	11	8.40%	0	11
	合作	2	1.53%	2	0
	其他	2	1.53%	1	1

资料来源：乌干达教体部《Tertiary Institutions》

从表12–4可以看出，在乌干达高等职业学院中，商业院校和卫生院校占据大多数，所属第二产业的技术学院有5所，代表了该国技术人员培训的最高水平。

3. 专业课程设置

乌干达正处于工业化初期，基础设施的大规模建设推动了土木工程、水利工程、电气工程、机械工程等专业的建设和发展。初级技工学校主要开设木工、电器维修、陶瓷、裁剪、农业等课程。中级技术学院主要开设木工、瓦工、摩托车技术、农机维修和电器设备维修等专业课程。高级职业学院，以埃尔贡乌干达技术学院为例，主要设置工业技术类专业，开设建筑与土木工程、水利工程、电气工程、机械工程、制冷和空调工程、建筑制图、信息通信技术等专业。从乌干达职业教育专业设置可以看出，乌干达职业教育紧紧围绕乌干达产业发展，为乌干达工业化发展提供智力支持。

12.1.4 职业教育与产业

根据2019年乌干达高等教育委员会的毕业生调查，2019年7所大学和7所高等职业院校共有毕业生4037人，主要就业行业为农业、贸易、银行和金融，以及卫生健康领域。

乌干达现有人口4430万人，预计到2050年将增长到8650万。乌干达78%的人口为30岁以下的青年人。2018/2019财年，乌干达公布的失业率为9.2%。据非洲发展银行的调查，乌干达青年失业率为83%。乌干达每年约有40万学生从高校毕业，但市场提供的就业机会仅为9000个。因适龄劳动力资源丰富，工业不发达，就业机会相对较少，失业率较高。

截至2021年，乌干达劳动力总数达17 351 430人，连续五年保持增长状态。2015—2019年各产业就业人口占比情况见表12–5。

表12–5 2015—2019年产业就业人员比率

就业产业（占就业总数的百分比）	2015年	2016年	2017年	2018年	2019年
第一产业就业人员	72.63%	72.84%	73.05%	72.88%	72.67%
第二产业就业人员	6.79%	6.70%	6.58%	6.60%	6.60%
第三产业就业人员	20.58%	20.46%	20.37%	20.53%	20.73%

数据来源：世界银行网站

从表12–5可以看出，各产业就业人员每年比较平稳，历年来乌干达就业人员中从事第一产业就业人员最多，占整个就业人口70%左右，第三产业就业人员占总数的20%左右，第二产业就业人员占比不足7%。而乌干达2019年第一、二、三产业GDP占比分别为23.1%、26.3%、43.2%。各产业从业人员占比和其GDP贡献率相差甚远。

乌干达于2021年3月发布2018/2019年度劳动力调查报告，统计了劳动人口主要工作的行业分布及职业分布，2018—2019年，乌干达各行业及职业就业人口占比如图12–4和图12–5所示。

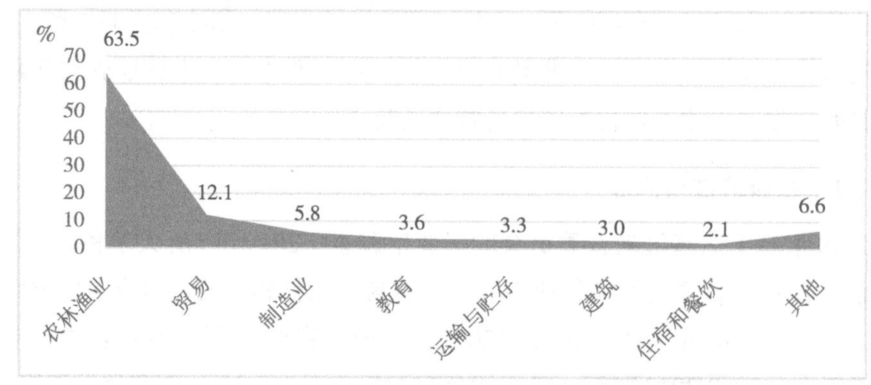

图12-4　2018—2019年乌干达各行业就业人口占比

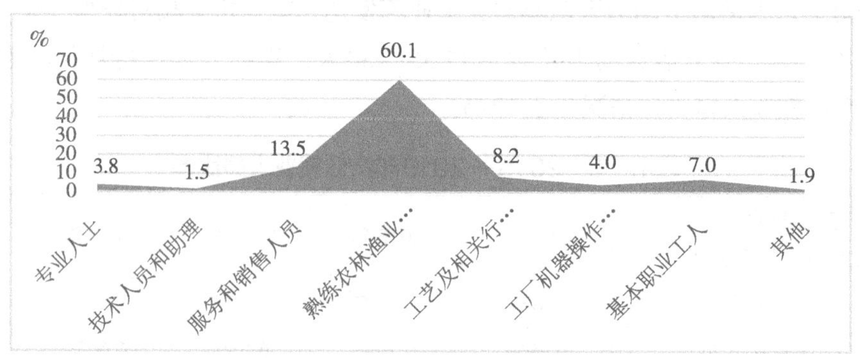

图12-5　乌干达各职业就业人口占比

由图12-4可以看出，63.5%的劳动人员是农业、林业和渔业工人，占乌干达工作人员的最大份额；贸易部门占工作人员的第二大份额，从业人员占12.1%。从图12-5各职业就业人口占比来看，13.5%的人是服务和销售人员，7%的人是职业工人，专业技术人员占比较低仅3.8%。研究结果进一步显示，劳动人员在专业及管理等需要高学历的职业中所占比例较低，乌干达对专业技术人员的需求大。

12.1.5　国际经济合作

2020年，乌干达对外贸易总额为123.99亿美元，出口41.49亿美元，进口82.51亿美元，贸易逆差41.02亿美元。乌干达主要出口商品为咖啡、水产品、玉米等，主要进口商品包括机械设备、汽车及配件、石油化工产品等工业发展需要的机械设备和高新技术产品，进口主要来源于中国、印度、肯尼亚、阿联酋等国家。

2020年，乌干达吸收外国直接投资5.2亿美元，较上一财年大幅减少。外国直接投资主要流向制造业、建筑业和农产品加工业等领域。乌干达接受外国援助主要来源为世界银行、非洲发展基金、欧盟、中国、美国和英国，主要援助领域为农业、教育、交通、公共卫生服务等。

乌干达现被认为是非洲对外国直接投资最为开放的国家之一，制定了积极支持投资的政策，鼓励外国投资开矿、办厂、承建基础设施，尤其鼓励外国投资建设工业园区（投资乌干达的新公司在工业园可享有10年所得税免税期），对于外国从事零售业等争夺本地就业机会的商业和贸易合作较为抵触。表12–6为2020年乌干达吸收外国直接投资的主要国家投资额和投资主要领域。

表12–6　2020年乌干达吸收外国直接投资情况表

序号	国家	投资额（亿美元）	占乌干达吸收外资总额百分比	主要领域
1	中国	2.57	49.37%	能源矿产、基础设施建设等
2	英国	0.57	10.92%	金融、石油、医疗等
3	印度	0.43	8.29%	医药、钢铁、电力设备

由表12–6可看出，中国是乌干达最大的外国直接投资来源国，占到乌干达吸收外国直接投资总额近50%，主要投资领域契合乌干达产业发展。

12.2　中资企业和中乌产能合作

12.2.1　乌干达产业发展及其对外资输入的需求

乌干达自然、矿产、旅游资源丰富，农业为乌干达支持产业，服务业增加值占国内生产总值比例最大，但为摆脱当前的贫困水平，提升乌干达社会经济发展，工业化是唯一路径。乌干达的工业增加值占国内生产总值的比例从1986年的9.6%提高至2021年的27.1%，为兴办更多产业创造了大量空间。

乌干达涉及产业发展的国家发展规划主要有乌干达《2040年愿景发展战略》《2021—2025年国家发展规划》《2021/2022财年政府重点工作》《新冠肺炎疫情应对规划》和在2020年制定的工业化政策。政策重点发展产业领域见表12–7所示。

表12–7　乌干达产业相关政策

序号	政策名称	提出时间	重点发展产业领域
1	《2040年愿景发展战略》	2013年	1.重点对涉及石油、能源、运输及ICT产业的基础设施做好前期投资建设，实现产业最大化； 2.加速工业化进程，通过产业升级和多样化实现本地资源有效利用。
2	《2021—2025年国家发展规划》	2020年	1.工业对GDP的贡献率提高到不少于25%； 2.矿业和制造业被列为优先发展领域。

续表

序号	政策名称	提出时间	重点发展产业领域
3	2020年工业化政策	2020年	1.农业为基础的工业化。 2.知识为基础的工业化。 3.出口导向工业化。 4.进口替代工业化。 5.资源为基础的工业化。 6.市场导向工业化。
4	《2021/2022财年政府重点工作》	2021年	1.在农业方面，以农业为基础推进工业化发展；培育私营部门，并提高乌干达人的福祉和创新工作能力；鼓励渔业发展；提高各类粮食产量，拓展食糖等制成品销售市场。 2.在工业方面，积极招商引资，推动制造业发展，吸收青年和妇女进入企业。 3.在交通方面，继续推进境内公路建设，包括硬化土路、翻新旧路、修建立交桥等。 4.在金融业方面，通过加强小额信贷解决贷款利率的问题。同时，政府继续呼吁民众尽可能采购国货，购买国内服务，以减少进口、增加出口。
5	《新冠肺炎疫情应对规划》	2021年	1.注重发展实体经济。 2.核心领域包括粮食、服装、住房、医药、国防、基础设施、医药保健、教育等。

从表12-7内容所见，乌干达政府将农业、石油、能源、交通运输、矿业、制造业等实体经济作为重点发展的产业领域，并通过加强基础设施建设、产业升级和多样化实现本地资源的有效利用，从而使工业化进程得到加速发展。乌干达需求产业具体涵盖家用电器、钢铁工业、建筑及建筑材料、食品加工、玻璃及塑料业、汽车制造与装配、家具、医疗器械、物流和仓储、纺织和皮革业、农产品加工及化学工业等领域。

2020年，新冠疫情使乌干达经济发展受到严重打击，大量民众失业，甚至返贫，加剧了社会动荡。乌干达注重发展实体经济，以农业为基础推进工业化发展，推动制造业发展，核心领域包括粮食、服装、住房、医药、国防、基础设施、医药保健、教育等。

乌干达政府还将积极邀请外国直接投资者利用工业化带来大量就业机会，主要投资领域包括：农产品工业化、进口替代、矿产为基础的工业化和出口导向工业化。

12.2.2 中资企业在乌干达的现状与发展

1.中资企业在乌干达发展概况

自1993年第一家中资企业在乌干达投资局注册以来，截至2020年底，共有超过600家投资企业在乌干达注册登记。在乌干达的中资企业的经营范围涉及能源矿产开发、基础设施建设、贸易、数字电视运营、农业开发、皮革加工、鞋类及塑料产品制造、钢铁等建材生产和酒店等行业。2019年6月，中国与乌干达两国政府代表签署《中华人民共和国国家发展和改革委员会与乌干达共和国财政、计划和经济发展部关于开展产能合作的框架协议》，双方同意建立产能合作机制，重点推动两国基础设施、冶金建材、资源加工、装备制造、轻工电子、产业集聚区等领域的合作。

中资企业支持乌干达建设的大型项目，如卡鲁玛水电站、伊辛巴水电站、坎帕拉—恩德培机场高速路等，这些基础设施可为乌干达创造有利环境，发展工业基地。在乌干达的主要中资企业有中国交通建设集团有限公司、中国水利水电建设公司、中国水利电力对外公司、中国葛洲坝集团国际工程有限公司、中铁五局集团有限公司、中铁七局集团有限公司、重庆对外建设（集团）有限公司、中国河南国际合作集团有限公司、中国江西国际经济技术合作公司、中兴通讯股份有限公司、华为技术有限公司等约50家，2020年累计派出各类劳务人员1081人，年末在乌干达劳务人员2139人。

2. 中资企业在乌干达投资工业园区情况

中资企业积极响应乌干达投资建厂的政策鼓励，围绕乌干达产业发展投资建设多个经贸合作园区，各园区具体情况如表12–8所示。

表12–8 中资企业投资建设的工业园区情况

序号	园区名称	投资者	成立时间	业务范围	人才需求
1	天唐工业园	天唐集团	2009年	工业园投建、酒店餐饮与旅游、生产制造、房地产开发、矿产开发、机械商贸、安保服务等	炼钢、炼铁、化工、机械维修工、智能设备技术员等
2	山东工业园	中国山东对外经济技术合作集团有限公司	2013年	通信、纺织、塑料制品、建材、饮料、包装业、树脂油、新能源、矿业、建筑施工、电力、铝合金、玻璃和五金等	瓦工、装修工、水电工、电子电器、纺织、智能设备技术员、机械维修工等
3	辽沈工业园	张氏集团	2015年	汽车制造及组装、汽车配件、家用电器、建材、轻工业、纺织、农产品加工及食品等	机械装配、电子电器、建筑、纺织、机械维修工、汽车维修与制造等
4	五征农业产业园	五征集团	2016年	农机农艺技术推广、良种培育、农作物种植示范、植保机械应用、农资推广、收获仓储模式推广、农作物深加工、农产品交易	农业种子培育、机械维修、仓储、物流等
5	中乌科虹农业产业园	四川科虹集团	2016年	农作物种植、农产品加工、畜禽养殖及畜禽产品加工、农业机械服务、农副产品贸易、电商物流	水稻种植、大米加工贸易、蛋鸡养殖及鸡蛋销售、牛肉加工贸易等

续表

序号	园区名称	投资者	成立时间	业务范围	人才需求
6	中乌姆巴莱工业园	天唐集团	2018年	农产品加工、冶金建材、装备制造、生活用品、服装纺织、电力电子和医药化工等	机械维修工、炼钢炼铁、化工、建筑、机械维修工、物流、电工电子等
7	广州东送国际产能合作工业园	广州东送能源集团	2018年	磷肥、砖长、选矿和钢铁	化工、炼钢炼铁、瓦工等
8	中乌现代经济开发特区	中乌现代经济发展集团有限公司		工业、农业产业	纺织、医药、农业加工等

从表12–8可见，中资企业在乌干达投资建设的工业园投资者多数为中资民营企业，主营业务主要涉及农产品加工、矿产、钢铁、装备制造、纺织、建筑等，紧紧围绕了乌干达的产业发展状况，且可为乌干达青年提供数万个就业岗位，受到乌干达政府和人民的欢迎和高度评价。比如，天唐工业园，作为中国在乌干达成立的第一家工业园，为乌干达青年和妇女提供了大量就业机会，多次接待中乌政府官员参观，并作为模范企业推荐给国内来访的代表团参观考察。

3. 中资企业在乌干达面临的主要问题

中资企业在乌干达面临的瓶颈主要有：

（1）经营成本高。

乌干达作为一个内陆国家，在货物运输成本上存在劣势，主要依靠公路运输，成本约为中国的五倍。乌干达水电供应不足，企业需自备发电机，电价为中国的三倍。乌干达贷款利率较高，手续相对复杂，对中资企业长远发展较为不利。此外，近期受国际形势的影响，货物的海运价格、陆运价格以及油料价格都出现了大幅度波动。

（2）缺乏熟练技术工人。

乌干达现有政策仍侧重于劳动力市场的供给方，而不是需求方。乌干达制定了《商业、技术职业教育和培训法》《BTVET战略计划 2011—2020“技能乌干达”》《职业指导手册》等提升乌干达职业教育的政策，但缺乏对劳动力市场的需求调研，缺乏需求导向，用工市场得不到真正需要的青年劳动力，导致乌干达技能型人才供给与需求严重不符。

12.2.3 中资企业对职业教育的需求

2022年，天津工业职业学院利用调研问卷对中乌姆巴莱工业园的用工需求进行了调研。目前入驻中乌姆巴莱工业园的企业已达30家，园区已提供直接就业岗位3200余个，中乌姆巴莱工业园员工分布如图12–6所示。

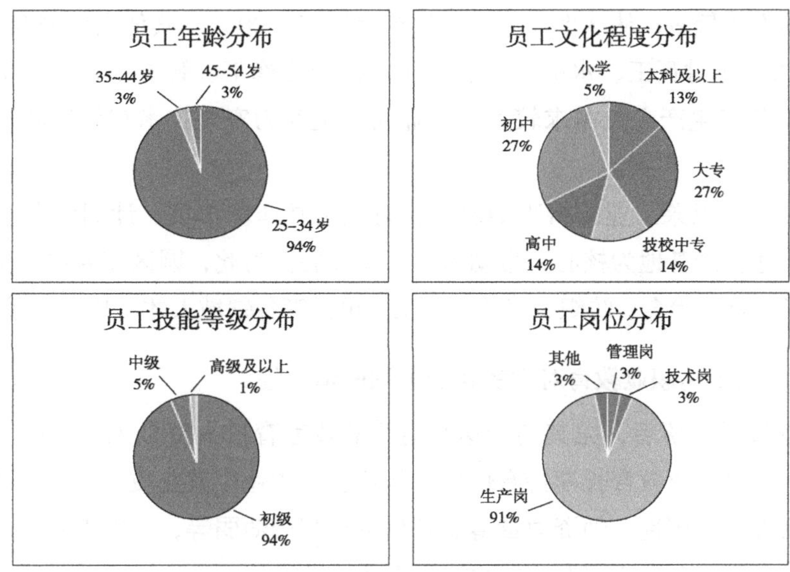

图12-6　中乌姆巴莱工业园员工分布

调研结果显示，园区企业属性多为农、林、牧、渔业及建筑业和制造业，园区现有员工3200人，其中25~34岁员工最多，高达3000人；68%以上员工具备大专和技校中专及以上学历；94%的员工具有初级技术技能水平；绝大多数员工来自乌干达，主要从事生产岗位，平均薪酬为30万乌先令。

通过对入驻园区企业发送调查问卷可知，以格瑞斯海绵有限公司为例，该公司采用机械式生产方式，属于制造业行业，因扩大再生产和职工流失等原因需要招聘新员工，企业用工需求见图12-7。

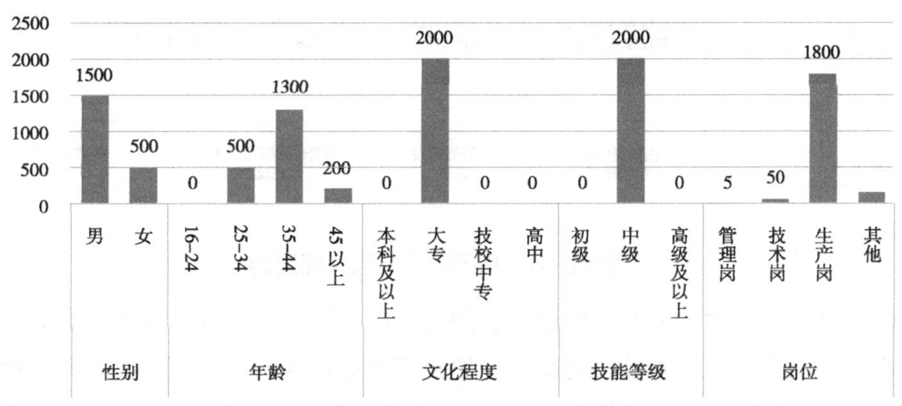

图12-7　格瑞斯海绵有限公司用工需求

目前，格瑞斯海绵有限公司员工需求量为2000人；男女比例约为3∶1；从年龄分布看，35~44岁员工需求量最大，高达1300人，其次为25~34岁员工，约为500人；从文化程度看，企业最希望大专学历的技术技能人才应聘岗位；从需要技能等级看，企业需求具有中级技能的人数最多；从从事岗位看，生产岗位需1800人，其他岗位需145人，技术岗位需50人。该企业对瓦工、水电工、装修工、机械维修工、智能设备技术员、数控机床操作工和各类化工生产人员需求较大，专业需求主要为安全技术与管理和机械制造与自动化。

未来，中乌姆巴莱工业园将吸纳多元化行业进驻非洲市场，计划引资生产性企业80余家，以乌干达生产基地为核心，带动多元产业发展。为此，园区需要更多更专业的熟练工，包括电子电器、冶金、纺织、建筑、化工、包材等各领域人才，用工需求20 000余人。

12.2.4 乌干达职业教育对中资企业发展的适应性

乌干达教育系统落后，尤其乌干达政府为职业教育投入资金无法适应产业发展、乌干达社会和民众对职业教育长期持有偏见、职业教育毕业生就业质量低劣、职业教育课程设置缺乏灵活性和实用性、师资力量薄弱及信息化基础薄弱等，影响着乌干达职业教育发展，制约了中乌产能合作所需专业技术技能人才的发展。

通过对乌干达职业教育的研究，经过系统梳理和数据分析，形成了掣肘乌干达职业教育发展的问题树，如图12-8。

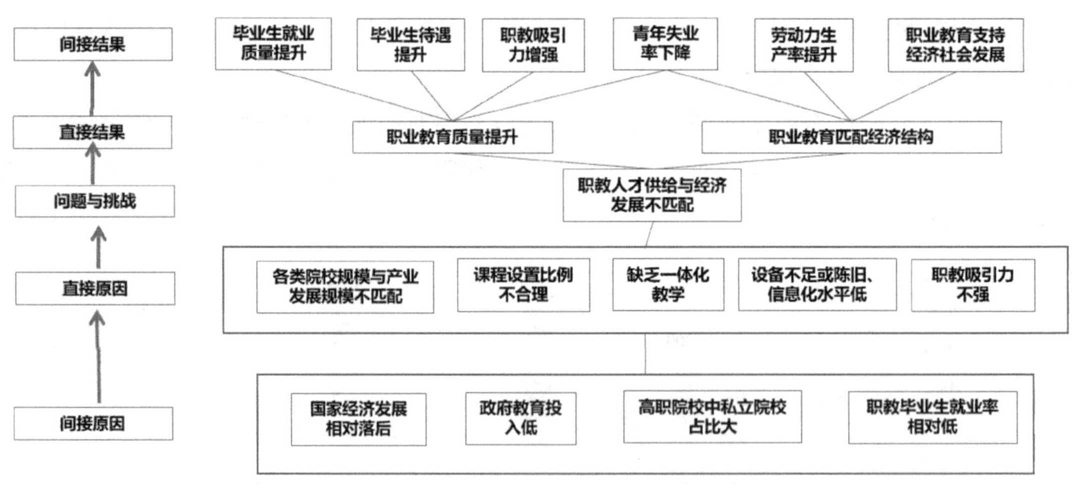

图12-8 乌干达职业教育问题树

由影响乌干达职教发展的直接原因、间接原因进行逻辑推理，再通过合理路径解决以上问题后，可以提升职教质量、提高与当地经济产业结构的匹配度等。故此，找出直接原因产生的根源对后续提出针对性解决方案具有指导意义，项目组针对乌干达职业教育进行了归因分析（见表12-9）。

表12-10 乌干达职教发展问题的归因分析表

序号	直接原因	原因描述
1	各类院校比例与产业发展不匹配	第一、二、三产业从业人员占比分别为72.67%、6.60%和20.73%，而高职院校按照相关产业划分第一、二、三产业比例分别为2.29%、4.58%、81.67%，与其产业发展不匹配。各类高职院校数量比例与乌干达产业发展情况及劳动力在各产业间的分布及其不匹配。
2	课程设置与职业需求不匹配	通过对乌干达高等教育委员会的调研了解到，毕业生及雇主均反馈高职教育的课程设置需要改进。许多毕业生建议增加一些课程到他们专业的课程体系中，同时指出一些对工作有帮助的课程占比较少。
3	缺乏一体化教学	大部分职业院校由于条件限制，没有一体化的教学、学习和实践，只有工业参观活动，导致学生课程实践不足，培养的人才难以满足工作需求。
4	设备不足或陈旧、信息化水平低	院校设备条件及信息化水平的限制，导致教学效率不高，高职院校学生得不到充分实践，就业入职培训成本相对高，企业雇主满意度低。
5	职教吸引力不强	职教教师水平工资低（大约为平均线），常有拖欠情况，学生就业率、就业质量不高。职业教育对教师及学生吸引力不强，职业教育难以获得更好的人才及其他发展资源。

根据表12-10可以分析出，乌干达职业教育从院校设置、课程设置、教学条件和职教吸引力等方面的不足，导致了职业教育培养出来的技术技能人才得不到雇主的认可。

对中乌姆巴莱工业园的调查也显示，雇主表示员工在上岗前需要接受培训，认为员工在实际岗位中的突出问题有：管理知识薄弱，技术知识不扎实，缺乏行业特点的专业背景知识，对相关行业法规标准知识了解不够充分，所学专业知识与实际的工作需求脱节，技术知识面窄及实践能力薄弱，等等。希望毕业生在接受高等教育期间能够有充足的实践训练，具备创造力、批判性思维、团队合作精神及责任感等。因此，乌干达职业教育还不能满足为园区企业及用工市场提供大量熟练工的需求，将会为中乌产能合作带来制约。

12.3 中资企业与中国职业教育携手“走出去”

12.3.1 中国职业教育支持中乌产能合作的必要性

1.乌干达经济产业发展对技术技能人才的需求

乌干达自然资源丰富、拥有巨大的矿产资源。农业因技术和设备的不足，生产力和生产效率低下。乌干达政府希望通过农业现代化改革，利用机械化、科学仓储模式和灌溉计划，引进中国先进技术、一流设备和科学的生产管理方式提高农作物产量和生产效率。工业因基础设施落后、生产成本高等原因，发展较为缓慢，乌干达政府将以全国各地工业化为主体，加大基础设施建设，加快工业化进程。服务业为乌干达发展最快的产业，乌干达政府加强知识为基础的行业发展，优先发展信息和通信技术、人力资源、旅游和贸易等。

乌干达《2040愿景发展战略》提出乌干达在2040年成为中等收入国家的目标，整个战略通过单个十年计划和六个五年国家发展计划及其他政策框架实施，将石油和天然气、旅游业、矿产、信息和通信技术业务、水资源、工业和农业列为重点发展领域。乌干达在愿景发展战略实施的第一个国家发展计划（2011—2015）和第二个国家发展计划（2015—2020）中，将乌干达的绝对贫困率降低至14.8%，后由于新冠疫情的侵袭，乌干达的贫困率上升为22%，32%的乌干达青年人生活在贫困线下。因此，2021年乌干达制订第三个国家发展计划（2021—2025）的重点放在了发展工业上，赋以“工业化包容性增长、就业和可持续的财富创造”主题，以摆脱乌干达现有的贫困水平。同时在2020年，乌干达针对性地出台了工业化政策，将乌干达工业化的重心放在以原料禀赋的基础上，确定以农业、资源、知识为基础，并遵循出口导向、进口替代和市场导向工业化发展路径。

根据乌干达产业结构和《2040愿景发展战略》《2021—2025年国家发展规划》《2021/2022财年政府重点工作》《新冠肺炎疫情应对规划》2020年工业化政策等可看出，乌干达政府将农业、制造业、建筑业、钢铁工业、石油和天然气、交通运输、矿业等实体经济作为重点发展的产业领域，并通过加强基础设施建设、产业升级和多样化实现本地资源的有效利用，从而使工业化进程得到加速发展。

2020年5月，乌干达投资局最新报告显示，2019/2020财年的前三个季度，乌干达政府创造了23 055个工作岗位，其中7716个是国内直接投资创造的，15 339个是由外国直接投资创造的。乌干达现有经济难以为新增劳动力提供更多岗位，无法实现本财年创造60 000个工作岗位的目标。加上此前乌干达加大对工业的发展，使得本就存在的乌干达工业领域人力资源供给和需求之间更加失衡。乌干达亟须吸引更多的外资为乌干达青年创造更多就业机会。

2. 中乌产能合作对技术技能人才的需求

中国作为乌干达第一大直接投资来源国，中资企业为乌干达建设了大量的基础设施，为乌干达工业化发展提供了良好的工业发展基地。中乌产能合作的产业领域契合乌干达国家的产业发展需求，业务领域主要涉及能源矿产开发、基础设施建设、贸易、数字电视运营、农业开发、皮革加工、鞋类及塑料产品制造、钢铁等建材生产和酒店等，未来将重点推动两国基础设施、冶金建材、资源加工、装备制造、轻工电子、产业集聚区等领域的合作。与此同时，中资企业积极响应乌干达对投资建设工业园区的投资政策，建设了8家工业园区，为乌干达提供数万个就业岗位。其中天唐集团建设的中乌姆巴莱工业园解决了大量乌干达青年、妇女就业问题，受到乌干达政府和人民的赞赏。天唐集团投资建设的中乌姆巴莱工业园是践行“一带一路”建设和中非合作论坛机制的重要成果，列为乌干达国家级工业园，致力于吸引优秀的中国企业到中乌姆巴莱工业园投资、生产，为中乌产能合作提供了良好的平台，也为中国职业教育支持中乌产能合作搭建了智力支撑平台。

中乌姆巴莱工业园目前入驻30家企业，未来将吸引入驻80余家企业。在对中乌姆巴莱工业园的调研显示，随着入驻中乌姆巴莱工业园的企业扩大生产，需求员工数量可达20 000人，包括电子电器、冶金、纺织、建筑、化工、包材等各领域人才。同时，受访的企业表示员工在上岗前需要接受培训，并认为乌干达员工受教育质量不高，缺乏专业技术和职业精神。

3. 乌干达职业教育对专业技术技能人才供给不足

2012年，乌干达政府出台“技能乌干达项目”（Skilling Uganda Programme），将职业技术课程嵌入普通教育和普通高等教育课程体系，从而贯穿学生的整个学习阶段，是在考虑乌干达整个国情的基础上做出的重大决策，为解决该国青年失业问题起到了一定的缓解作用。然而，乌干达职业教育培养的专业技术技能人才仍存在很多问题，不能为乌干达经济产业发展提供高素质专业技术技能人才，阻碍了中乌产能合作。

乌干达劳动力总数在2021年达到1700多万，70%以上的劳动力从事农业相关工作，工业劳动力人数占比只有20%，专业技术技能人才显著缺乏。同时，就业岗位与所学专业和课程不匹配、乌干达职业教育教学条件差等原因，导致乌干达职业教育毕业生质量不高。

就业岗位与所学专业和课程不匹配。乌干达三种产业配备的高等职业院校数量与乌干达目前的产业规划不匹配，技术学院只有5所，无法提供乌干达工业化发展所需要的技术技能人才。此外，根据乌干达高等教育委员会2019年的报告，受访的大部分毕业生（75.1%）和雇主（54%）认为职业教育课程设置应更加匹配社会经济发展和职业的需求，并在课程实施过程中分配更多时间。

职业教育教学条件差。大部分职业院校由于条件限制，没有一体化的教学、学习和实践，只有工业参观活动，导致学生课程实践不足，培养人才难以满足工作需求。此外，受院校设备条件及信息化水平的限制，教学效率不高，高职院校学生得不到充分实践，就业入职培训成本相对高，企业雇主满意度低。

职业教育毕业生质量不高。高等职业教育毕业生薪资待遇低于本科毕业生，学生就业率与就业质量不高。雇主对学生在校期间习得的知识和技能表示相对满意，同时表示毕业生在校期间的成绩和其工作中的实际产出不匹配，缺乏良好的职业精神，希望能有一个高校毕业生质量保障体系，保障高校毕业生质量。

综上所述，乌干达迫切需要通过工业化发展促进乌干达整体经济社会发展，迫切需要中国企业进入乌干达为其解决大量青年就业问题。然而，乌干达职业教育目前未能满足劳动力市场的需求，提供与就业岗位相匹配的专业技术技能人才，需要我国职业教育支持，与中资企业一同为乌干达社会经济发展提供技术与人才支撑。

12.3.2 中国职业教育支持中乌产能合作

在“一带一路”建设和中非合作论坛机制下，越来越多的中国高职教育走入乌干达，协同中资企业一起服务中乌产能合作，主要包括乌干达鲁班工坊、建立中乌职业学院和开展短期培训等。

1. 乌干达鲁班工坊

为服务“一带一路”建设，践行习近平主席中非合作论坛讲话精神，天津工业职业学院同埃尔贡乌干达技术学院携手天唐集团共同建设乌干达鲁班工坊，开展高等职业学历教育和技能培训。2020年12月10日，举行“云揭牌”启运仪式，天津市副市长和乌干达科技创新部部长出席，乌干达总统穆塞韦尼为乌干达鲁班工坊实训基地揭牌。乌干达鲁班工坊为全国首批鲁班工坊运营项目之一，将实现特色专业群与优势产业链的国际化对接，有效服务中国企业“走出去”，增进中乌两国人民友谊，为服务乌干达乃至东非、中非地区社会经济发展注入新的活力，提升中国职业教育服务“一带一路”能力。

乌干达鲁班工坊在建设过程中严格按照场地建设、实训装备、教师培训、专业标准、教材资源“五到位”要求，确保工坊顺利运行。工坊以乌干达经济建设发展需求为导向，开设黑色冶金技术和重点专业机电一体化技术专业，为乌干达工业化发展培养冶金、机械制造、电气自动化的技术技能人才。

2. 中乌职业学院

中国在乌干达建设的职业学院主要有创造太阳乌干达石油学院、山东科技职业学院东非（乌干达）国际学院、乌干达技术培训中心、四川建筑职业技术学院乌干达学院等。

创造太阳乌干达石油学院由创造太阳项目团队创立，提供涵盖勘探、钻井、固井、完井、油气生产、油气集输、油气提炼及管理等整套油气产业链的课程培训体系，可颁发国际认可的证书，以石油技术培训为基础，解决乌干达当地出现大量石油开采的技术难题。

山东科技职业学院东非（乌干达）国际学院由山东科技职业学院、乌干达阳光地带印染有限公司和创造太阳乌干达石油学院联合共建，位于坎帕拉。主要开展计算机应用技术、纺织服装、机械加工等专业培训项目，开展汉语言培训，扩大招生规模，系统培养国际化专门人才。

乌干达技术培训中心由潍坊职业学院和乌干达石油培训学院合作共建，于2018年11月挂牌成立。潍坊职业学院向乌干达技术培训中心输送30余套机电、汽车、农业技术设备，并共享了系列技术培训标准、培训教材等优质教育教学资源。

四川建筑职业技术学院乌干达学院由四川建筑职业技术学院联合东非国际大学和创造太阳乌干达石油学院成立，为乌干达及东非当地培养建筑技术技能型人才。

3. 开展短期培训

中国武汉与乌干达恩德培职业教育培训项目是武汉市人民政府与恩德培市政府友好交流的重要内容之一，共举办两期，培训了40名乌干达学员。培训内容涉及学前教育、旅游服务技能、手工艺产品研发设计、电子信息技术、木工技术、汽车维修、水产养殖、食用菌种植、矿产检测及开发、工程测量、太阳能发电（保养和维修）、电子商务等20多个专业。

由商务部主办、山东外贸职业学院承办的2016年乌干达农业种植技术海外培训班是中国在乌干达实施的首个援外培训项目，共培训30名乌干达技术人员，培训内容以水稻和小米种植技术为主。

2018年，发展中国家果树栽培技术研修班在山东外贸职业学院开班，乌干达等8个国家的28名学员参加，学员在泰安基地进行理论课学习之后，赴济南、深圳、烟台栖霞等主要水果生产基地进行实地考察，学习中国先进的种植技术，促进各国农业发展。

12.3.3 国际化办学的形式与成效

乌干达作为非洲大陆上不发达国家之一，整体经济发展水平较落后，青少年儿童失学、辍学比例较高，劳动者综合素质亟须提高，工业化发展进程中技术技能型人才处于紧缺状态，乌干达是亟须教育援助的地区之一。

基于60多年的殖民统治，乌干达教育中留有深刻的英国烙印。多年来，乌干达确立沿用英式的7–4–2学制的教育体系，对乌干达教育乃至高等教育体系发展有深远的影响。乌干达的教育发展对国际援助与合作依赖性仍然很大，外部财政援助及援助机构的有效协调至关重要。乌干达主要的教育援助机构是世界银行、英国、美国、荷兰、爱尔兰等。流入乌干达的大部分国际教育援助资金流向了初等教育，其次是中等教育，直接流向高等职业教育的资金很少。

世界银行资助的乌干达技能发展项目能够满足农业、建筑业和制造业的技能需求。该项目通过乌干达技术学院 Bushenyi、Elgon、Lira和Bukalasa 农业学院这四所学校为技工（低级）、技工（中级）和技工（高级）提供基于能力的高质量培训，使他们具备乌干达制造业、建筑业和农产品加工部门相关行业或职业所需的技能。通过提供培训、课程开发援助和设备采购指南，支持建立联网关系的12个公共职业培训机构进行改进。

乌干达政府得到世界银行的资助，制订艾伯丁地区可持续发展项目。重点培养新兴行业，培训石油行业的专业技术人员（即石油作业、机械维修、电气维修和仪表），重点培训建筑业的工匠（即木工、细木工、砌砖、管道、电气安装、脚手架、焊接和制造）。该项目将支持来自该地区的大约600名学员在该国领先的建筑、农业加工、旅游和护理研究所接受六个月至两年半的技能培训。

12.4 天津工业职业学院支持中乌产能合作

天津工业职业学院积极服务“一带一路”建设，落实中非合作论坛讲话宗旨，根据天津市教育委员会精神指示，与埃尔贡乌干达技术学院和天唐集团进行合作，共同建设乌干达鲁班工坊，大力服务中国企业“走出去”，与中资企业共建实训基地，开展境外培训，实现特色专业群与当地优势产业链的国际化对接。

12.4.1 现状分析

乌干达鲁班工坊以乌干达工业化对技术技能人才的需求、中乌姆巴莱工业园及园区企业对技术技能人才的需求和乌干达对冶金和机电类专业人才的需求为导向，面向乌干达天唐集团、中乌姆巴莱工业园区企业和乌干达其他中资企业提供人才服务，校企共建乌干达鲁班工坊实训基地，共建专业标准和资源，为乌干达员工提供技能培训。

目前，乌干达鲁班工坊建成了“校校企园”的共建思路和“需求导向，标准引领，四方联动，持续发力”的建设模式。工坊总面积1825平方米，建有4间专业实训室和5间专业实训区，开设黑色冶金技术和机电一体化技术专业，开发了适应乌干达经济发展的两个国际化专业教学标准和配套教学资源，建成数控车工双语培训资源，举办3期师资培训，培训师资764学时，培训园区企业员工45人。

12.4.2 办学模式

乌干达鲁班工坊采用“校校企园”四位一体的建设思路，两校指天津工业职业学院和埃尔贡乌干达技术学院，企业指乌干达天唐集团，园指中乌姆巴莱工业园。“校校企园”四方联动，开展校校合作与校企合作。在乌干达鲁班工坊的建设运行中，埃尔贡乌干达技术学院提供鲁班工坊场地，并负责本地招生、为企业培养推荐需求人才，联合促进举办中乌职业技能大赛。天唐集团提供实训基地场地，并协助场地、设备建设，参与共建专业标准、资源，提供实习、指导培训、反馈入园企业需求，积极推荐企业及企业家，并为工坊建设做好当地沟通。天津工业职业学院全程支持工坊专业建设，投入设备仪器、为中乌姆巴莱工业园提供技能培训并与埃尔贡乌干达技术学院和园区企业共享网络资源。

乌干达鲁班工坊采用“需求导向，标准引领，四方联动，持续发力”的建设模式。以乌干达社会经济产业对技术技能人才需求为导向；依据中国专业教学标准、职业技能标准、装备标准、课程标准，结合乌干达当地经济现状和产业结构制定鲁班工坊教学标准，融入乌干达职教体系；按照“校校企园”四方携手的建设思路，以天津工业职业学院、埃尔贡乌干达技术学院、天唐集团为合作单位，依托中乌姆巴莱工业园开展国际校企合作产教融合，持续推进鲁班工坊建设，实现可持续发展（见图12–9）。

在乌干达鲁班工坊建设过程中，始终依据场地建设、实训装备、教师培训、专业标准、教材资源建设“五到位”要求，以建成高质量鲁班工坊为目标，确保工坊的顺利建成、运营。

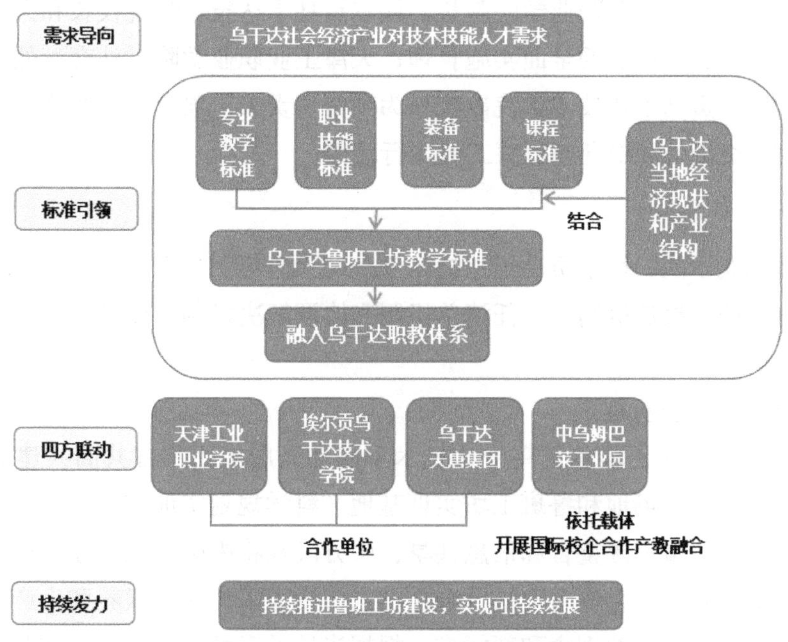

图12-9　乌干达鲁班工坊建设模式

12.4.3　体制机制

天津工业职业学院、埃尔贡乌干达技术学院和天唐集团创建乌干达鲁班工坊之初，三方签订了一份三方协议《中乌职业教育三方合作协议》和两份校企合作协议，在协议框架下，形成乌干达鲁班工坊的管理体制和运行机制。

1.管理体制

天津工业职业学院、埃尔贡乌干达技术学院和天唐集团均选派鲁班工坊专项负责人员组成乌干达鲁班工坊联合管理委员会，负责中乌职业教育交流合作项目实施。乌干达鲁班工坊联合管理委员会结构见图12-10。

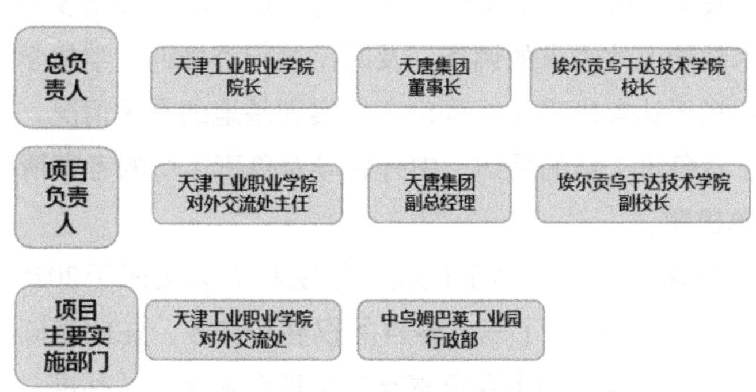

图12-10　乌干达鲁班工坊联合管理委员会结构图

由上图可见，天津工业职业学院院长、埃尔贡乌干达技术学院校长和天唐集团董事长为项目总负责人，负责项目的全面实施管理；天津工业职业学院对外交流处主任、天唐集团副总经理和埃尔贡乌干达技术学院副校长为项目负责人，项目主要实施部门设在天津工业职业学院对外交流处和中乌姆巴莱工业园行政部。

2.运行机制

天津工业职业学院、埃尔贡乌干达技术学院和天唐集团建立了共商共建共享机制、常态化沟通机制、信息报送机制、责任清单机制和协调解决机制，保障乌干达鲁班工坊顺利运行。

（1）共商共建共享机制。

天津工业职业学院、埃尔贡乌干达技术学院和天唐集团三方共商共建乌干达鲁班工坊，共同建设鲁班工坊场地和鲁班工坊实训基地、科学规划实训室和实训区、配备相应实训教学设备。三方注重资源整合和信息共享，中方院校将中国优质专业、优质技术装备分享到国外，在此基础上，合作企业结合合作国家市场需求的人才素养和生产实践能力以及企业的新工艺、新技术、新理念和新标准，根据当地教育教学标准，三方共同出台乌干达鲁班工坊专业标准，合力提升双方师资水平，共享中国优质职业教育资源和成果。

（2）常态化沟通机制。

天津工业职业学院与天唐集团建立了常态化沟通机制。天津工业职业学院院长与乌干达天唐集团董事长每季度至少沟通一次，在顶层设计上指导产教融合深入顺利开展；学院项目负责人与天唐集团鲁班工坊负责人每个月至少沟通一次，就产教融合的开展情况展开交流或解决遇到的问题；学院项目实施人员与天唐集团鲁班工坊工作人员每周进行一次沟通，持续跟进乌干达社会经济发展变化、跟进“走出去”企业的新工艺、新技术和新标准，结合国际先进专业技术、先进工艺流程与最新国际标准，不断完善教学标准、教学场地设备、师资培训和资源建设，丰富鲁班工坊服务功能，使鲁班工坊可持续性发展。

（3）信息报送机制。

埃尔贡乌干达技术学院与天唐集团配合报送鲁班工坊管理制度要求的各项信息，配合完成对乌干达技术技能人才需求的调查，及时反馈师资培训、学生学习、员工培训的有关情况等，及时报送乌干达鲁班工坊及鲁班工坊实训基地的有关情况，如场地和设备的紧急情况、媒体对乌干达鲁班工坊的采访、中外领导对鲁班工坊的考察情况等。

（4）责任清单机制。

天津工业职业学院、埃尔贡乌干达技术学院和天唐集团于2020年2月签署了《中乌职业教育三方合作协议》，规定了三方各自的权利和义务，在此基础上，划分了三方各自的责任清单。天津工业职业学院主要负责支持整理专业建设（标准、课程、资源、实习实训）、投入设备仪器、提供技能培训、共享网络资源等；埃尔贡乌干达技术学院主要负责提供鲁班工坊场地、负责本地招生、培养推荐企业需求人才、联合促进举办技能大赛等；天唐集团主要负责提供实训基地场地、共建专业标准和资源、协助场地及设备建设、推荐企业及企业家、提供实习、指导培训、做好当地沟通等；中乌姆巴莱工业园主要负责实训基地场地、入园企业反馈需求、指导培训等。

（5）协调解决机制。

乌干达鲁班工坊在建设和运营过程中遇到过很多问题，天津工业职业学院、埃尔贡乌干达技术学院和天唐集团在问题出现后，采取协商解决、共同寻找解决问题的办法，顺利推进乌干达鲁班工坊的建设与运营。在问题不大的情况下，由三方项目实施人员协商解决；解决不了的，由项目负责人间协商解决；项目负责人也解决不了的，由项目总负责人间协商解决，保障乌干达鲁班工坊的持续建设。

12.4.4 保障措施

“校企校”三方共同制定了10余项鲁班工坊系列管理制度，为鲁班工坊的顺利运行提供了制度保障。除此之外，在鲁班工坊4个实训室和实训基地、4个实训区都制定了安全管理制度和8S管理制度，保障在工坊学习实践的学员们安全、规范地按照制度要求完成学习实践内容。

天津工业职业学院多次参与高水平课题研究，形成系列化研究成果。对乌干达乃至东非国家的社会经济产业进行了较深入地研究，为乌干达鲁班工坊的建设奠定了理论基础。

12.4.5 主要成效

1.鲁班工坊影响力不断扩大，促进国际产教融合深度合作

2020年12月10日，乌干达鲁班工坊正式启动运营，国内外24家媒体关注报道。Africa LIVE 和央视新闻直播间在2021年非洲工业化日当天播放了乌干达鲁班工坊的新闻。乌干达鲁班工坊分别迎接了中国驻乌干达大使和乌干达新任驻华大使的参观访问，并作为鲁班工坊建设成果展之一，在首届世界职业教育产教融合博览会上展出建设成果，受到各界人民欢迎，扩大了鲁班工坊的国际影响力。

乌干达鲁班工坊影响力的不断扩大，让乌干达教师、学生和乌干达员工不断深入了解鲁班工坊，了解中国职业教育发展、教育文化和教育模式等，有利于提高中国职业教育在乌干达的认可度，促进鲁班工坊在乌干达进行产教融合。同时，在鲁班工坊服务中乌产能合作的过程中，乌干达学生及企业员工在培训的过程中对中国职业教育、中国技术、中国产品和中国企业加深了认知与了解，促进了鲁班工坊的可持续发展。因此，鲁班工坊和中乌产能合作二者相辅相成，相互促进，利于双方可持续发展。

2.建成实训基地，搭建产教融合可持续发展平台

乌干达鲁班工坊实训基地总占地面积1080平方米，建有5个专业实训区，分别为数控

加工实训区、钳工实训区、电气自动化技术实训区、工业仿真实训区、机电一体化综合实训区。数控加工实训区配备4台数控车床，可学习轴类、盘类零件加工，完成数控加工认知、数控车床的基本操作。钳工实训区配备钳工实训台等设备，培养从事机械产品装配、调试、安装、维修等作业的技术技能人才。电气自动化技术实训区配备4台电工电子实训台和4台高级维修电工实训台，可培养为生产设备的电气安装、运行与维修人员等岗位的复合型技术技能人才。工业仿真实训区配备24台计算机，装有连铸生产仿真和小型材生产仿真两套仿真实训系统，可模拟仿真连铸和小型材的生产过程。机电一体化综合实训区配备全国职业院校技能大赛机电一体化综合实训设备，对接机电一体化技术国际化专业技能和专业核心能力培养，同时也可培养职业素养中的方法能力。

所有设备均已完成安装调试，可投入使用。鲁班工坊实训基地的所有设备可为入驻中乌姆巴莱工业园的企业员工提供技能培训，可为埃尔贡乌干达技术学院学生提供实习实训条件。

3.校企共建国际化专业标准与资源

乌干达鲁班工坊教学资源以英语为主，共建成两个专业的国际化教学标准和9门核心课程的国际化课程标准，共出版9册核心课程的双语教材和1册双语培训教材。机电一体化技术专业以天津市教育委员会批准的国际化教学标准为基础，黑色冶金技术专业以有色行指委批准的国际化教学标准为基础，“校企校”三方完善修订了针对乌干达经济发展状况的两个专业国际化教学标准。两个专业在2021年完成专业认证的审批、缴费，所有认证手续完成后，纳入乌干达教育体系。同时，乌干达鲁班工坊建设、配备了与本专业有关的音视频素材、教学课件、数字化教学案例库、虚拟仿真软件、数字教材等专业教学资源库，大大丰富了立体化教学资源，能够保障园区企业员工培训的顺利进行。

黑色冶金技术专业教学资源库建设遵循“碎片化资源，结构化课程、系统化设计”的建设思路，以资源开发为目标，课程体系建设为主线，按照资源管理、学习管理和门户管理三个方向进行统筹建设。建成基于行业应用前沿技术及新成果等拓展资源的《棒材生产技术》《炼钢生产技术》《连铸生产技术》《炉外精炼技术》《冶金概论》数字共享课程，大大增加建设的数量和类型，以便教师灵活搭建课程自主拓展学习。

机电一体化技术专业通过建设优质特色课程，开发优质特色立体化教材，建成涉及虚拟加工、虚拟装配、文本、图片、音频、视频、动画、电子教材、课件、习题库、试题库等具有集成教育、行业、企业各领域的最新优质教育资源，建成具备自主学习、在线交流功能的《数控加工技术》《维修电工职业技能训练》《机电创新智能应用技术》《电气控制与PLC应用》数字共享课程。

数控车工双语培训资源包括1册《数控车工职业技能培训教程》（中英文版）和系列化的微课资源。

4.注重师资培养，为服务中乌产能合作奠定人才基础

乌干达鲁班工坊从建设时期到运营时期，始终重视师资培养，提升乌干达师资实习实训教学能力，让乌干达教师培养出的学生具备能够胜任园区企业岗位的技术技能。乌干达鲁班工坊共举办两次师资培训交流会议，针对性解决师资培训问题，举办三期师资培训，培训764学时，具体培训情况见表12-11。

表12-11　乌干达师资培训情况

培训期次	培训日期	培训方式	培训学时	中方培训教师人数	乌方参训教师人数
1	2021年1月11日—2月7日（共4周）	线上培训（邮件沟通）	288	11	17
2	2021年9月13日—12月12日（共13周）	线上培训（邮件沟通）	380	11	17
3	2022年2月28日—5月3日（共8周）	线上培训（腾讯会议）	96	15	18

乌干达负责9门课程的教师参与了每次的师资培训，其中第3期师资培训采用了集中培训的方式，中方教师利用线上会议现场教学，大大提升了乌干达教师的学习效果。

2022年11月，乌干达鲁班工坊举办了师资培训系列主题讲座，为乌干达教师具体介绍鲁班工坊内涵与建设、智慧职教线上资源、EPIP教学模式等，让乌干达教师们对鲁班工坊和中国优秀教学理念、教学方式、教学资源有了更加深入的理解，将有利于加深中乌两国文化交流，有利于乌干达教师培养鲁班工坊学生，有利于中国职业教育服务中乌产能合作。

5.提升非洲员工技能水平

乌干达鲁班工坊积极服务“一带一路”建设和中非产能合作，不断加强校企合作。工坊以中乌姆巴莱工业园园区企业为载体，通过调研园区企业人才培训需求，匹配天津工业职业学院能够提供的培训专业种类及乌干达鲁班工坊专业设置，形成园区非洲员工的培训方案，为园区企业非洲员工提供技术技能培训，提升非洲青年职业技能，有效支撑职业教育服务“一带一路”建设和合作国家社会经济发展。采取远程教育培训合作的方式，开展国际职业教育服务，为非洲员工提供技术技能培训。

2022年1月，利用鲁班工坊专业设备为乌干达天唐集团培训45名非洲员工，企业对鲁班工坊的设备和培训满意度达80%以上，有效提升了非洲青年专业技术技能水平。

12.5 存在的问题与发展建议

12.5.1 存在的问题及原因分析

1.乌干达技术技能人才缺口大，中国职业教育服务难

2017年至2021年，乌干达的国内生产总值（GDP）年均增长率为4%左右，2021年GDP仅为404.3亿美元，人均GDP为848.1美元，GDP和人均GDP两项指标在非洲国家中分别排名第16和37，属于经济不发达国家。农业是其支柱产业，工业落后，乌干达政府欲通过加快工业化进程促进更多产业的发展。2019年，乌干达第一、二、三产业的占比分别为23.1%、26.3%和43.2%，第一、二、三产业从业人员占比分别为72.67%、6.60%和20.73%，从数据可以看出乌干达十分缺少从事第二产业人员，这与乌干达欲通过加快工业化进程增加经济增长的战略不匹配，乌干达工业化发展所需技术技能人才存在巨大缺口，为中国职业教育支持中乌产能合作带来机遇与挑战。

中资企业为乌干达工业化发展建设了大量的基础设施和工业园区，为乌干达提供了数万个就业岗位，而乌干达职业教育无法为乌干达工业化发展培养岗位能力匹配的专业技能人才，需要中国职业教育服务中乌产能合作，解决乌干达专业技术技能人才不足的问题。对于中国职业教育来说，面对如此庞大范围和数量的技能型人才缺口，如何在乌干达现有产业结构基础上，选择服务中乌产能合作的领域和专业方向，为乌干达带来经济增长和就业水平的提升。

2.乌干达职业教育吸引力不足，中国职业教育走入难

乌干达职业教育在乌干达的认可度低，即使乌干达出台了促进职业教育发展的政策，也未能有效提升乌干达职业教育毕业生质量，不能为中乌产能合作提供足够的人才支撑。乌干达与中国在职教观念、管理职能、办学标准、信息化基础等方面存在较大差异，将对中国职业教育走入乌干达、服务中乌产能合作产生影响。

分析原因主要有：

（1）乌干达政府为职业教育投入资金无法满足产业发展。

2011财年投入教育的经费仅占GDP的3%左右，而用于支持乌干达商务、技术和职业教育的教育经费仅占国家教育经费的3.4%。经费投入少造成乌干达职业教育，尤其是技术领域职业教育的发展无法与乌干达大力发展工业的政策方向一致。

（2）乌干达职业教育机构规模小，师资力量不足。

2017年职业教育机构（BTVET和PTC）占普通中等教育（USE）机构数量的9%；职业教育的入学仅仅为普通中等教育入学人数的4.7%；从事职业教育的教师数量仅为普通中等教育教师数量的7.7%。同时，乌干达职业教育教师收入水平低，教师的利益经常得不到保障。乌干达职业教育师资能力提升渠道不畅通，只有每年6至8月的长假期或者升学假期，政府（高校教师/教员教育处）或者商业机构才会组织形式和课程有限的师资

培训。

（3）乌干达职业教育课程设置缺少灵活性和实用性。

乌干达职业院校在课程设置方面缺少话语权和灵活性，必须严格按照政府成立的权力机构——委员会所设定的课程执行，由于委员会的腐败和效率低下，课程设置陈旧、教学标准脱节、内容更新慢等问题长期无法得到解决，与乌干达现有企业（尤其是国际企业）的标准严重脱节。

（4）乌干达职业教育缺乏质量保障体系。

乌干达雇主在针对毕业生的调查中反馈，希望毕业生在接受高等教育期间能够有充足的实践训练，使其具备创造力、批判性思维、团队合作精神及责任感，希望能有一个高校毕业生质量保障体系，保障毕业生的能力要与工作实际产出相匹配。

3. 中国职业教育支持中乌产能合作效果不佳

2020年至今，面对国际复杂形式，对于中国职业教育“走出去”服务国际产能合作困难重重。

部分“走出去”企业只签署了中乌产能合作协议，但未能及时开工，无法与中方院校进行深入合作。中乌姆巴莱工业园计划吸引60家企业入驻，为乌干达提供20 000个就业岗位，截至2022年8月，园区30余家企业签约入驻，但只有20家实际生产或在建，中乌产能合作未能全面开展，中国职业教育服务中乌产能合作只能重点针对师资培养和资源建设，校企合作程度有待加深。

国际人员流动困难，部分合作交流停留在线上，影响师资培训或员工培训的教学效果。2022年2月至3月，乌干达鲁班工坊实施了集中师资培训，教师亲手演练设备操作的效果虽有所提升，但仍落后于面对面培训，在培训中双方交流较少。未来，“校企校”三方需要加大人文交流活动，促进中国职业教育服务中乌产能合作。

此外，在中国职业教育服务中乌产能合作过程中，欠缺完整的体制机制，缺乏中国职业教育支持中乌产能合作的全面保障。

12.5.2 发展建议

1. 始终以需求为导向，适应中乌产能合作发展方向

中国职业教育服务中乌产能合作要始终以乌干达社会经济和产业发展需求为导向，始终以服务中乌产能合作的中资企业的人才需求为导向。以乌干达鲁班工坊为例，要深入分析研究中乌姆巴莱工业园园区企业的专业需求和关键技术，不断调整优化专业布局和专业范围，扩展专业外延，以适应工业园的发展需求。

2. 以师资培养为中心，拓展鲁班工坊教育功能

基于鲁班工坊平台现有先进设备，结合当地企业特点，与天唐集团联合实施非洲职业

院校骨干教师和园区企业员工培训项目，将先进生产方法、生产工艺、先进技术等进行传授。借助鲁班工坊平台与在乌干达企业开展校企合作，建立海外人才培养实训基地，通过整合多方优质资源，建设教学资源库、网络视频公开课、慕课、行动导向教材、国际化教学标准和职业标准等，改造现有鲁班工坊课程，辐射其他院校，带动乌干达职业教育课程体系的建设、改革与提升，助力乌干达工业化进程，助力中非国际产能合作。

3. 丰富课程形式，利用线上资源提供灵活培训

远程教育将成为未来中国职业教育服务中乌产能合作的新形势，中国职业教育要充分利用线上平台，设置灵活化课程模块，制作单一或组合课程，通过微课形式为中资企业非洲员工进行灵活培训，让非洲青年可以时刻学习、灵活学习，提升学习效果。

4. 搭建综合服务平台，实现可持续发展

围绕中乌产能合作，搭建政、行、企、校多方共建、共享的综合服务平台，将“走出去”的中国企业和职业院校进行有效地整合对接，使企、校携手同行，共同发展，提高抵御各种风险的能力。建立中非职业教育合作联盟、中国—东非国家产教合作联盟等区域性合作组织，利用论坛、研讨会等形成中国—东非职业教育“政策库、产业库、职业教育数据库”，为动态调整专业设置奠定基础，重点解决国际产能合作与培养技术技能人才问题。

5. 完善鲁班工坊建设与运行机制

鲁班工坊作为中外合作办学的一种模式，要不断完善建设与运营机制，做好风险防范预案，有效规避和防范多种因素带来的风险，使鲁班工坊顺利平稳地在乌干达落地生根，为非洲国家培养本土化的高素质、高技能人才，使国内职业院校在服务国际产能合作中发挥不可替代的作用。

鲁班工坊运营管理以中方院校和乌干达合作企业为主，外方院校为辅，三方组成联合管理委员会，完善三方负责人对话机制。随着合作的深入，计划尝试在工业园区建立产业学院，建设中国—乌干达高等职业学院，形成规范完善的机构设置，保障职业院校服务中乌产能合作能力。

6. 丰富合作交流形式，为服务中乌产能合作营造良好氛围

为更好地服务中乌产能合作，“校企校”三方始终要保持良好的沟通交流，丰富合作交流形式，主要包括学术文化交流、论坛、竞赛等。要充分利用每次的交流机会，扩大鲁班工坊在非洲的影响力。

鲁班工坊可借助国际技能大赛，使中外双方师生及中资企业员工通过参加职业技能比赛，不断增强自身的技术技能水平，拓宽国际视野，充分体现现代技术与传统技艺，达到以赛促学、以赛促教的效果，促进双方友谊，为鲁班工坊促进中乌产能合作营造良好氛围。

参考文献

［1］吕景泉.鲁班工坊核心要义——中国职业教育的国际品牌［M］天津：天津人民出版社，2019：65–68.

［2］袁立，李其谚，王进杰著.助力非洲工业化：中非合作工业园探索［M］.北京：中国商务出版社，2020.

［3］刘育锋，戴裕崴.中非职业教育合作研究（中英双语版）［M］.王娟，译.天津：天津教育出版社，2022.

［4］（英）巴克利，（英）卡森著，冯亚华，池娟译.跨国公司的未来［M］.北京：中国金融出版社，2005.

［5］袁纯清.共生理论：兼论小型经济［M］.北京：经济科学出版社，1998.

［6］夏先良.构筑"一带一路"国际产能合作体制机制与政策体系［J］.国际贸易，2015(11)：26–33.

［7］郭朝先，刘芳，皮思明."一带一路"倡议与中国国际产能合作［J］.国际展望，2016，8(03)：17–36+143.

［8］林毅夫，张鹏飞.后发优势、技术引进和落后国家的经济增长［J］.经济学（季刊），2005(04)：53–74.

［9］林毅夫，付才辉.比较优势与竞争优势：新结构经济学的视角［J］.经济研究，2022，57(05)：23–33.

［10］周瑾艳.中国方案与非洲自主工业化的新可能［J］.文化纵横，2019(01)：74–81+143.

［11］林毅夫，李永军.比较优势、竞争优势与发展中国家的经济发展［J］.管理世界，2003(07)：21–28+66–155.

［12］林毅夫，王燕.以比较优势作为南南合作互利共赢的指南［J］.区域与全球发展，2018，2(05)：5–23+153.

［13］周瑾艳.国际合作体系变迁下的新南南合作：挑战、使命及中国方案［J］.区域与全

球发展，2018，2(05)：24–36+154.
[14] 马霞，宋彩岑.中国埃及苏伊士经贸合作区：“一带一路”上的新绿洲[J].西亚非洲，2016(02)：109–126.
[15] 王进杰.中非合作工业园区助力非洲工业化[J].世界知识，2022(17)：23–26.
[16] 迟建新.中非发展基金助力中非产能合作[J].西亚非洲，2016(4)：15.
[17] 王珩，周星灿，赖长明.中非经贸往来韧性凸显 引领中非合作互利共赢[N].光明日报，2022–05–19(12)
[18] 姚桂梅.新冠肺炎疫情下非洲地区形势特点与中非合作展望[J].当代世界，2022(05)：55–60.
[19] 梁克东.中非职业教育合作的理念与路径[J].职业技术教育，2020，41(06)：69–74.
[20] 陈明昆，张晓楠，李俊丽.中国对非职业教育援助与合作的实践发展及战略意义[J].比较教育研究，2016，38(08)：1–6.
[21] 周瑾艳.中、德在埃塞俄比亚职业教育领域开展三方合作的新机遇[J].德国研究，2018，33(04)：18–34+139–140.
[22] 周玉渊.中非合作论坛15年：成就、挑战与展望[J].西亚非洲，2016(01)：4–21.
[23] 王珩，周星灿，赖长明.中非经贸往来韧性凸显 引领中非合作互利共赢[N].光明日报，2022–05–19(12).
[24] 刘育锋.职业教育国际化目标与路径——基于澳新英国际教育战略的分析[J].中国职业技术教育，2022，(12)：53–62.
[25] 刘育锋.论中国特色职业教育品牌建设[J].中国职业技术教育，2022，(34)：27–36.
[26] 顾明远.教育的国际化与本土化[J].华中师范大学学报（人文社会科学版)，2011，50(06)：123–127.
[27] 张黎黎，马文斌.国内外产业转移的相关理论及研究综述[J].江淮论坛，2010(05)：23–29.
[28] 张俊宗.教育国际化：构建人类命运共同体的重要力量[J].高校教育管理，2020，14(02)：21–28+36.
[29] 汪欣欣，丁恒馨.面向非洲的我国职业教育对外开放政策研究[J].中国职业技术教育，2022(30)：52–59.
[30] 吴福象，段巍.国际产能合作与重塑中国经济地理[J].中国社会科学，2017(02)：44–64+206.
[31] 张倩肖，李佳霖.新时期优化产业转移演化路径与构建双循环新发展格局——基于共建“一带一路”背景下产业共生视角的分析[J].西北大学学报（哲学社会科学版)，2021，51(01)：124–136.

[32] 龚雪，高长春.国际产业转移理论综述[J].生产力研究，2009(04)：157–160.

[33] 李志涛，曲垠姣.后疫情时代英国国际教育战略走向及启示[J].黑龙江高教研究，2023，41(02)：92–98.

[34] 张凤娟，吴佳欣.政策工具视角下英国教育国际化战略研究[J].比较教育研究，2023，45(02)：96–102+112.

[35] 陈明昆，党玲玲.非洲职业教育发展的殖民化影响研究[J].非洲研究，2019，14(01)：97–108+206–207.

[36] 肖凤翔，张荣.德国职业教育国际化：动因、改革与启示[J].高校教育管理，2017，11(04)：9–15.

[37] 米靖.现代职业教育支撑我国实体经济转型升级的路径研究[J].中国职业技术教育，2020(28)：18–28.

[38] 王岚，杨延 服务外包："一带一路"倡议下高职校企合作新模式[J]，中国职业技术教育，2020.No.22，80–86.

[39] 罗恒，[肯尼亚]卡罗莱·穆西米，刘清堂："一带一路"倡议下职业教育国际合作模式探究——以中国—肯尼亚职教项目为例[J].比较教育研究，2018(09)：13.

[40] 高骏.从"安哥拉模式"到非洲工业化：援助模式转型下的中非合作[EB/OL].(2021–11–26)[2022–10–13].https：//www.sohu.com/a/254503269_260616.

[41] 中国社会科学网.李荣林：关于中非产能合作的几点看法[EB/OL].(2020–06–18)[2022–11–12].http：//www.cssn.cn/jjx_lljjx_1/lljjx_gd/202006/t20200618_5144827. html.

[42] 中国社会科学院西亚非洲研究所.徐泽来 郝睿：疫情对非洲制造业的影响[EB/OL].(2021–09–17)[2022–10–1].http：//iwaas.cssn.cn/kycg/yjbg/202109/t20210917_5361259.shtml.

[43] Raby，R.，Rhodes，G.，& Biscarra，A.(2014). Community college study abroad：Implications for student success. Community College Journal of Research and Practice，38(2–3)，174–183.

[44] Matthews，J.，& Sidhu，R.(2005). Desperately seeking the global subject：International education，citizenship and cosmopolitanism. Globalization，Societies and Education，3 (1)，49–66.

[45] Olssen，M.，& Peters，M. A.(2005). Neoliberalism，higher education and the knowledge economy：From the free market to knowledge capitalism. Journal of education policy，20(3)，313–345.

[46] Barabasch，A.，& Wolf，S.(2012). Policy transfer in der Berufsbildung in den Ländern China und USA. Die Berufsbildende Schule，64，161–166.

[47] Childress, L. K.(2009). Internationalization plans for higher education institutions. Journal of studies in international education, 13(3), 289–309.

[48] Pilz, M.(2017). Policy borrowing in vocational education and training(VET) –VET system typologies and the “6 P Strategy” for transfer analysis. In Vocational education and training in times of economic crisis, 473–490. Springer, Cham.

[49] Yang, R.(2010). Soft Power and Higher Education: An Examination of China’s Confucius Institutes. Globalisation, Societies and Education, 8, 235–245.

[50] Sall, O.(2016). Chinese Soft Power in Africa: Case of Senegal. Open Journal of Social Sciences, 4(11), 133–142.